AF544169

Wiehn (Hg.) Слава Україні - Ehre der Ukraine

Erhard Roy Wiehn

Ehre der Ukraine

Слава Україні

35 Jahre deutsch-ukrainischer Brückenbau
Gesammelte Schriften 1987-2022

Eine Hommage

Hartung-Gorre Verlag Konstanz

Umschlag-Titelseite: Denkmal für die legendären Gründer-Geschwister Kiews am Dnipro: Kyj, Schtscheck, Choriw mit ihrer Schwester Lybid (ihre Waffen sind kein Symbol für die Ausrüstig der ukrainischen Armee!); Umschlag-Rückseite: die 1993 gepflanzte Kiewer Friedens-Kastanie als Zeichen der Hoffnung (Symbol von Kiew als Stadt der Kastanien) auf dem Campus der Universität Konstanz (Fotos: Erhard Roy Wiehn); Herstellung: BoD GmbH, Norderstedt.

1942–2022
80 Jahre Wannseekonferenz in Berlin am 20. Januar 1942
zur Koordinierung der Zusammenarbeit aller an der
"Endlösung der Judenfrage"
beteiligten Dienststellen. Der Völkermord an den Juden
war zum Zeitpunkt der Konferenz bereits in vollem Gange.

24. Februar 2022 Überfall der russischen Armee auf die Ukraine

Bibliographische Information Der Deutschen Bibliothek
Die Deutsche Bibliothek verzeichnet diese Publikation in der Deutschen Nationalbibliographie; detaillierte bibliographische Daten sind im Internet über <http://dnb.ddb.de> abrufbar.

Erste Auflage 2022
Hartung-Gorre Verlag Konstanz Germany
ISBN 978-3-86628-754-9 und 3-86628-754-2

Inhalt

"Werdet Menschen!"
Taras Schewtschenko (1845 / 1814-1861)

Dieser Sammelband ist denen gewidmet,
die darin verewigt sind,
sowie der leidenden ukrainischen Bevölkerung
und allen, die sich davon angesprochen fühlen.

Erhard Roy Wiehn

Eine Hommage *cum* ira et studio – *mit* Zorn und Leidenschaft

Seit die russische Armee am Donnerstag, dem 24. Februar 2022, die Ukraine brutal überfallen hat, muss ich fast ständig an meine dortigen Kolleginnen und Kollegen, Freundinnen und Freunde denken, die alle entsetzlich leiden. Ich versuche E-Mail-Kontakt zu halten, was nach zwei Wochen Krieg gegen Mitte März jedoch schwierig ist. Was kann ich schreiben? Wie kann ich trösten? Was kann ich überhaupt tun?

Meine universitären Beziehungen in die Ukraine sind ziemlich genau 35 Jahre alt – fast ein halbes Leben: Damals waren wir noch viel näher am Zweiten Weltkrieg, die deutschen Massaker an der jüdischen Bevölkerung und die Deportationen der "Ostarbeiter" ins "Großdeutsche Reich" waren in der Ukraine noch sehr präsent und jedenfalls eine starke Motivation für meinen Brückenbau damals.

Nach Mitte der 1980er Jahre habe ich im Zuge von Michail Gorbatschows "Perestrojka" Verbindungen nach Kiew geknüpft (und bald auch nach Moskau), stieß dabei in meiner hiesigen Umgebung wie auch in Kiew auf großes Interesse, und schon 1990, noch zur Zeit der Sowjetunion, hat die Universität Konstanz einen Partnerschaftsvertrag mit der Universität für Wirtschaft in Kiew geschlossen; 1992 folgte ein zweiter Kooperationsvertrag mit der Kiewer Nationalen Taras Schewtschenko Universität, der unbestritten bedeutendsten Hochschule der Ukraine.

Im Laufe der Jahre waren zahlreiche Kolleginnen und Kollegen sowie Hunderte von Studierenden bei uns in Konstanz (und viele bei uns zu Hause unsere Gäste), wir haben Kolloquien und Symposien veranstaltet, Konzertreisen und Sportaustausch, manches nicht nur in Kiew und andernorts in der Ukraine (zum Beispiel in Chernivtsi-Czernowitz), sondern zusammen mit unserer Plechanov-Partneruniversität auch in Moskau und Kostroma an der Wolga (hier S. 184 ff.).

In der Zeit des Zerfalls der Sowjetunion und großer wirtschaftlicher Not haben haben die Universität Konstanz und ich Anfang der 1990er Jahre zusammen mit dem Roten Kreuz des Landkreises Konstanz und vielen freiwilligen Helfern jahrelang humanitäre Konvois nach Kiew und in umliegende Kinder- und Altenheime organisiert und sogar in ein Waiseninternat in Gorodnja bei Tschernigiv im Norden der Ukraine. Hinzu kam die Organisation von Herzoperationen im Konstanzer Herzzentrum, die Leben gerettet und verlängert haben.

Diese dreißig Jahre alten Brücken nach Kiew und in die Ukraine (aber auch die nach Moskau!) sind nun in großer Gefahr, und selbst wenn dieser schreckliche Krieg morgen zu Ende ginge, könnte unsere Zusammenarbeit nicht einfach weitergehen wie zuvor. Aber heute weiß niemand, wie dieser Krieg ausgeht und was danach kommt.

Viele Menschen in der Ukraine sind uns im Laufe der Jahre ans Herz gewachsen, und wir leiden jetzt mit ihnen (ich war seit 1989 und bis jetzt 76 Mal in der Ukraine, 4 Mal auf der Krim, 7 Mal in Moskau u. Russland): Was sich die Leute ein Leben lang aufgebaut haben, wurde und wird in Sekunden zerstört. In Gefahr sind auch die Hoffnungen der jungen Menschen, der Studierenden: Sie wollten und wollen doch nichts anderes als etwas aus ihrem Leben machen für sich und für ihr Land, als freie Menschen ihr Leben selbstbestimmt leben, sich als Europäer verwirklichen wie unsere jungen Leute auch.

Wir haben uns in den 1990er Jahren mit den Kiewer Studierenden in Konstanz für die "orangene" Freiheitsbewegung begeistert (hier S. 61 ff.), und schon fast geglaubt, dass eine neue Zeit angebrochen sei. Diese Blütenträume sind seinerzeit nicht gereift, wurden aber in der Ukraine nie vergessen, im Gegenteil: Der Freiheitswille des ukrainischen Volkes war wohl noch nie so vital wie heute.

Im vorliegenden Sammelband habe ich im I. Abschnitt meine Beiträge zur Geschichte unserer Aktivitäten in der Ukraine seit 1987 zusammengestellt, im II. Abschnitt folgen Ansprachen, Vorträge und Vorworte seit 1992 (S. 73 ff.; hier werden Doppelungen inkauf genommen), unter III. finden sich fünf Nachrufe auf Kollegen und Freunde; unter IV. steht eine kurzgefasste Geschichte unseres Brückenbaus nach Moskau (S. 184 ff.); die Sammlung wird abgerundet durch ein Verzeichnis meiner Bücher zur Ukraine und zu Russland, die stark von der Schoáh in diesen Ländern geprägt sind (S. 189 ff.).

Dieser Sammelband ist eine Hommage *cum ira et studio* an die mutigen Menschen in der Ukraine und meine sehr persönliche Solidaritätsbekundung mit ihrer Tapferkeit, ihrem Durchhaltevermögen und ihrem Freiheitsdrang: Von der Ukraine lernen heißt *Europa* lernen! – Ganz unabhängig davon, wie dieser Krieg wann ausgehen wird, ist das ukrainische Volk schon jetzt gewiss der wahre Sieger dieses völlig unsinnigen Krieges – nämlich der moralischer Sieger!

Heute schon müssen wir an die Zeit *danach* denken und was wir für das geschundene Land und vor allem für die jungen Menschen in den deutschen und europäischen Universitäten dann tun können, und das muss unbedingt mehr sein als je zuvor: Heute sind wir alle Ukrainerinnen und Ukrainer – morgen sollten die Menschen in und aus der Ukraine als Europäerinnen und Europäer mit offenen Armen in der Europäischen Union Europa willkommen sein*: Sláwa Ukraíni – Ehre der Ukraine!* - 11. März 2022 – *Tag der Opfer terroristischer Gewalt*

Deutsch-ukrainische Aktivitäten 1987-2022

1. Zur Partnerschaft der Universität Konstanz mit der Nationalen Universität für Wirtschaft und Handel in Kiew seit 1987/90*

Eigentlich ist es schade, dass ich oftmals total simultane Geschehnisse nur konsekutiv darstellen kann, damit diese Lebenserinnerungen noch halbwegs lesbar und verständlich bleiben. Zu ihrer Zeit und im wirklichen Leben liefen eben viele Ereignisse am selben Tag oder in derselben Woche häufig atemberaubend synchron neben-, mit- und durcheinander, so dass ich mir oft vorkam wie ein Clown oder Jongleur im Zirkus, der seine vielen Bälle oder Tassen artistisch in der Luft zu halten versucht.

So wurde ich Anfang des Jahres 1987 eines Tages mit einem jungen Kollegen aus Kiew (ukrainisch Kyiv) bekannt, Dr. Iwan Potráwnij, der von der damaligen Hochschule für Volkswirtschaft aus Kiew kam und mit einem Stipendium an der Universität Konstanz bei dem Schweizer Kollegen Prof. Bruno Frey[1] und bei dem 2009 leider verstorbenen, später bekannten Prof. Horst Siebert Umwelt-Ökologie studierte und von letzterem betreut wurde. Damals kannte ich schon den Althistoriker und Archäologen Dr. Juri Vinogradov von der Sowjetischen Akademie der Wissenschaften in Moskau, der durch meinen Kollegen Prof. Wolfgang Schuller öfter nach Konstanz kam, mich 1991 zu meiner ersten Moskau-Reise einlud und viel später in Konstanz seinen traurigen Tod fand. Dieser Juri kam also eines Abends mit Iwan zu uns nach Hause zum Essen, und anschließend saßen wir noch lange zusammen, wobei Juri zunächst deutsche Balladen und Gedichte vortrug, während Iwan dann beiläufig fragte, ob wir denn

---

* In: Erhard Roy Wiehn, MenschWerden – Dem Leben seinen Sinn geben. Erinnerungen 1937.2012. Konstanz 2012, S. 334 ff. ; in meinen sieben biographischen Bänden ist viel zum Brückenbau nach Kiew und Moskau zu finden (hier S. 191 f.)

[1] Dazu "Bruno S. Frey 70 Jahre", in: Frankfurter Allgemeine Zeitung, Nr. 103, 4. Mai 2011, S. 14.

vielleicht zufällig ein Klavier im Hause hätten. Damit konnten wir zwar leider nicht dienen, dafür jedoch mit einer Gitarre, die er nun sehr gut zu spielen begann. Erst viel später erfuhr ich, dass er die Kiewer Musikschule Nr. 1 absolviert hatte, was etwas heißen will. Wie schon früher manchmal erfolgreich, manchmal nicht, ließ ich mich auch diesmal vom Augenblick inspirieren,[2] nämlich im Bestreben, irgendwie hineinzufühlen und herauszufinden, was diese Begegnung in sich bergen mochte oder was sich aus ihr und darüber hinaus vielleicht entwickeln könnte. Das hieß, sagen wir, tentatives Sondieren.

Ich fragte Iwan also, ob es in seiner Hochschule vielleicht einen Chor oder ein Orchester gebe – wir hätten beides –, und wenn ja, könnten wir doch vielleicht versuchen, zwischen Kiew und Konstanz eine musikalische Brücke zu bauen... Ich erfuhr, dass es an Iwans Hochschule in der Tat ein Folklore-Ensemble gab. Es war ja gerade Michail Gorbatschows[3] Zeit von "Glasnost und Perestroika" angebrochen, und wir hatten soeben begonnen, uns erste Hoffnungen auf ein Ende des Kalten Krieges zu machen, also mussten wir doch unbedingt *unseren persönlichen* Beitrag zu leisten versuchen! Mit dem wohlwollenden Einverständnis unseres damaligen Rektors Prof. Horst Sund – den man nicht nur in dieser Hinsicht (wie schon gesagt) hätte erfinden müssen, wenn es ihn nicht schon gegeben hätte – schickte ich Anfang 1987 [2022 vor 35 Jahren!] umgehend eine Einladung an das Folklore-Ensemble dieser Kiewer Wirtschaftshochschule, nicht ohne vorher auch bei unserem Universitätsmusikdirektor Peter Bauer professionelles Interesse geweckt und spontane Kooperationsbereitschaft gefunden zu haben.

Es dauerte dank der sowjetischen Bürokratie dann nur oder noch zwei (!!) Jahre, bis unsere Einladung im April 1989 verwirklicht werden konnte und das Folklore-Ensemble "EKO" der Kiewer Wirtschaftshochschule am 14. April 1989 mit 40 Ensemble-Mitglieder und 10

---

[2] "Wir sind so gut darin, unseren Alltag zu meistern", so Stefan Schulz, "dass wir die Angebote der Augenblicke missachten." In: Frankfurter Allgemeine Zeitung, Nr. 277, 28. November 2011, S. 27. (29.11.2011)

[3] Dazu Friedrich Dürrenmatt, "Die Hoffnung, uns am eigenen Schopfe aus dem Untergang zu ziehen – Laudatio auf Michail Gorbatschow...", in: Friedrich Dürrenmatt, Kants Hoffnung. Zürich 1991, S. 25 ff.

Mann Begleitpersonal nach ca. 50 Stunden Bahnfahrt im Stuttgarter Hauptbahnhof eintraf.

Ich reiste mit einem Bus an, um die Gäste von Stuttgart nach Konstanz zu bringen, blieb jedoch in einem Stau stecken und kam auf den betreffenden Stuttgarter Bahnsteig, als diese riesige Gruppe mit einem gewaltigen Berg Gepäck bereits eine Weile gewartet hatte. Natürlich war mir meine unverschuldete Verspätung äußerst peinlich, und ich wollte mich als erstes bei dem Kiewer Delegationsleiter entschuldigen, den ich bislang aber nur dem Namen nach kannte. Zwar war mir niemand persönlich bekannt, es war jedoch nicht allzu schwer, den Verantwortlichen zu finden, ich ging nämlich einfach auf denjenigen zu, der mir besonders finster dreinzublicken schien. Und ich hatte mich nicht geirrt, tatsächlich stand ich vor dem Delegationsleiter, Prorektor Professor Anatoly Iwanowitsch Smyslov, den meine Entschuldigung nicht besonders zu beeindrucken schien. Plötzlich und in Erinnerung an die Lektüre meiner frühen Jugendzeit kam mir der rettende Gedanke, und nach Indianersitte bot ich dem ebenso übermüdeten wie verstimmten Gast als eine Art Friedenspfeifchen eine Zigarette an (da ich damals "zum Glück" noch rauchte!). Es handelte sich um eine "Atika"-Filterzigarette, die er tatsächlich akzeptierte, obwohl sie für ihn viel zu leicht war, während ich im Gegenzug nolens volens einen "Sargnagel" seiner sehr starken, filterlosen "sowjetischen" Zigaretten annehmen musste, wobei der Genosse Prorektor nun schon eine Spur freundlicher mir leicht amüsiert zuschaute, wie ich mich mit seiner nikotinschweren Zigarette so tapfer wie möglich auf dem Beinen zu halten versuchte…

Wir kamen problemlos nach Konstanz, wobei ich während der Fahrt mit dem unermüdlichen, exzellenten Kiewer Chefdolmetscher[4] Walery Woloschanówitsch Bekanntschaft machen konnte, auf den ich noch zurückkommen werde. Nachdem alle ausgeschlafen, das Ensemble seine ersten Gesangs-, Musik- und Tanzproben hinter sich ge-

[4] Da ich von Anfang an mit ebenso charmanten wie perfekten Dolmetscherinnen und Dolmetschern verwöhnt wurde und weder dort noch zu Hause einfach keine Zeit zum Lernen blieb, habe ich es zu meinem größten Bedauern im Laufe der Jahre leider nur zu einem recht begrenzten russischen und ukrainischen Wortschatz gebracht und pflegte dann gelegentlich aus der Not eine schlitzohrige Tugend zu machen: "Sich schämen ist eben leichter als Russisch oder Ukrainisch zu lernen!" (02.11.2011)

bracht hatte und am Abend von Mitgliedern unseres Universitätschors auf ein Tanzschiff geschleppt wurde – nicht ohne vorher mühsam und mit viel diplomatischem Geschick unsererseits von verschiedenen Aufpassern getrennt worden zu sein (schließlich herrschte noch immer ein gewisser später Sowjetgeist und vielleicht auch Angst vor "Sibirien, falls etwas passieren sollte"!), hatten wir die Chance, die gesamte 10-köpfige Kiewer Begleitmannschaft am 15. April 1989 zu uns nach Hause zum Abendessen einzuladen, und zwar in unseren holzverkleideten Kaminofenraum direkt unter dem Dach. Der Prorektor kam an der Spitze seiner Delegation herauf, schaute sich interessiert um, klopfte an die schräge Holzwand und sagte: "Fast wie in meiner Datscha, haben Sie das selbst gemacht?" Da mussten wir ihn schon wieder enttäuschen: Nein, wir hatten nur gesagt, wie es gemacht werden sollte, was auch nicht so ganz stimmte. Doch seit Anatoly Iwanowitschs berühmtem Ausspruch "Fast wie in meiner Datscha..." heißt unser Dachgehäuse "Datscha" bzw. "Dach-Datscha".

Selbstverständlich hatten wir den niederen großen quadratischen Tisch inmitten einer quadratischen Sitzgruppe zum reichlichen Imbiss entsprechend gedeckt, wie wir nämlich dachten, dass es unseren Gästen gefallen könnte, und natürlich gab es dort auch diverse Gläser. Noch bevor sich der Prorektor überhaupt setzte, hatte er auf den ersten Blick sofort bemerkt, dass auf dem Tisch tatsächlich das Wichtigste fehlte, nämlich *kleine* Gläser, *Wodka*-Gläser! Nachdem sofort akzeptable Gläser beschafft waren, geschah etwas ebenso Überraschendes wie Folgenreiches: Prorektor Anatoly Iwanowitsch Smyslov zog eine Riesenflasche Wodka (mindestens 1,5 l) unter seinem Jackett hervor, stellte sie demonstrativ auf den Tisch und sagte dann recht aufgeräumt die später von uns oft zitierten Worte: "Wollen wir doch erstmal etwas Anständiges trinken und dann miteinander reden, was wir außer Musik sonst noch zusammen machen könnten!" Wir taten beides, und zwar sehr erfolgreich, wie sich schon bald zeigen sollte. Im übrigen begann an diesem Abend eine wunderbare Freundschaft mit Anatoly Iwanowitsch.

Die ukrainische Volksmusik begeisterte indessen damals das deutsche Publikum innerhalb und außerhalb der Universität: Unter Leitung von Dmitry Wischnepólski musizierten, sangen und tanzten in wechselnden Trachten 40 Studierende des Ensembles "EKO" der Kiewer Wirtschaftshochschule und späteren Nationalen Wirtschaftsuniversität in einem wahren Rausch von Musik und Farben im "Audimax" (Auditorium Maximum) der Universität Konstanz. Es folgten Auftritte in der Stadt Singen und in Ulm, wo vier Mädchen des Ensembles um Mitternacht im Münster singen durften – mit genau 8 Sekunden Nachhall – und einem viel längeren und herrlichen Nachhall der Erinnerung. "EKO" war noch mehrfach in Deutschland und in der Schweiz erfolgreich unterwegs, und auch unser Konstanzer Universitätschor unter Leitung von Peter Bauer gastierte schon bald erstmals in Kiew.

Unsere 50 Kiewer Gäste waren seinerzeit in der alten Konstanzer Jugendherberge untergebracht, und bei der Gelegenheit lernte ich die damaligen Herbergseltern kennen, Jana und Jürgen Lange und ihre beiden Söhne Axel und Bodo. Wir haben uns bald befreundet und öfter getroffen, bis diese wunderbare Familie dann Konstanz verließ. Jana und Jürgen kamen zu ihrem letzten gemeinsamen Besuch anlässlich der Verleihung des Bundesverdienstkreuzes am 13. April 1999 nach Konstanz, Jana ist dann plötzlich verstorben, was uns sehr naheging. Mit den Söhnen Axel und Bodo, die beide Zahnärzte geworden sind, hielten wir sporadischen Kontakt. Geblieben ist auch mein von Jürgen gezeichnetes Porträt von 1999 und einige seiner Malereien, wofür er durchaus Begabung hatte.

Nachdem es die alte Jugendherberge und ihre einmaligen Herbergseltern nicht mehr gab, habe wir Kiewer Gäste jahrelang im jugendherbergsartigen Don-Bosco-Haus Konstanz untergebracht und uns gefreut, dass Gebhard Sailer ein so freundlicher und geduldiger Leiter des Hauses war, bis er im Jahre 2008 in Pension ging und Don Bosco geschlossen wurde. Meine letzten und von Herrn Sailer dankenswerterweise bestens untergebrachten Gäste waren im März 2008 Galina und Andrei Makárov, Leiter des großen Zentrums der Nationalen Taras Schewtschenko Universität auf der westlichen Krim, wo ich in den vergangenen Jahren mehrfach zu Gast sein durfte.

Bei unserem ersten Besuch in Kiew im September 1989 wurden Mirjam und ich von Rektor Prof. Anatoly Fedorówitsch Pawlénko und Prorektor Prof. Anatoly Iwanowitsch Smyslov mit einer "Tschaika"-Limousine am Flughafen Borispil (damals noch russisch "Borispol"!) abgeholt, wir sahen die quirlige Metropole, wurden vom Prorektor in die Vladimir-Kirche geschleppt (die ihm wohl nicht weniger fremd war als uns) und ins Höhlenkloster, wo damals noch die Trümmerreste der im Zweiten Weltkrieg gesprengten Uspenski-Kathedrale zu sehen waren, die inzwischen (fast unglaublicherweise!) längst wieder aufgebaut ist* (woran wir uns mit einer Spende beteiligten), sahen das "Große Tor" (das ich bis dahin nur aus Modest Mussorgskys "Bilder einer Ausstellung" zu kennen meinte!), genossen klassisches Ballett, opulente Opern im Opernhaus (Mailänder Stil), Dnipro-Fahrten und manches andere mehr. Schon bei diesem ersten Besuch in Kiew im September 1989 war ich von der außergewöhnlichen ukrainischen Gastfreundschaft begeistert, abgesehen von der äußerst schmackhaften Küche, wobei mir die ungewohnte Toast- bzw. Trinkspruchkultur mächtig imponierte, wenngleich ich mich an die Wodkakultur erst noch gewöhnen musste. Das gelang anfangs nicht ohne den einen oder anderen "Absturz", bis ich ein gewisses Gefühl für die richtige Dosis entwickelt hatte.

Im September 1989 besuchten wir erstmals auch das alte düstere Babij-Jar-Mahnmal für das Massaker deutscher Sonderkommandos an der jüdischen Bevölkerung von Kiew, bei dem am 29. und 30. September 1941 laut deutscher SS-Statistik 33.771 Juden erschossen wurden, Männer, Frauen und Kinder, später auch viele andere, während der deutschen Okkupation (1941–1943) insgesamt etwa 200.000 Menschen, darunter etwa 80.000 Juden. Ein Besuch dieses Mahnmals durfte möglichst bei keinem der folgenden Besuche fehlen.[5] Obgleich es auch beträchtliche Kollaboration mit den Deutschen gab, hatte gerade die Ukraine und in erster Linie die ukrainischen Juden unter den deutschen Okkupanten schwer zu leiden, wobei eine enorme Zahl grausam ermordet wurde. Auch die ca. 3 Millionen "Ostarbeiter" (von insgesamt ca. 5,5 Mio) aus der Ukraine sind nicht vergessen. Die Erinnerung daran hat mich bei jedem meiner bis jetzt (März 2012) 71 Besuche in der Ukraine begleitet und war von Anfang an ein starkes Motiv für meine dortigen Aktivitäten.

---

* Und hoffentlich Putins Krieg in der Ukraine heil übersteht! (08.03.2022)

[5] Dazu erschien 1991 unser erster großer Sammelband, 2001 ein kleinerer Sammelband und 70 Jahre danach: Erhard Roy Wiehn, Kiew Babij Jar – Ein fast vergessenes Verbrechen 1941. (Deutsch, englisch, ukrainisch) Konstanz 2011; Erhard Roy Wiehn (Hg.), Babij Jar 1941 – Das Massaker deutscher Exekutionskommandos an der jüdischen Bevölkerung von Kiew 60 Jahre danach zum Gedenken. Konstanz 2001, 189 Seiten. ISBN 3-89649-645-X – 2. Auflage, Konstanz (September) 2021.

Mein erster begeisterter Eindruck im September 1989 war: Ja, auch hier ist Europa, ein fast unbekanntes, um so faszinierenderes Europa! Diese ebenso erstaunte wie eigentlich selbstverständliche Feststellung hatte natürlich mit unserer durch die langen Jahre des Kalten Krieges völlig verschobenen westlichen politischen Geographie zu tun, wo man manchmal schon glauben gemacht wurde, Prag liege nicht im Herzen Europas, sondern irgendwo in Sibirien, was "gefühlt" zeitweise ja gar nicht so ganz falsch gewesen sein mochte. Und weiter östlich mögen manche vielleicht heute noch glauben, Kiew sei eine Vorstadt von Moskau. Nach Mitte der 1980er Jahre erlebten wir die Endzeit der Sowjetunion, in der man das kommende Ende vielleicht schon spüren konnte und in der bereits der erste leise Wind der kommenden unabhängigen Ukraine wehte. Damals hörten wir öfter im Zusammenhang mit den Bestrebungen im Baltikum den Spruch: "Was die Balten wollen, das wollen wir schon lange!" Trotzdem ging dann alles viel schneller, als man sich vorstellen konnte, und diese erstaunliche Wende weg vom Kommunismus und der Sowjetunion verlief glücklicherweise völlig friedlich,* was leider schon stark in Vergessenheit geraten ist.

Aus dem Enthusiasmus der politischen Veränderungen in Europa nach Mitte der 1980er Jahre und auch im Zusammenhang meiner Aktivitäten in Kiew kam mir die Idee eines internationalen Symposiums, das ich zusammen mit meinen damaligen Kollegen Prof. Dr. Alexander Patschovsky (Geschichte) und Dr. Ilja Srubar (Soziologie) sowie mit Hilfe der Friedrich-Naumann-Stiftung (und dem guten Ludwig Greis) im Juni 1990 realisieren konnte. Zum Thema "Der Beitrag der Universitäten beim Bau des neuen Europäischen Hauses" kamen Kolleginnen und Kollegen aus fast allen mittelosteuropäischen Ländern, darunter etliche Rektoren und Prorektoren; auf unserer Seite spielte Prof. Dr. Werner Maihofer (1918–2009), damals Honorarprofessor der Universität Konstanz, eine großartige intellektuelle Rolle.

Das 20-jährige Jubiläum unserer ersten Kontakte mit Vertretern der Kiewer Nationalen Wirtschaftsuniversität haben wir einem Festakt am 14. Mai 2009 in Kiew gefeiert. Aus Konstanz waren gekommen Alt-

* Um so grausamer tobt seit dem 24. Februar 2022 der russische Unterwerfungskrieg in der Ukraine. (08.03.2022)

rektor Prof. Horst Sund, Vizekanzler Helmut Hengstler, der Kooperations-Beauftragte Prof. Thomas Deissinger, die Leiterin des International Office Regina Sonntag-Krupp und ich. Bei der Gelegenheit wurde meines neues Büchlein vorgestellt: *Deutsch-ukrainische Aktivitäten – Universitärer, humanitärer, publizistischer und menschlicher Brückenbau von Europa nach Europa* (Konstanz 2009). Anschließend wurde im kleinen Park vor der Universität die von Helmut Hengstler sorgsam beschaffte Konstanzer Linde gepflanzt, ein Pendant zur Kiewer Kastanie in Konstanz. Danach war unsere Delegation von Rektor Prof. Anatoly F. Pawlenko zusammen mit Prorektor Prof. Anatoly I. Smyslow, Dr. Michael Gawrisch und Katerina (Katya) Nuschnenko zu einer zweistündigen Dniprofahrt mit Imbiss eingeladen. Es war fast wie in der guten alten Pionierzeit vor 20 Jahren.

Der Gegenbesuch unserer Kiewer Freunde mit Rektor Prof. Dr. Anatoly F. Pawlenko und Prorektor Prof. Dr. Anatoly Smyslov an der Spitze fand vom 3.–6. Oktober 2009 in Konstanz statt, war von Vizekanzler Helmut Hengstler bestens vorbereitet und verlief bei mildem, sonnigen Herbstwetter sehr harmonisch. Natürlich durften das obligatorische Gruppenfoto und ein Schlückchen Horílka (ukrainischer Wodka) unter der Kiewer Kastanie an der Universität Konstanz nicht fehlen. Bei der Gelegenheit begegnete ich auch erstmals dem seit wenigen Tagen amtierenden neuen Konstanzer Rektor, Prof. Dr. Ulrich Rüdiger (Physik), von dem ich mir sofort vorstellen konnte, dass er in Kiew und Moskau gut ankommen würde, was inzwischen bereits geschehen ist.[*]

2. Menschen der Partnerschaft mit der Wirtschaftsuniversität Kiew und außerhalb seit 1987

Der erste Besuch Prorektor Prof. Anatoly Iwanowitsch Smyslovs im April 1989 in Konstanz war nicht nur der Anfang einer wunderbaren Freundschaft, sondern auch einer ersten Universitätspartnerschaft in Kiew, die bereits am 13. April 1990 am Dnipro besiegelt werden konnte, und zwar von den beiden Rektoren Prof. Anatoly Fedorówitsch Pawlenko und Prof. Horst Sund.

---

[*] Prof. Ulrich Rüdiger war von 2009-2018 Rektor der Universität Konstanz. (08.03.2022)

Seinerzeit grüßte im Treppenaufgang der Wirtschaftsuniversität eine Büste und im Dienstzimmer des Rektors ein großes Porträt Wladimir Iljitschs, genannt "Lenin". Hammer und Sichel am First der Fassade des Hauptgebäudes der Nationalen Wirtschaftsuniversität sind bis heute dort verblieben. Die Umstellung des Lehrprogramms der Wirtschaftsuniversität von der traditionellen sowjetischen Planwirtschaft auf westlich orientierte Marktwirtschaft dürfte schwierig gewesen sein, weil es im Unterschied zu den neuen deutschen Bundesländern der früheren DDR in der Ukraine ja keinerlei personelle oder finanzielle Hilfe aus dem Westen gab. Damals habe ich in der Wirtschaftsuniversität in Anlehnung an einen exzellenten frühen Aufsatz von Prof. Ralf Dahrendorf einmal einen Vortrag gehalten über "Markt und Plan als zwei Typen der Rationalität" und im Zusammenhang des "Prinzip Gewissheit versus Prinzip Ungewissheit" auch das launige Sprüchlein zitiert: "Der Senat irrt nicht, und wenn er irrt, korrigiert er sich nicht, damit es nicht scheint, er habe geirrt!" Ich neige dazu, das Scheitern des Kommunismus im Kern auf seinen unhaltbaren Wahrheitsbegriff zurückzuführen, wie er im "Kommunistischen Manifest" 1848 von Karl Marx und Friedrich Engels formuliert worden war. Aber das ist bekanntlich ein weites Feld. Bei allem, was noch zu tun bleibt, ist es jedenfalls erstaunlich, was die unabhängige Ukraine seit 1991 auf die Beine gebracht hat. Um so mehr müssen manche neueren Entwicklungen bis Frühjahr 2012 alle Freundinnen und Freunde der Ukraine betrüben (insbesondere die erstaunlichen politischen Gerichtsprozesse). Der deutsch-europäisch-ukrainische Brückenbau sollte jedoch jetzt erst recht und um so intensiver weitergeführt werden.[*]

Gleich 1990 begannen wir mit Semester-Einladungen von Studierenden sowie mit Bibliotheksarbeits-Einladungen von Kollegen, und inzwischen dürfte es sich tatsächlich um beträchtliche Zahlen von ukrainischen Gästen in Konstanz handeln.[6] Die ersten Studierenden waren sehr scheu, und man merkte ihre realsozialistische Erziehung, bei der Eigeninitiative und Selbstverantwortung wohl keine relevanten Werte darstellten. Die ersten Kolleginnen und Kollegen beeindruckten uns

---

[*] Wie das angesichts des derzeitigen russischen Angriffskrieges gegen die Ukraine geschehen könnte, ist völlig unklar. (08.03.2022)

[6] Dazu Anatoly I. Smyslov in: Erhard Roy Wiehn, Deutsch-ukrainische Aktivitäten. Konstanz 2009, S. 8.

durch ihren enormen Fleiß, obwohl manche sich aus sprachlichen Gründen anfangs sehr schwer taten. Bald nach der Unabhängigkeit der Ukraine [24. August 1991] erhielt unsere Partnerhochschule den Status einer "Nationalen Universität", hat sich inzwischen den Namen "Vadim Hetman" zugelegt (nach einem bedeutenden Finanzmann, der in den Jahren des besonders "Wilden Ostens" erschossen wurde) und gilt als die "Nummer 1" der Wirtschaftsuniversitäten der Ukraine. Leider haben in den vergangenen langen Jahren nicht entfernt so viele Konstanzer Studierende den Weg nach Kiew gefunden wie umgekehrt, was nicht nur an sprachlichen Problemen lag, und bedauerlicherweise hat auch das DAAD[7]-Motto "Go East!" hier kaum geholfen.

Schon im Herbst 1990 organisierten wir mit Hilfe unserer "Stiftung Umwelt und Wohnen" und der Friedrich Naumann Stiftung ein interessantes Symposium in Kiew zum Thema "Umwelt in Europa – Umweltprobleme kennen keine Grenzen",[8] natürlich bezogen auf das Reaktor-Unglück von Tschernobyl am 26. April 1986, von dem ja auch die Bodenseeregion betroffen war. Wir reisten mit einer Delegation von 18 Personen nach Kiew, wurden im damals besten, nämlich dem Parlaments-Hotel untergebracht und sehr verwöhnt. Gleichwohl hatte sich einer der deutschen Teilnehmer mir gegenüber schon zu Anfang abfällig über die Gastgeber geäußert, was ich scharf zurückwies, und da dieser Mann total uneinsichtig blieb, habe ich ihn sofort aus meinem Kollegenkreis gestrichen und nie mehr beachtet. Solche deutschen Zeitgenossen mochten auch im Zweiten Weltkrieg als germanische Okkupanten durch Kiew stolziert sein, als man in der ukrainischen Bevölkerung vor allem und allenfalls Arbeitssklaven sah. Über unser Symposium wurde in Kiewer Medien berichtet, bei dem brisanten Thema eine wahre Novität und fast eine Sensation.

Später folgten auf meine Anregung Wirtschaftssymposien in Kiew und Konstanz, und zwar unter Mitwirkung der Industrie- und Handelskammer Hochrhein-Bodensee, repräsentiert durch den damaligen Hauptgeschäftsführer und Freund Dr. Haro Eden, der in Kiew übrigens auch als Jazzmusiker Eindruck machte. Mit Hilfe der Friedrich-

---

[7] Deutscher Akademischer Austauschdienst – größte deutsche Einrichtung zur Förderung des internationalen akademischen Austauschs von Studierenden und WissenschaftlerInnen.

[8] Herausgegeben von Anatoly F. Pavlenko u. Horst Sund, Universitätsverlag Konstanz 1991.

Naumann-Stiftung (Ludwig Greis) wurden im Jahre 1993 fast 30 Kiewer Wirtschaftsfachleute unter Leitung der Kiewer Wirtschaftsuniversität zu einem Deutsch-Ukrainischen Wirtschaftstag an die Universität Konstanz eingeladen, der in der regionalen Wirtschaft großes Interesse fand. Der beträchtliche Schwung der ersten Jahre dieser Partnerschaft hatte auch in den folgenden Jahren weitergewirkt, die schönen alten Geschichten der Anfänge und Pionierzeit dieser Partnerschaft in Konstanz und Kiew haben inzwischen fast schon legendären Charakter angenommen.

Bald nach Abschluss unserer ersten Universitätspartnerschaft in Kiew versuchte ich mit Rückendeckung unseres Rektor Prof. Horst Sund, ähnlich dem Förderkreis für die Zusammenarbeit mit der Tel Aviv University, auch einen Förderkreis für unsere Aktivitäten in Kiew auf den Weg zu bringen. Bald waren eine Satzung formuliert und im Senatssaal eines Tages eine gutbesetzte Gründungsversammlung einberufen, nachdem es zuvor diverse Einzelabsprachen bezüglich verschiedener Ämter gegeben hatte. Dann passierte das für mich gänzlich Unerwartete, dass nämlich die wichtigsten Anwesenden für die wichtigsten Ämter ihre Mitwirkungsbereitschaft plötzlich zurückzogen. So etwas hatte ich noch nicht erlebt, es war sehr peinlich, eine große Enttäuschung für mich, und ich habe entsprechende Konsequenzen gezogen. Ein Förderkreis Konstanz-Kiew ist bedauerlicherweise auch später und bis heute (März 2012 - [März 2022]) nicht zustande gekommen.

Auch Universitätspartnerschaften hängen vor allem von den Menschen ab, die sie betreiben, und da haben wir mit der Kiewer Wirtschaftsuniversität viel Glück gehabt, dass nämlich die "Chemie" zwischen allen direkt Beteiligten lange über den Anfang hinaus bestens stimmte.

Prof. Anatoly Iwanowitsch Smyslov ist ein ganz besonders treuer Freund geworden,* und er hat mich im Laufe der Jahre fast immer am Flughafen begrüßt und verabschiedet. Nach seinen eigenen Worten war er sein Leben lang ein "braver Kommunist", hat nie jemandem etwas zuleide getan, aber schon früh die neue Zeit geahnt und wurde so der Kiewer "Motor" unserer Zusammenarbeit aufseiten der Natio-

* Leider im Januar 2013 verstorben. (08.03.2022)

nalen Wirtschaftsuniversität Kiew. Unvergessen sind so manche Stunden auf seiner Datscha, sei es in der kalten Jahreszeit im holzverkleideten gemütlichen Innenraum, sei es während des Sommers im Garten unter den Obstbäumen.

Anfang der 1990er Jahre waren wir im Frühsommer einmal zusammen in Odessa. Wir verließen Kiew mit dem Nachtzug: Mirjam und ich in einem Coupé, Anatoly Iwanowitsch und Walery in einem Coupé direkt neben unserem. Bevor wir uns nach einem fröhlichen Picknick am späten Abend eine gute Nacht wünschten, zeigten uns die Freunde ihre Pistole: "Für alle Fälle!" Irgendwann nach Mitternacht wurden wir dann durch heftiges Rütteln an unserer Tür aus dem Schlaf gerissen, alarmierten sofort unsere Freunde, woraufhin eine laute Auseinandersetzung einsetzte, aber bald wieder verstummte. Der beruhigende Kommentar unserer Freunde: "Angreifer in die Flucht geschlagen!" Wer immer sie gewesen sein mögen. In Odessa wurden wir am frühen Morgen von einem sehr netten Kollegen der Wirtschaftsuniversität Odessa begrüßt, frühstückten auf dem berühmten riesigen Markt und wurden schließlich im Marinehafen zum Baden einladen. Aber schon beim schieren Anblick des gar nicht einladenden Wassers war mir sofort jede Lust vergangen: Doch Dienst ist Dienst! Walery und ich stürzten uns in das im wahrsten Sinne des Wortes *Schwarze Meer*… Vorsorglich hatten unser Gastgeber an der Uferbalustrade jedoch eine ganze Batterie von Wodka- und Cognacflaschen aufgestellt, und tatsächlich haben wir das ungeliebte Bad schließlich doch heil überstanden. Später sahen wir die phantastische Treppe, die ich aus Sergej Eisensteins "Panzerkreuzer Potemkin" (1925) in Erinnerung hatte, und über die in diesem sagenhaften Revolutions-Klassiker (1905!) ein Kinderwagen langsam nach unten holperte…

Ein besonderes Vergnügen war immer wieder, mit Anatoly zu essen: In kennerschaftlicher Souveränität sucht er die Speisen aus, diskutiert sie mit den zumeist sehr freundlichen Kellnern, hält Rücksprache mit seinen Gästen, erkundigt sich besonders nach den verfügbaren Wodkasorten, um den jeweils Besten zu bestellen, endlich kann das Mahl beginnen, natürlich mit geschnittenem Hering und Zwiebeln, aromatischem Schwarzbrot – und dem ersten Schlückchen Wodka samt erstem Toast, der stets dem Gastgeber gehört. Dann wird das Essen mit diversen weiteren Vorspeisen fortgesetzt, wozu verschiedene schmackhafte Fischsorten, Fleisch, Wurst, Gurken, Tomaten und manche andere Köstlichkeiten gehören, durch die ich mich so koscher wie möglich "hindurchzuessen" versuche. Das Hauptgericht besteht nicht selten aus einem "Kiewer Huhn" oder gebackenem Fisch mit Kartoffeln. Am Ende kann es Eis geben oder auch "Waréniki", ravioli-ähnliche kleine Teigtaschen, gefüllt mit Kartoffelpüree, Sauerkraut oder – besonders lecker – mit einer Kirsche. Zuletzt gibt es Kaffee oder Tee. Zum Wodka wird bei Anatoly nur Mineralwasser getrunken, ausnahmsweise an heißen Sommertagen auch ein gutes ukrainisches Bier als Aperitif. Egal wo man sitzt, entgeht Anatolys wachsamem Auge nicht, wenn das Wodkaglas vor dem nächsten Toast nicht mehr ganz voll ist: Dann wird sofort nachgeschenkt, denn der Wodka muss sich über dem Gläschen wölben. Ich benutze hier das russische Wort "Wodka" und nicht das ukrainische "Horílka", weil Anatoly russischer Herkunft ist, woraus er keinen Hehl macht, obwohl er natürlich perfekt ukrainisch spricht. Zum Abschluss wird nach Kosakentradition "na Kanjá!" oder "na Konjá! – aufs Pferd!" getrunken, man kann aber auch wieder "absteigen" – und selbst zum Abschluss formeller Essen noch zu singen beginnen, wobei die ukrainischen Gastgeber mit ihren meist etwas melancholischen mehrstimmigen Volksliedern einfach konkurrenzlos gut sind.

Anfang September 2009 hatte ich das Vergnügen, zu Anatolys 75. Geburtstag nach Kiew eingeladen zu sein; zu diesem Anlass schenkte ich ihm einen "Gutschein für eine Dreitagereise für zwei Personen nach Brandenburg", um ihm einen alten Wunsch zu erfüllen, nämlich das Grab seines Onkels zu besuchen, der nach sowjetischen Militär-Dokumenten am 4. Mai 1945 im Alter von 20 Jahren in Wachow bei Nauen (westlich von Berlin) in Brandenburg gefallen war. Seit Mai 2009 hatte ich versucht, über verschiedene zuständige deutsche Einrichtungen dessen Grab zu finden, was mir leider nicht gelungen ist.[9] Herausgefunden hatte ich jedoch, dass es in Nauen einen sowjetischen Ehrenfriedhof gibt und dort eben auch ein Massengrab unbekannter Soldaten. Anatoly, Michael Gawrisch und ich waren dann vom 7.–9.

---

[9] Auch meine monatelange Korrespondenz mit dem Suchdienst des Deutschen Roten Kreuzes, der Deutschen Kriegsgräberfürsorge und mit dem Friedhofsamt der Stadt Nauen hatte nichts erbracht; am 14.01.2010 erhielt ich vom Generalsekretariat Suchdienst des Deutschen Roten Kreuzes in München den letzten negativen Befund.

Oktober 2009 mit meinem Honda Legend unterwegs, besuchten gleich am späten Nachmittag den mutmaßlichen ersten Bestattungsort des Onkels neben der Dorfkirche von Wachow bei Nauen und am 8. Oktober 2009 den sowjetischen Soldatenfriedhof in Nauen,[10] fanden den Namen des Onkels erwartungsgemäß nicht, dafür aber ein großes Massengrab, an dessen Gedenkstein wir traditionsgemäß einen Wodka tranken – ohne "anzustoßen", versteht sich. Für einen halben Tag fuhren wir auch nach Berlin, standen am Brandenburger Tor, am Reichstag, am Potsdamer Platz – und auf dem sowjetischen Ehrenfriedhof im Tiergarten. In Nauen waren wir die einzigen Gäste im Hotel "Stadt Nauen" und wurden entsprechend vom russischsprachigen Ehepaar Müller kulinarisch verwöhnt. Es war eine denkwürdige Reise, mit dem berühmten sowjetischen Lied des "Großen Vaterländischen Krieges" ein- und ausgeleitet, das mir Oberst a.D. Nikolai Pawlowitsch Sykov s.A. einmal überspielt hatte.

Anatoly hatte in den letzten 20 Jahren manches Unglück zu verkraften, er verlor eine Enkelin und seine Tochter, die an einer bösartigen Krankheit viel zu früh verstarb. Bald nach ihrem Tod haben wir zusammen ihr Grab besucht und dort ein Schlückchen Wodka zu ihrem Andenken getrunken (ohne "anzustoßen"!). Nach ukrainischem Brauch wurde auch der Toten ein Gläschen Wodka ans Grab gestellt. Mit Anatolys fröhlicher Frau hatte ich noch vor wenigen Jahren temperamentvoll getanzt, bis sie wahrscheinlich vor lauter Gram um Enkelin und Tochter schwer erkrankte und nur ein Schatten ihrer selbst blieb.

Anatolys beide von mir mitorganisierten lebensrettenden Operationen im Herzzentrum Konstanz haben uns natürlich in ganz persönlicher Weise verbunden. Trotz tragischer Familienprobleme ist er eine Seele von Mensch geblieben, und gelegentlich habe ich ihm gesagt: Sollte ich – Gott behüte! – einmal emigrieren müssen, so wäre er ein Freund, bei dem ich Zuflucht suchen würde.

Von Anbeginn und über viele Jahre bei allen folgenden Begegnungen mit Vertretern der Kiewer Wirtschaftsuniversität war deren Chefgermanist und Chefdolmetscher Walery Woloschanówitsch dabei, der Ukrainisch, Russisch und Deutsch so perfekt beherrschte, dass er stun-

---

[10] Seither liegen eine Wachower Kastanie und eine Friedhofs-Eichel von Nauen stets präsent auf meinem häuslichen Nachtschreibtisch.

denlang simultan in beide Richtungen übersetzen konnte und deshalb auch verschiedentlich als unser Konferenz-Simultandolmetscher fungierte. Er war ein Mann von athletischer Gestalt, der Kraftsport trieb, im Winter mit Vorliebe im Bodensee schwamm, und an jeder Hand mindestens einen Koffer waagrecht hochhalten konnte. Er war früher eine Weile als Chefdolmetscher eines sowjetischen Generals in der DDR stationiert und konnte aus jener Zeit die tollsten Geschichten erzählen. Leider ist er kurz nach seinem letzten Besuch in Konstanz Ende April 2004 in Kiew eines Morgens nicht mehr aufgewacht. Mein Nachruf wurde bei der Trauerfeier in Kiew verlesen,[11] und ich habe sein Grab auf einem Kiewer Urnenfriedhof zusammen mit seiner Tochter Simone und meinem Freund Anatoly Iwanowitsch besucht. Er hatte sich auf seine Weise um unsere Zusammenarbeit verdient gemacht, und wir sprechen immer wieder gern über ihn.

Leider ist auch der Leiter des Folklore-Ensembles EKO, Dmitry Wischnepólski – gerade noch Vater eines Nachkömmlings geworden – ganz plötzlich und viel zu früh verstorben, der Kontakt zu seiner Frau und seiner Tochter hat sich leider bald verflüchtigt. Er war ein "Hans Dampf in fast allen Gassen", hatte vielfältige Beziehungen in allen Bereichen des Kiewer Lebens und in der Ukraine, und ich hatte gerne mit ihm zu tun. Dmitry war Jude, was er mir allerdings nicht gleich verraten hatte, besaß wenig jüdisches Wissen, jedoch ein klares Bewusstsein seiner Herkunft, war ein Kenner jiddischer Lieder und Musik und hatte auch gewisse Kenntnisse der jüdischen Küche. Eines Tages waren Mirjam und ich in seiner komfortablen Wohnung zum Essen eingeladen, das mit Wodka, Hering und den üblichen vielfältigen ukrainischen Vorspeisen begann. Dann servierte unser Gastgeber die nach einem Rezept der Großmutter selbstgemachte jüdische Spezialität des Hauses, nämlich "Gefillte Fisch", bis dahin vielleicht der beste meines Lebens (obgleich auch das Restaurant des Fußball-Clubs Dynamo Kiew damals diesbezüglich viel zu bieten hatte!). Schließlich kündigte unser Maître de Cuisine das "Non plus ultra" des Abends an, ebenfalls von ihm höchstpersönlich nicht nur mühsam beschafft, vielmehr vor allem auch selbst zubereitet nach dem schlitzohrigen Motto: "Hier kocht der Chef nicht nur persönlich, er isst auch davon!"

---

[11] In: Erhard Roy Wiehn, Bleibende Warnungen III. Konstanz 2007, S. 208.

Wir waren wahrlich gespannt! Da kam unser guter Freund strahlend aus der Küche mit einem großen silbernen Tablett und darauf lag – – – ein kleines Spanferkelchen mit gespitzten Ohren und Petersilie im blassrosa Maul… – Ich traute meinen Augen nicht, mir stockte das Blut in den Adern – ich konnte einfach nicht glauben, was ich da vor mir sah! Dmitry dürfte indessen nicht entgangen sein, dass ich plötzlich kreideweiß geworden war, stockte nun seinerseits einen Moment, da er nicht gleich zu verstehen schien, was plötzlich in mich gefahren war… "Ja, lieber Dmitry, weißt du denn nicht…???" – "Natürlich weiß ich, dass Juden kein Schweinefleisch essen, aber dies ist doch ein ganz kleines Schweinchen – völlig unschuldig…!!!" – Das verschlug mir nun völlig die Sprache, und, ehrlich gesagt, jetzt half mir nur noch eine kräftige Dosis Wodka...

Zu den altbekannten Kollegen der Wirtschaftsuniversität gehört der Finanzwissenschaftler Prof. Viktor Fedósov, der mehrmals zu Arbeitsbesuchen in Konstanz war, immer ein "Fliege" trägt, leidlich deutsch sprich und in Kiew manche guten Restaurants kennt. – Zu meinem Kiewer Freundeskreis im neuen Jahrhundert gehört auch Dr. Michael Gawrisch, Lehrstuhlleiter Germanistik an der Nationalen Wirtschaftsuniversität Kiew, davor einige Jahre an der ukrainischen Botschaft in Bern, ein begnadeter, phänomenaler, im wortwörtlichen Sinne völlig unermüdlicher Simultan-Dolmetscher und ein prächtiger Freund, mit dem ich alle Begegnungen und Gespräche genieße. Er wäre für mich der geborene künftige Prorektor für Internationale Beziehungen. – Erwähnen möchte ich hier noch den erfreulichen Generationswechsel im International Office der Kiewer Nationalen Wirtschaftsuniversität im Jahre 2007, indem die junge, energische englischsprachige Katya Nuschnenko zur Leiterin ernannt wurde.

Die Studierenden der Kiewer Wirtschaftsuniversität können sich bei uns bewerben, werden in Kiew von uns mit einem standardisierten Test ausgesucht, um dann als Stipendiaten oder als Selbstzahler nach Konstanz zu kommen, meist leider nur für ein Semester, während die Stipendien der Herbert-Quandt-Stiftung [die es leider längst nicht mehr gibt!] für ein Jahr vergeben wurden. Die fachlichen Grundkenntnisse und insbesondere die Kenntnisse in Englisch und Deutsch sind im Laufe der Jahre immer besser geworden und inzwischen ziemlich gut bis sehr gut. Äußerlich unterscheiden sie sich fast gar nicht mehr von deutschen Studierenden, außer dass die Studentinnen meist attraktiver und vielfach "offenherziger" gekleidet sind, weshalb ich gelegentlich Kiewer Kollegen gefragt habe, wie sie im alltäglichen Universitätsbetrieb damit zurechtkommen. Naja, man gewöhnt sich wohl an vieles, manches dürfte durch Gewöhnung seinen Reiz verlieren, und es gibt bestimmt Schlimmeres, denke ich mir – fast ein bisschen neidisch. Die meisten Studierenden erscheinen heute ziemlich selbstbewusst, manche auch ein bisschen überforsch, und es scheint, dass diese junge Generation schon vieles als völlig selbstverständlich begreift. Fast alle wissen ziemlich genau, was sie werden wollen, nicht selten allerdings mit völlig überzogenen Vorstellungen. Manche wollen gleich Geld verdienen und nehmen Jobs an, für die sie nicht hätten studieren müssen und womit sich auch keine nennenswerte Karriere machen lässt. Die Besten könnten in einigen Jahren die Avantgarde der jungen Generation bilden, die der Ukraine einen gehörigen Ruck Richtung Bürgergesellschaft versetzt. Sicher ist das jedoch nicht, denn die beharrenden bzw. restaurativen Kräfte sind immer noch ziemlich stark, wie die allerletzten Jahre gezeigt haben.*

Natürlich hatte ich im Laufe der Jahre mit ziemlich vielen Studierenden der Nationalen Wirtschaftsuniversität zu tun, die meisten habe ich aus den Augen verloren, manche zeigten sich dankbar, mit sehr wenigen nur haben sich Freundschaften entwickelt. Ein Beispiel ist Oksana K., die als erste Studentin der Kiewer Wirtschaftsuniversität an der Universität Konstanz das Studium der Wirtschaftswissenschaft mit dem Diplom erfolgreich abschloss, anschließend in Deutschland Arbeit fand und sich eine Weile auf eine Fortsetzung ihres Studiums in den USA vorbereitete. Schon während ihres Studiums lernte sie nicht nur perfekt Deutsch, sondern war auch sozial und besonders sportlich überaus aktiv, wobei ihre besondere Vorliebe dem Reiten galt und gilt. Auch mit ihren Eltern war ich befreundet, leider ist die Mutter viel zu früh gestorben; den Vater sehe ich fast bei jedem Besuch in Kiew, wir haben aber auch schon in Konstanz verschiedentlich gefeiert. Mirjam und ich haben uns über Jahre um O. fast wie um eine Tochter zu kümmern versucht. Sie hat sich alsdann in Deutschland verheiratet

---

* In diesen Tagen der schrecklichen Aggression in der Ukraine sind Prognosen natürlich völlig unmöglich. (08.03.2022)

und seit Mai 2011 ein Söhnchen.* Natürlich wünschen wir der jungen Familie viel Glück.

Auch um Aljoscha M. habe ich mich zu kümmern versucht, ein zunächst etwas scheuer, aber ziemlich ehrgeiziger Junge von der Kiewer Wirtschaftsuniversität, der zwar nur ein Semester als Stipendiat und schon mit abgeschlossenem "Bachelor" der Finanzwissenschaft bei uns war, seine Zeit vor allem in unserer Bibliothek nutzte, um seine Master-Arbeit über den deutschen Bundeshaushalt vorzubereiten und bald danach in Kiew mit Bravour seinen "Master" zu machen, was natürlich auch seinen Betreuer freute, meinen Freund Prof. Viktor Fedósov. Olexijs Großvater war Oberst und designierter General der sowjetischen Armee, und sein Enkel hat während seines normalen Studiums über zwei Jahre an den Wochenenden eine Ausbildung zum Leutnant der ukrainischen Luftwaffe (am Boden) geschafft und im übrigen zuerst ziemlich gut englisch, dann auch deutsch gelernt, was mir sehr imponierte. Im Laufe der Jahre und bis heute (März 2012) habe ich ihn immer wieder gerne unterstützt. Inzwischen sammelte er erste Arbeitserfahrungen in der Privatwirtschaft, dann in der Arbeitslosigkeit, anschließend in der Agrarbörse, schaffte den Sprung in ein Kiewer Ministerium und arbeitet jetzt im ukrainischen Patentamt. Er ist eine treue Seele, wir stehen seit langem in Email-Kontakt, und ich bin sehr gespannt, was dieser junge Mann [inzwischen verheiratet] weiter aus sich macht, jedenfalls wünsche ich ihm viel Glück und Erfolg auf seinem Lebensweg.

Ich amtierte einige Jahre als Beauftragter der Universität Konstanz für diese neue Partnerschaft mit der Kiewer Nationalen Wirtschaftsuniversität, bis ich im August 1995 meine Verantwortlichkeit an meinen Kollegen und Freund Dipl. Volkswirt Eberhard Zgraja[12] abgeben konnte, der lange Jahre Referent des Fachbereichs Wirtschaftswissenschaft und später Verwaltungschef der neuen Sektion Politische Wissenschaft und Verwaltungswissenschaft, Rechtswissenschaft und Wirtschaftswissenschaft war. Wir haben manches gemeinsam unternom-

* Ein Töchterchen kam hinzu, beide sind längst Schulkinder, die Familie lebt in Bayern; die Tochter bangt derzeit um ihren Vater in Kiew. (08.03.2022)

[12] Erhard Roy Wiehn, Bleibende Warnungen III. Konstanz 2007, S. 207.

men, nach seiner schweren Erkrankung* habe ich die Partnerschaftsarbeit im März 2005 vertretungsweise wieder übernommen, bis Prof. Thomas Deissinger (Wirtschaftspädagogik) Anfang 2007 dann definitiv die Partnerschafts-Beauftragung übernahm, mit dem ich mich auf verschieden Kiew-Reisen recht gut verstand. Bei der Stipendiatenauswahl habe ich auf seine Einladung hin zusammen mit Dr. Michael Gawrisch auch später noch gelegentlich gerne mitgewirkt. Leider musste sich inzwischen auch der neue Konstanzer Beauftragte krankheitsbedingt vertreten lassen, und man kann nur hoffen, dass die Kooperation alsbald mit neuem Elan weitergeführt werden kann.

Alles in allem ist die Partnerschaft zwischen der Kiewer Nationalen Wirtschaftsuniversität und der Universität Konstanz eine Erfolgsgeschichte. Natürlich war ich ebenso überrascht wie erfreut, dass mich unsere Kiewer Partneruniversität gemeinsam mit dem früheren Konstanzer Rektor Prof. Horst Sund [1926-2021] bereits im Jahre 1995 mit dem Dr. h.c. für unser Engagement ehrte (Einmal hatte ich aus Kiew einen Wink bekommen, dass für mich der Titel eines "Honorar-Konsuls" angedacht sei, – ohne jemals wieder ein Wörtchen davon zu hören. Barúch HaSchém.)

2. Humanitäre Hilfskonvois für die Ukraine seit 1991

Bereits bei meinem Besuch anlässlich unseres Umweltsymposiums im Herbst 1990 in Kiew zeigten sich deutliche Spuren einer zunehmenden Verarmung der Bevölkerung und eines beträchtlichen Mangels im medizinischen Bereich. Das veranlasste mich, mit Mirjam über die Jahreswende 1990/91 zu meinem nun bereits dritten Besuch in die Ukraine zu reisen, wo wir mit Hilfe unseres Freundes Prof. Smyslov Kranken- und Waisenhäuser in Kiew, Borodjánka (Altenheim des Kreises Kiew) und Bútscha besuchten, darüber hinaus das Waiseninternat in Goródnja nördlich von Tschernígiv** in der Nordukraine, was schon Anfang 1991 zu einem ersten humanitären Konvoi führte, der mit tatkräftiger Unterstützung des damaligen Oberbürgermeisters Dr.

---

* Eberhard Zgraja (geb. 1946) ist leider am 18. Februar 2016 verstorben. (08. 03.2022)

** Während des russischen Angriffskriegs heftig umkämpft. (08.03.2022)

Horst Eickmeyer sowie des Stadtverbandes Konstanz des Roten Kreuzes auf den Weg gebracht werden konnte.

Am Sonntag, dem 16. Dezember 1990, hatten wir noch in den alten Räumen der Regionalzeitung "Südkurier" eine Kunstauktion organisiert, zu der Künstlerinnen und Künstler wie auch Privatpersonen 140 Kunstwerke (und was dafür gehalten werden konnte) schenkten, und der Konstanzer Star-Auktionator Carlo Karrenbauer (der viele Jahre zuvor bei mir seine Magisterprüfung abgelegt hatte) brachte – übrigens gratis – in kaum mehr als drei Stunden den erstaunlichen Erlös von ca. 70.000 DM zusammen.[13] In den folgenden Jahren wurden weitere, zum Teil sehr große Konvois durch den DRK-Kreisverband Konstanz organisiert, die in den ersten Jahren durch mich vor Ort vorbereitet wurden, indem ich Bedarfslisten erstellte, die wir so gut wie möglich zu realisieren versuchten. Im Herbst 1993 war ich bei einem Konvoi in Rot-Kreuz-Uniform selbst dabei: Mit insgesamt 10 Fahrzeugen und etwa 20 Personen Besatzung drei Tage und drei Nächte Hinfahrt, drei Tage Güterverteilung in Kiew, Goródnja und im zentralukrainischen Kreis Kobeljáki, drei Tage und drei Nächte Rückfahrt. Heil nach Hause zurückgekehrt, war die erste Frage der ehrenamtlichen Helferinnen und Helfer: "Wann geht's wieder los?"

Bei allen unseren Konvois waren wir stets von Kiewer Miliz beschützt, manche unserer Konvois wurden sogar an der ukrainischen Grenze von Miliz abgeholt und zurückgebracht, die Jungens aßen mit uns und waren viel mit uns zusammen. Einmal hatten wir uns mit einem Kiewer Polizeioberst angefreundet, der dann von Konstanzer Kollegen zu einer Stippvisite eingeladen wurde. Er kam freitags, Mirjam bügelte sonntags seine Uniform, damit er montags geschniegelt und gebügelt zum Polizeiempfang erscheinen konnte. Samstag abends aßen wir zusammen, und dieser Oberst erzählte uns dann, dass er zu den ersten sowjetischen Truppen gehörte, die 1962 in Kuba an Land gingen, ohne zu wissen, wo genau sie eigentlich gelandet waren. Wir konnten alsdann unsererseits berichten, dass damals die Menschen in Deutschland, in Europa und in der ganzen westlichen Welt tatsächlich Angst hatten, dass der Dritte Weltkrieg beginnen könnte, und wir tranken anschließend einen guten ukrainischen "Horílka" (Wodka) darauf, dass es seinerzeit gutgegangen war und wir auch deshalb jetzt so

---

[13] Südkurier (Konstanz), 15.12. u. 17.12.1990, S. 9.

fröhlich beisammensitzen konnten, um uns über jene gefährliche Situation ganz friedlich auszutauschen. Dieser Polizeioberst hatte in Kiew bald darauf wohl "die Falschen" verhaften lassen, wie wir hörten, soll versetzt worden sein, und wie haben nie wieder von ihm gehört.

Das Waiseninternat Goródnja hatten wir mit Hilfe unseres Freundes Prof. Anatoly Iwanowitsch Smyslov entdeckt und dafür bald eine treue Patin gefunden, nämlich die evangelische Kreuzpfarrei in Konstanz, die diese Einrichtung seit damals und bis ins Jahr 2008 tatkräftig unterstützte. Meine erste Bekanntschaft mit den Kindern ergab sich am Jahreswechsel 1990/91: Damals wurden wir erst zu den Kleinen geführt, die gerade reihenweise auf ihren Töpfchen saßen; als sie mich kommen sahen, sprangen einige von ihnen auf, rannten mir entgegen und riefen: "Papa, Papa!" Das ging natürlich ans Herz, und deshalb war ich stets dankbar beglückt, dass die Goródnja-Gruppe der Kreuzpfarrei über viele Jahre so treu geholfen hat.

Im Dezember des Jahres 2002 kam ich schließlich auf die Idee, mich selbst wieder einmal für Goródnja zu engagieren, und so stand ich also in der "Nikolauswoche" zur Mittagszeit, wenn Bedienstete und Studierende zum Essen in unsere Mensa gehen, etwa zwei Stunden im Eingangsbereich der Universität Konstanz, um Geld zu sammeln nach dem Motto: "1 Euro für ein Waisenkind in der Ukraine!" Zunächst hatte mich Eberhard Zgraja dabei unterstützt, während der folgenden Jahre dann Hanns Fahlbusch. In den allerletzten Jahren machte ich diese Hilfsaktion gemeinsam mit Helmut Hengstler, Vizekanzler und Finanzchef der Universität Konstanz. Manchmal kamen Helferinnen und Helfer spontan hinzu, ausnahmsweise auch ukrainische Studierende. Zuletzt hatte ich es allerdings mühsam gefunden, fünf Tage je 2½ Stunden lang meistens allein am kühlen, zugigen Mensaaufgang zu stehen und zu hoffen, dass etwas in die Kasse kommt. Manche Kollegen haben einen großen Bogen um meinen Sammeltisch gemacht, wenn sie mich von weitem sahen. Manche Kolleginnen und Kollegen haben allerdings großzügig bis sehr großzügig gespendet und auch manche Studierenden, darunter sogar ausländische Studierende, haben etwas gegeben, nicht zuletzt ein oder zwei mir bekannte Studierende aus Kiew. Wenn ich dann aber die Kinder von Goródnja vor mir sah, war völlig klar, dass sich wieder einmal alle Mühe doch gelohnt hat. – Seit 2003 brachte ich das Geld (bei dem auch Mirjam Wiehns Grundschulklasse und manchmal auch Kinder eines Gymnasiums immer großen Anteil hatten) persönlich nach Kiew, kaufte dort mit Hilfe meines Freundes Anatoly Iwanowitsch im Großhandel für ca. 250–350 Kinder und Mitarbeiter ein, wir mieteten einen Lkw und fuhren die Geschenke dann zum orthodoxen Weihnachtsfest am 7. Januar nach Goródnja, stets mit Prof. Smyslov und meinem Freund Dr. Alexander Ivanov vom International Office der Nationalen Taras Schewtschenko Universität Kiew, in den letzten Jahren gemeinsam mit Dr. Michael Gawrisch und Helmut Hengstler.

Anfang Januar war die Fahrt nach Goródnja durch Straßenverhältnisse und Wetterlage bisweilen geradezu abenteuerlich. Schon bei der ersten Fahrt 1990 waren über weitere Strecken nur zwei Fahrrinnen im Schnee freigefahren, über die unser alter "Wolga" mit beträchtlichem Tempo hinwegfegte. Ein andermal war es bei etwa minus 25 Grad so kalt, dass wir bei der Begrüßung an der Ortsgrenze kaum unser Wodka-Gläschen festhalten konnten. Im Januar 2008 hatte der von uns gemietete Lkw anscheinend Sommer-Diesel getankt, sodass der Motor nach einer Nacht mit etwa 20 Grad Kälte am anderen Morgen nicht anspringen wollte. Daraufhin machten die beiden Fahrer unter dem Motor ein offenes Feuer, um den Motor aufzutauen, was tatsächlich gelang, wir konnten starten, durch den kalten Fahrtwind war jedoch die Leitung bald wieder eingefroren. Daraufhin nahm der Beifahrer einen Dieselkanister in die Fahrerkabine und legte von diesem einen Schlauch zum Motor. Das Experiment gelang, wir kamen mit unseren Geschenken tatsächlich nach Goródnja, wenn auch mit großer Verspätung, übrigens in einem Begleitfahrzeug der Kiewer Wirtschaftsuniversität, einem Mercedes-Minibus! Zu diesen Fahrten gehörte die Tradition eines kleinen Frühschoppens am Morgen sowie eines Vespers am Nachmittag, und dafür hatten wir seit einiger Zeit nördlich von Kiew unser besonderes Traditionslokal namens "Jägerstube", wo ein besonders schmackhafter Heringssalat angeboten wurde.

Die letzte Sammelaktion in der Universität Konstanz haben Helmut Hengstler und ich vom 7.–11. Dezember 2009 durchgeführt, die letzte Goródnja-Reise fand am 6. Januar 2010 statt, am Tag vor dem orthodoxen Weihnachtsfest, und das war genau 20 Jahre nach meinem allerersten Besuch im Waiseninternat von Goródnja. Wir hatten in der Universität Konstanz ca. 1.700 Euro und insgesamt 2.200 Euro sammeln können, wofür wir 310 Weihnachtstüten, 25 Paar Schuhe, einen

Computer kaufen konnten. Die Kinder hatten schon auf uns gewartet, und die kurze Begegnung mit ihnen in der Aula war wie immer sehr rührend. Die Fahrt wurde zu einer abenteuerlichen Winterreise mit so viel Schnee wie noch nie,[14] mit dem bewährten Team Anatoly Iwanowitsch Smyslov, Michael Gawrisch, Helmut Hengstler und unserem phantastischen Fahrer Tolja samt den traditionellen zwei Pausen in der "Jägerstube" nördlich von Kiew – alles in allem ein wunderschöner Tag! In der "Jägerstube" konnten wir diesmal die ukrainische Version meines Ukraine-Büchleins verschenken, worin der prima Fischsalat des Hauses ausdrücklich gelobt wird.[15]

3. Putsch in Moskau und eine Babij-Jar-Gedenkschrift 1991

Wie bei allen Universitätspartnerschaften, an denen ich beteiligt war, habe ich mich sofort auch außerhalb der Partneruniversität und also auch in Kiew umgesehen, und da musste ich nicht lange suchen. Spätestens 1983/84 während meiner Arbeit an "Kaddisch – Totengebet in Polen" war ich auf das Massaker von Babij Jar (gesprochen wie geschrieben!) aufmerksam geworden,[16] die berüchtigte Schlucht am damaligen Stadtrand von Kiew, wo am 28. und 29. September 1941 weit über 33.000 Menschen von Deutschen erschossen wurden, jüdische Männer, Frauen und Kinder. So begann ich bereits 1990 an einem Buch zu arbeiten, das mit 850 Seiten und dem Titel *Die Schoáh von Babij Jar – Das Massaker deutscher Sonderkommandos an der jüdischen Bevölkerung von Kiew 1941 fünfzig Jahre danach zum Gedenken. Mit einer Dokumentation* im Sommer 1991 erschien. Zusammen mit Mirjam Wiehn und einem Koffer voller Babij-Jar-Bücher flog ich im August 1991 nach Kiew, um unser "Babij Jar" mit Hilfe unserer Kiewer Freunde öffentlich vorzustellen. Sonntags waren wir bei ei-

[14] Da fiel mir natürlich ein altes Lied aus meiner Pfadfinderzeit ein, das wir damals mehrstimmig gesungen haben, meinen ukrainischen Freunden jedoch leider unbekannt war: "Auf der Straße fegt der tolle Sturm den Schnee...", in: Weiße Straßen – Lieder der Großfahrt, hg. von Walter Scherf u. Heinz Schwarz, 3. Auflage Opladen 1953.

[15] Erhard Roy Wiehn, Deutsch-ukrainische Aktivitäten. Konstanz 2009; ukrainische Ausgabe c/o Kiewer Nationale Wirtschaftsuniversität, Kiew 2009.

[16] Verlag Darmstädter Blätter, Darmstadt 1984, 2. Auflage 1987.

nem früheren Rektor der Wirtschaftsuniversität eingeladen, Prof. X., der damals als "Kreml-Berater" tätig war, wie er uns stolz mit seinem Kreml-Ausweis bewies, jedoch wohl nichts von dem wusste, was am folgenden Morgen uns alle total überraschte...

Montags, am 19. August 1991, waren wir am Vormittag mit dem deutschen Generalkonsul Graf von Bassewitz verabredet, und Walery Woloschanówitsch sollte uns in unserem Hotel abholen und zum Generalkonsulat begleiten, war jedoch zur verabredeten Zeit nicht erschienen, um endlich mit einer gewissen Verspätung endlich einzutreffen. Etwas ungehalten fragte ich ihn, warum er ausgerechnet heute nicht pünktlich sein konnte, worauf er erwiderte: "Es war nicht meine Schuld, in Kiew gibt es Probleme, – denn in Moskau wird seit heute morgen geputscht!" – "Das ist aber wirklich eine außergewöhnliche Ausrede..." – "Schalt' bitte CNN ein!" – Und tatsächlich: Panzerkolonnen in Moskau! – "Pardon, lieber Walery, dass ich dir Unrecht getan habe!" – Auf dem Weg zum damals nagelneuen bundesdeutschen Generalkonsulat in der Schkalova (unweit vom Zirkus) sahen wir da und dort Menschenansammlungen mit blau-gelben Fahnen. Graf von Bassewitz war trotz der neuen Lage ohne weiteres empfangsbereit und sagte uns gleich, dass er auch nicht *mehr* wisse, als er bei CNN gesehen habe, er erwarte jedoch einen Anruf seines Kollegen aus Moskau. Der Anruf kam, der deutsche Botschafter in Moskau wusste tatsächlich etwas mehr als wir, wenn wir richtig verstanden hatten, er konnte nämlich aus seinem Fenster die Panzer mit eigenen Augen sehen! Wir hinterließen unsere Adresse im deutschen Generalkonsulat und blieben ansonsten ziemlich gelassen.

Am folgenden Dienstag, 20. August 1991, war der Putsch noch immer im Gange und nicht entschieden. Um 16 Uhr wurden wir im damaligen "Haus der deutsch-sowjetischen Freundschaft" erwartet (inzwischen Sitz der Botschaft der Volksrepublik China!), und zwar eben zur Vorstellung meiner Babij-Jar-Gedenkschrift. Der Hausherr lud uns zunächst in einem Separé zu einem Begrüßungs-Wodka, ich brachte gleich unsere Sorge über die überraschenden Vorgänge in Moskau zum Ausdruck, worauf er etwa folgendermaßen antwortete: "Lieber junger Freund, Sie brauchen sich wirklich keine Sorgen zu machen, denn bei uns sind Sie gut aufgehoben! Wissen Sie, Michail Sergejewitsch (Gorbatschow), der Präsident, ist schon seit einiger Zeit ernstlich erkrankt, er muss dringend abgelöst werden, damit er sich erholen und in unserem Land wieder Ordnung einkehren kann." Da wurde ich nun doch ein bisschen böse und erwiderte: Dass er dieses Märchen allen erzählen könne, aber bitte nicht mir; denn ich hätte noch nie gehört, dass man Krankheiten mit Panzern heilen könne... Daraufhin lief dieser Mann an Hals und Ohren ziemlich rot an, fand keine Antwort, wusste vielleicht auch nicht, wie er sich jetzt verhalten sollte, im übrigen war inzwischen schon die Zeit für die Buchvorstellung gekommen.

In einem Versammlungsraum waren wohl ca. 70 Menschen zusammengekommen, darunter das komplette deutsche Generalkonsulat mit drei (3!) Personen, die Leitung der Kiewer Wirtschaftsuniversität, Vertreter der Ukrainischen Akademie der Wissenschaften, Vertreter jüdischer Organisationen und Überlebende sowie Funk und Fernsehen. Nachdem ich meine Babij-Jar-Gedenkschrift vorgestellt hatte, nutzte ich natürlich diese Öffentlichkeit regelrecht aus, um meine Meinung zu den Vorgängen in Moskau zu sagen, nämlich dass ich sie sehr bedauerlich und traurig fände, da ich wie viele Menschen im Westen große Hoffnungen gerade auf Präsident Gorbatschow gesetzt habe und wir nun befürchten müssten, dass womöglich versucht werde, das Rad der Geschichte wieder zurückzudrehen. Dafür erntete ich dann nicht nur keinen Protest, sondern viel Beifall, was mich natürlich ungemein freute.

Von Radio Kiew war damals Ludmila Nestrilay dabei, die in der folgenden Zeit öfter über meine Aktivitäten berichtete, später zufällig einmal in der Kiewer Oper mit einem Kollegen der FAZ traf, dann aus den Augen verlor, bis sie Ende Februar 2008 plötzlich bei der Vorstellung unseres Ivan-Franko-Buches im Gelben Gebäude der Taras Schewtschenko Universität wieder erschien, eingeladen vom Hausherrn, meinem Freund Dr. Ivan Sojko, bei dem sie einmal studiert hatte, der seinerseits aber gar nicht wusste, dass wir uns kannten. Das war natürlich ein heiteres Wiedersehen.

Anwesend war im August 1991 im Haus der Deutsch-Sowjetischen Freundschaft auch Ludmila Nestrilays Radio-Kollege Michael Gretzki, an den ich mich gar nicht mehr erinnerte, bis er sich auf der Geburtstagsfeier meines Freundes Prof. Volodymyr Yevtukh am 14. Juli 2008 im Kiewer "Hayatt" mit mir wieder bekannt machte; inzwischen im ARD-Büro Kiew tätig schlug er mir gleich anderntags ein Interview zum bevorstehenden Besuch der Bundeskanzlerin Dr. Angela

Merkel in Kiew vor, das ausschnittsweise am frühen Morgen des 21. Juli 2008 im Deutschlandfunk gesendet wurde und das ich (unter der Dusche) zufällig hören konnte. Darin habe ich vor allem für eine mutigere Politik der offenen Tür gegenüber der Ukraine plädiert. Der Bundeskanzlerin habe ich als Erinnerung mein Babij-Jar-Buch von 2001 geschickt, eine Reaktion ist daraufhin nicht erfolgt. Solche Begegnungen und Wiederbegegnungen wie mit Michael Gretzki samt manchmal ungeahnten Folgen erstaunen mich immer wieder und sind ganz nach meinem Geschmack.

Anno 1991 mussten wir noch bis Mittwoch abend bangen, am 21. August 1991 war der Putsch endgültig niedergeschlagen, wir tranken bei einem Prorektor der Wirtschaftsuniversität eine angemessene Dosis "Horílka" und gingen dann gemeinsam mit den Kiewer Freunden um Mitternacht vom Hotel "Salut" zur "Ewigen Flamme", dem unweit gelegenen Memorial für den Unbekannten Soldaten des Zweiten Weltkriegs, um dort alle Blumen niederzulegen, die wir in diesen Tagen geschenkt bekommen hatten. Das war also nochmals gut gegangen. Niemand konnte sich damals vorstellen, dass die Ukraine dann noch 1991 völlig unblutig ihre Selbständigkeit erlangen würde.*

Zurück zu jener Buchvorstellung in Kiew im August 1991: Babij Jar hatte uns seither nicht mehr losgelassen, und wir haben 1993 eine Schrift mit zwei Überlebenden veröffentlichen können, die dem jüdischen Häftlingskommando 1005 angehörten, welches 1942 die Spuren der Mordaktion in Kiew beseitigen, d.h. die Leichen ausgraben und verbrennen sollte: Dawid Budnik und Jakow Kaper, *Nichts ist vergessen – Jüdische Schicksale in Kiew 1941–1943*, wobei ich mich mit Dawid Budnik befreundete, der leider schon bald verstarb. Nach dieser Buchvorstellung bekam ich das Abzeichen der jüdischen Partisanen überreicht, das ich bis heute in Ehren halte. Im Jahre 2001 konnten wir eine weitere Babij-Jar-Gedenkschrift folgen lassen und diesmal im "Museum des Großen Vaterländischen Krieges" vorstellen, ein wahrlich passender Rahmen für *Babij Jar 1941 – Das Massaker deutscher Exekutionskommandos an der jüdischen Bevölkerung von Kiew*

* Geschweige denn im Februar 2022 von Russlands Armee überfallen werden könnte. (08.03.2022)

60 Jahre danach zum Gedenken (siehe dazu unsere Ukraine-Literatur S. 189 ff.)

Im Laufe der Jahre habe ich Ende September mehrfach an den jüdischen Babij-Jar-Gedenkveranstaltungen in Kiew teilgenommen und wurde vom Veranstalter, Ilja M. Levitas, auch gebeten, das Wort zu ergreifen. Einmal hatte der stellvertretende deutsche Botschafter (dessen Name ich hier lieber verschweigen will) vor mir gesprochen, kam nach der Veranstaltung auf mich zugeschossen, um mich anzuraunzen: Wie ich dazu komme, hier zu sprechen, ohne dies mit ihm abgesprochen zu haben. Ich sagte ihm daraufhin unter Zeugen, dass er anscheinend Probleme mit seiner Rolle in Kiew habe und ich mich sofort beim deutschen Außenminister beschweren wolle. Kurze Zeit später trafen wir uns zufällig auf einer Veranstaltung in der Kiewer Parlamentsbibliothek, wo ich eine Reihe einschlägiger Bücher meiner Edition vorstellte, um sie dann an diese Bibliothek zu verschenken, und da kam dieser Mann unversehens an meine Seite und sagte mir, dass er den Vorfall bedauere und sich dafür entschuldige, woraufhin ich meine Beschwerde fallen ließ. Diese Episode ist derart kurios, dass ich sie hier erwähne, obgleich sie natürlich auch recht gut in die Schublade "deutsch-deutsche" Erfahrungen in Kiew passt.

Im September 2006 war ich vom deutschen Kulturattaché in Kiew, Jean-Pierre Froehly, eingeladen, im neuen deutschen Botschaftsgebäude in Kiew einen Vortrag über Babij Jar zu halten. Dieses Thema wurde bei der Gelegenheit am 19. September 2006 wohl erstmalig in der deutschen Botschaft Kiew und in Anwesenheit des deutschen Botschafters vorgetragen, und ich habe mich über diese Chance und Ehre gefreut. Allerdings wurde ich beim anschließenden Empfang von einem mir unbekannten Deutschen wegen Israels Politik gegenüber den Palästinensern unschön "angemacht", und zwar nach dem Motto "Die sind ja eigentlich auch nicht viel besser als…"; ich ließ den Mann nach meiner hoffentlich passenden Antwort dann einfach stehen und ging davon.

Auf Einladung der Konrad-Adenauer-Stiftung und des DAAD in Kiew hielt ich am 28. Mai 2008 in der deutschen Botschaft einen Vortrag "Zum Erinnern des Vergangenen für die Zukunft – Entwicklungen in Deutschland und andernorts sowie Aspekte jüdischer Tradition und mögliche Schlussfolgerungen", wonach man bei einem Empfang noch lange beieinander stand, zumal viele meiner Kiewer Freundinnen und Freunde mir an diesem Abend die Ehre ihrer Anwesenheit gaben.

Bereits im Februar 2011 erschien meine dritte *Schrift Kiew Babij Jar – Ein fast vergessenes Verbrechen 1941* (deutsch, englisch und ukrainisch), das ich am 30. September 2011 am Lehrstuhl Germanistik meines Freundes Dr. Iwan Sojko insbesondere vor jungen Leuten vorstellen konnte (unter den Gästen war auch Ludmila Nestrilay).

Die Feiern zum 70. Jahrestag[17] fanden wegen des jüdischen Neujahrsfestes *Rosch HaSchaná* (am ersten Tag Gottesdienst in der ca. 110-jährigen Kiewer Brodsky-Synagoge!) erst am 3. Oktober 2011 statt, und zwar zunächst mit einer Kranzniederlegung durch den ukrainischen Staatspräsidenten Viktor Janukowitsch am alten Memorial, dann mit der Hauptfeier am neuen Menorah-Memorial mit dem israelischen Außenminister, einer Abordnung des israelischen Militärs (mit ansehnlichen Marine-Soldatinnen in weißen Uniformen!), ukrainischen Honoratioren und Botschaftern, darunter auch der deutsche Botschafter).

Meine Beiträge gegen das Vergessen von Babij Jahr hatte ich seit 20 Jahren zu leisten versucht – ohne damit wohl viel erreicht zu haben, außer dass meine einschlägigen Bücher in etlichen Bibliotheken der Welt noch eine Weile zu finden sein dürften – , aber dieses schreckliche Thema führte mich im Oktober 2011 sogar zum Cape Town Holocaust Center nach Südafrika. Wer hätte das gedacht?

Hier notieren möchte ich auch unterschiedliche Erfahrungen mit Deutschen in Kiew. - Etwa zur Zeit meines ersten Besuchs in Kiew im September 1989 hatte der erste Generalkonsul der Bundesrepublik Deutschland in Kiew gerade Einzug gehalten, Graf Hennecke von Bassewitz, und ich suchte sofort Kontakt, was damals in der Schkálowa-Straße noch völlig unkompliziert möglich war: "Kommt vorbei,

---

[17] Zu diesem Anlass habe ich in der FAZ nur zwei Beiträge gefunden: Katja Petrowskaja, "Spaziergang in Babij Jar – Vor siebzig Jahren wurden hier mehr als 33.00 Menschen umgebracht. In nur zwei Tagen. Hier, in dieser Schlucht", in: Frankfurter Allgemeine Sonntagszeitung, Nr. 38, 25. September 2011, S. 31; Konrad Schuller, "Eine einsickernde Erinnerung – Vor 70 Jahren erschossen Deutsche in Kiew 34.000 Juden", in: Frankfurter Allgemeine Zeitung, Nr. 227, 29. September 2011, S. 6.

wir rauchen ein Zigärrchen zusammen!" So war das, – Welten zwischen damals und der heutigen Situation, wo man sich einer Sicherheitskontrolle unterziehen muss, die fast mit der auf dem Ben Gurion Airport in Tel Aviv vergleichbar erscheint. Zu unserem größten Bedauern mussten unsere Beziehungen zur deutschen Botschaft jedesmal neu aufgebaut werden, wenn ein Botschafter oder ein Kulturattaché gewechselt wurde, sofern der jeweilige Nachfolger überhaupt Interesse an unseren universitären oder humanitären Aktivitäten zeigten, was leider keineswegs die Regel, sondern tatsächlich die Ausnahme war.

Eine absolut positive Ausnahme auf Botschafterebene war zu meiner Zeit Dr. Eberhard Heyken, der immer Zeit für uns und unsere Anliegen fand, einmal sogar die Rektoren unserer beiden Kiewer Partneruniversitäten samt Frauen und unsere kleine Delegation zu einem gemeinsamen Dinner in seine Residenz einlud. Dr. Heyken hatte ich nach seiner Dienstzeit einmal an die Universität Konstanz einladen und seinen glänzenden Vortrag anschließend veröffentlichen können: *Die deutsch-ukrainischen Beziehungen – gestern, heute und morgen – auf dem Weg nach Europa* (Konstanz 2001). In Europa ist die Ukraine bis heute leider noch immer nicht recht angekommen,* jedenfalls nicht in der Europäischen Union, was leider – wie schon bemerkt – auch an dieser liegt. Dr. Heyken habe ich zum letzten Mal im Februar 2008 in Kiew gesehen und gesprochen. Für mich völlig überraschend ist er im Dezember 2008 verstorben, ich habe ihm einige Bäume in Israel pflanzen lassen.

Als Kulturattaché war ganz am Anfang Susanne Schütz interessiert, unkompliziert und hilfsbereit, die viel später in leitender Funktion der deutschen Botschaft wieder in Kiew arbeitete, wo ich sie nach einer Begegnung in Tel Aviv dann im Mai 2008 wiedersah. In den letzten Jahren war Kulturattaché Jean-Pierre Froehly ein sehr hilfsbereiter Partner in Kiew. Mit einem stellvertretenden deutschen Botschafter bin ich – wie erwähnt – einmal heftig aneinander geraten, als er mir sehr unfreundliche Vorhaltungen machte, wieso ich bei einer Babij-Jar-Gedenkstunde das Wort ergreifen könne, ohne dies vorher mit ihm abzustimmen.

---

* Was derzeit im Verlauf des russischen Angriffskrieges gegen die Ukraine plötzlich wieder neu diskutiert wird. (08.03.2022)

Als weitere deutsch-deutsche Erfahrung in Kiew möchte ich noch folgende nicht unerwähnt lassen: Zunächst konnte man von einem Goethe-Institut in Kiew natürlich nur träumen, dann aber kam es zum Glück tatsächlich, wenn auch in der Anfangszeit bisweilen mit irritierender personeller Besetzung. Einmal bin ich einer leitenden Person begegnet, die in ihrer Attitüde und Einstellung zur einheimischen Bevölkerung – in einem Gespräch mit mir ganz ungeniert artikuliert – gut zur früheren deutschen Besatzung gepasst hätte. Machte eine Beschwerde Sinn? Bezüglich des Goethe-Instituts in Budapest habe ich dies einmal an höchster Stelle versucht, leider vergeblich. Beste Erfahrungen hatte ich im Goethe-Institut Kiew zuletzt mit Frau Marion Haase gemacht, die inzwischen jedoch in einem anderen Land arbeitet.

Auch der Deutsche Akademische Auslandsdienst (DAAD) scheint nicht immer die geeignetsten Mitarbeiter für seine Auslandsmissionen zu finden, obwohl diese Einrichtung insgesamt gewiss eine ganz wichtige Arbeit im internationalen Studierendenaustausch leistet, und nicht nur einmal hätten wir uns über das ziemlich arrogante Verhalten eines DAAD-Vertreters in Kiew beklagen können. Andererseits hatten wir beste Erfahrungen mit Thomas Zettler und dessen Versetzung bedauert. Mit dem früheren DAAD-Lektor Markus Winkler in Chernivtsi (Czernowitz) habe ich sogar ein Buch herausgeben können: *Juden in Czernowitz – Ghetto, Deportation, Vernichtung 1941–1944* (Konstanz 2004). Im übrigen war ich in den Jahren 2002–2005 als Mitglied in der zentralen Auswahlkommission des DAAD in Bonn für Moldawien, Türkei, Ukraine (Referat 322) tätig, eine ehrenamtliche gutachterliche Tätigkeit, die mir viel Freude machte. Stark beeindruckt war ich immer wieder von der Ernsthaftigkeit, mit der in einem Kreis von Fachleuten gerade kritische Anträge diskutiert wurden, um den betreffenden Studierenden doch möglichst eine Chance zu geben.

Meine Kiew-Erfahrungen habe ich in *Deutsch-ukrainische Aktivitäten – Universitärer, humanitärer, publizistischer und menschlicher Brückenbau von Europa nach Europa* (Konstanz, April 2009) festzuhalten versucht, wobei gewiss manches zwischen den Zeilen bleiben musste. Dieses Buch haben wir bereits zum 20-jährigen Jubiläum unserer ersten Kontakte mit der Nationalen Kiewer Wirtschaftsuniversität am 14. Mai 2009 in Kiew vorgestellt. Die ukrainische Ausgabe – woran dankenswerterweise beide Partneruniversitäten beteiligt waren und deren Endredaktion mein Freund Dr. Michael Gawrisch übernommen hatte – wurde am 13. Oktober 2009 am Lehrstuhl Germanistik von Prof. Dr. Iwan Sojko im Gelben Gebäude der (Roten) Taras Schewtschenko Universität präsentiert, und zwar in Anwesenheit von Prorektor Prof. Dr. Petro Bekh, einiger Freundinnen und Freunde sowie zahlreicher Studierender. Das war ganz nach meinem Geschmack – und überdies am Vorabend des 175. Geburtstags der Nationalen Taras Schewtschenko Universität, den ich mit Elisabeth Gross und Helmut Hengstler fröhlich mitfeierte, für den noch amtierenden Vizekanzler der Universität Konstanz wohl besonders denkwürdig, da er ebenso überraschend wie verdient mit dem Verdienstorden unserer Partner-Universität geehrt wurde.

4. Zur Partnerschaft mit der Nationalen Taras Schewtschénko Universität Kiew seit 1992

Von Anfang an war ziemlich klar, dass die Kiewer Nationale Wirtschaftsuniversität eine fachlich etwas einseitige Partnerin darstellte, und schon während unseres Umwelt-Symposiums im Herbst 1990 [2022 vor 32 Jahren] machte ich eine erste Stippvisite in der nationalen Kaderschmiede der Ukraine, nämlich in der Nationalen Taras Schewtschenko Universität Kiew, damals von Prof. Werner Maihofer begleitet, der gerne auch "mal reinschauen" wollte. Es war schwierig, ad hoc jemanden anzutreffen, der irgendwie zuständig gewesen wäre oder sich gar für uns interessiert hätte. Schließlich trafen wir wohl eher zufällig den Jura-Professor Dr. Zabigailo, der angeblich von Prof. Maihofer sogar schon gehört hatte und Interesse zeigte, was uns aber nicht viel half, weil er bald darauf an die neue ukrainische Botschaft nach Washington, D.C., berufen worden sein soll, wie wir hörten.

Bei meinen weiteren Versuchen erging es mir nicht viel besser, bis ich mich eines Tages zum damals Ersten Prorektor, Prof. Oleg Tretjak, "hocharbeiten" konnte. Da wurde ich dann auch mit dem damaligen Leiter des International Office bekannt gemacht, langsam, langsam kam die Anbahnung einer Partnerschaft in Gang und wurde etwa zwei Jahre nach meinem ersten Versuch spruchreif, da es diese Partnerin als unbestrittene "Nummer 1" in der Ukraine mit einer Partnerschaft keinesfalls besonders eilig hatte. Rektor Prof. Viktor Skopenko (Chemiker) und Prorektor Oleg Tretjak konnten sich inzwischen durch ihre Besuche in Konstanz überzeugen, dass die Universität Konstanz bestimmt keine schlechte Partie war.

Im Herbst 1992 reiste ich dann mit unserem damals neuen Rektor, Prof. Bernd Rüthers, und der damaligen Leiterin unseres Auslandsamtes, Dr. Gerhild Framhein, nach Kiew, wo unser Rektor und Prorektor Prof. Oleg Tretjak in Anwesenheit von Susanne Schütz von der deutschen Vertretung in Kiew am 5. Oktober 1992 den Kooperationsvertrag unterzeichneten. Vor der Unterzeichnung haben wir Blumen an der Kiewer Menorah niedergelegt, am neuen jüdischen Mahnmal für die Opfer von Babij Jar, eine schöne Geste unseres Rektors. Ich wurde zum Beauftragten für diese Partnerschaft ernannt und blieb dies fast 15 Jahre lang, nämlich bis zum Mai 2007.

Mit dem neuen Direktor des International Office, Prof. Petro Bekh (Lehrstuhl Angelistik), und seinem Stellvertreter Dr. Alexander Ivanóv (Historiker für deutsche Geschichte) begann sich dann auch diese Partnerschaft gut zu entwickeln, und zwar zunächst mit besonderem Interesse der Fachbereiche Germanistik, Geschichte und Soziologie, später dann auch der Biologie, Chemie, Informatik, Mathematik und Physik. Jahrelang fuhr ich mit einer Gruppe von Konstanzer Kollegen verschiedener Fachbereiche im September zu Vorträgen nach Kiew. Im Dezember kam dann der Gegenbesuch, und zwar nicht nur einmal in Gestalt einiger Dekane und Lehrstuhlleiter. Leider konnten wir die Kiewer Gäste nicht entfernt so komfortabel unterbringen wie wir in Kiew untergebracht werden, da es in Konstanz nichts Vergleichbares zum Gästehaus im Institut für Weiterbildung der Taras Schewtschenko Universität in Kiew gibt. Immerhin war das geschätzte Frühstücksbüffet Gebhard Sailers im Don-Bosco-Haus ein gewisser Ausgleich. Sowohl unsere Besuche als auch die Gegenbesuche in Konstanz mussten natürlich organisiert werden, was nicht ohne erhebliches persönliches Engagement abging, mir aber auch viel Freude machte; denn genau diese Zusammenarbeit hatte ich ja gewollt.

Für die Studierenden beider Kiewer Partneruniversitäten standen uns Mittel des Deutschen Akademischen Austauschdienstes (DAAD) für Semesterstipendien zur Verfügung; diese Mittel musste ich über unser Auslandsamt in Bonn beantragen und dafür später auch Rechenschaftsberichte schreiben, was ein mehr oder weniger gemischtes Vergnügen war. Die in der Universität Konstanz übliche Arbeitsteilung zwischen den Partnerschaftsbeauftragten, die für die Partnerschaften inhaltlich verantwortlich sind, und dem Akademischen Auslandsamt, welches das Geld verwaltet und administrative und organisatorische Hilfen geben sollte, hat trotz seiner Vorteile nach meiner Erfahrung nicht immer ganz reibungslos funktioniert.

Leider gab es immer zu wenige Stipendien. (Seit Oktober 2011 spende ich monatlich 100 Euro in einen 2011 gegründeten Stipendienfond der Universität Konstanz.) Später kamen recht gut dotierte Jahresstipendien der Herbert-Quandt-Stiftung hinzu, über die wir sehr froh waren und die leider im Sommer 2009 eingestellt wurden.[18] Mit DAAD-Mitteln hatte ich auch Monatsstipendien für März und August eingeführt, um Kiewer Examenskandidatinnen und -kandidaten die Möglichkeit zu geben, in unserer Universitätsbibliothek und in unseren Labors zu arbeiten. Manche Studierenden haben sich auch über das Kiewer DAAD-Büro in Bonn erfolgreich beworben, hinzu kamen mehr und mehr SelbstzahlerInnen. So gut wie alle Kiewer Kolleginnen und Kollegen und fast alle Studierenden waren bei uns zu Hause zum Essen eingeladen; solche Einladungen gibt es gelegentlich bis heute (März 2012).

Besonders schön hatte sich die Zusammenarbeit unserer Chöre entwickelt: Der Kiewer Universitätschor "Dnipro" war unter Leitung von Prof. Iwan Pawlenko zu mehreren Konzertreisen in Konstanz und hat einmal sogar das Publikum im Weißen Saal des Stuttgarter Schlosses begeistert. Zum 10-jährigen Jubiläum unserer Partnerschaft im Jahre 2002 hat unser Universitätsorchester unter Leitung unseres Universitätsmusikdirektors Peter Bauer Georg Friedrich Händels "Messias" in Kiew zweimal aufgeführt,[19] nämlich einmal in der Aula der Taras Schewtschenko Universität, ein andermal in der Kiewer "Philharmonie", im schönsten Konzertsaal der Ukraine, eine musikalische "Sternstunde"! Ein wohl einmaliges Ereignis fand dann im Jahre 2006 statt, als nach langem separatem Proben der Kiewer Chor nach Konstanz kam, um am 15. Mai gemeinsam mit unserem Universitätschor und -

---

[18] Dazu: 15 Jahre Stipendienprogramm der Herbert-Quandt-Stiftung – Eine Erfolgsgeschichte." Universität Konstanz 2007: Auf der vorletzten Seite kann man einer Tabelle entnehmen, wie ungleich diese Stipendien an Studierende unserer verschiedenen Partnerschaftsuniversitäten vergeben wurden.

[19] Anno 1741 komponiert, am 13. April 1942 in Dublin erstmals aufgeführt.

Orchester wiederum unter der Leitung von Peter Bauer die "Carmina Burana" in der Universität aufzuführen und das gleiche in Kiew zu wiederholen, nämlich am 26. Mai in der Aula der Universität und am 28. Mai – am "Tag von Kiew" – auf der Freilichtbühne im Marinski-Park. Diese Konzerte habe ich nicht nur organisatorisch vorbereiten geholfen, sondern auch während des Aufenthaltes unserer Chor- und Orchestermitglieder vor Ort unserem Dirigenten alle Arbeit abzunehmen versucht, die er nicht selbst erledigen musste.

Mit der Nationalen Taras Schewtschenko Universität Kiew gab es indessen weitere Aktivitäten. Der langjährige Rektor dieser Universität, Prof. Viktor Skopenko (1935-2010), hatte in seiner Eigenschaft als Vorsitzender der Ukrainischen Hochschulrektorenkonferenz mit dem damaligen Vorsitzenden der deutschen Hochschulrektorenkonferenz (HRK), Prof. Klaus Landfried (1941-2014), im Jahre 1997 eine deutsch-ukrainische Expertenkommission eingesetzt, die aus je vier Personen bestand, darunter auch ich, welche wechselseitig deutsche und ukrainische Universitäten evaluieren sollten, um danach einen deutsch-ukrainischen Vertrag über die gegenseitige Anerkennung von Studien- und Prüfungsleistungen sowie akademischen Graden auszuarbeiten. Ich selbst hatte mich mit logistischer Unterstützung meines Freundes Prof. Smyslov und Walery Woloschanówitsch als Dolmetscher in Kiew, Charkiv[*] und Odessa umgesehen. Wir waren mit einem Dienstwagen der Kiewer Wirtschaftsuniversität Hunderte von Kilometern unterwegs, es war noch vor Mitte Oktober, dem traditionellen Beginn der winterlichen Heizperiode, und es war in unserem Charkiver Hotelzimmer derart kalt, dass ich trotz Wodka, Unterwäsche, Pullovern und Strümpfen im Bett schrecklich gefroren habe. Zum Glück wurde es dann in Odessa etwas wärmer. Jedenfalls habe ich genug Daten sammeln und einen substantiellen Bericht schreiben können; die Kommission hat dann zusammen mit Experten der HRK in Bonn einen Vertrag ausgearbeitet, der schließlich von den beiden Vorsitzenden, Prof. Landfried und Prof. Skopenko, auf einem Dnipro-Schiff bei Kiew unterzeichnet wurde. Ein absolut erfreulicher Schritt in die richtige Richtung.

---

[*] Wer hätte sich damals vorstellen können, dass die russische Armee Charkiv im Februar 2022 brutal überfallen würde? (08.03.2022)

Im Zuge der Kooperation auf der Ebene der Rektorenkonferenzen gab es im Jahre 2001 in Bonn eine erste große Konferenz mit Vertretern der wichtigsten deutschen und ukrainischen Universitäten, die bereits kooperierten, um einen entsprechenden Erfahrungsaustausch zu beginnen. Im Jahre 2003 folgte eine Fortsetzungskonferenz auf der Krim, die deutsche Seite hatte dann 2005 leider nicht mehr eingeladen, so dass meines Wissens bedauerlicherweise seither (und bis Anfang 2012 oder länger) wohl keine weitere derartige Konferenz stattgefunden hat. Es ist eigentlich kaum zu glauben, dass gerade auch an der Spitze einer Organisation wie der deutschen HRK inzwischen anscheinend nicht mehr gesehen wird, welche historischen Chancen sich hier bieten oder jedenfalls geboten haben, die jedoch nicht ewig gegeben bleiben.

Von anderer Seite wurden (und werden hoffentlich) glücklicherweise Chancen durchaus wahrgenommen: Im Jahre 1999 war ich zugegen, als im damaligen Bonner Auswärtigen Amt das Deutsch-Ukrainische Forum gegründet wurde, und dieser Verein hat unsere deutsch-ukrainischen kulturellen Aktivitäten dankenswerterweise mehrfach finanziell unterstützt. Einmal kam es sogar zu einer gemeinsamen Veranstaltung im Weißen Saal des Stuttgarter Schlosses, wo nämlich "unser" Kiewer Universitätschor "Dnipro" unter Leitung von Prof. Iwan Pawlenko mit geistlicher Musik auftrat. Leider fanden und finden fast alle wichtigen Veranstaltungen des DUF meist an Orten statt, die von Konstanz aus nur ziemlich kostspielig erreichbar waren und sind. Trotzdem ist es natürlich sehr gut, dass es überhaupt ein solches Forum gibt.

Im Jahre 1997 habe ich Dr. Alexander Ivanov kennen und schätzen gelernt, der sehr gut Deutsch spricht und als Sekretär für die ukrainische Hochschulrektorenkonferenz mit uns zusammenarbeitete; damals wechselte er ins International Office der Taras Schewtschenko Universität, seither waren wir gut befreundet, und einmal im Jahr hingen wir an meinen Arbeitsbesuch dann noch zwei- bis dreitägige ukrainekundliche Exkursionen an. Zu den Freunden gehört auch der Direktor des International Office, Prof. Petro Bekh, der unter dem neuen Rektor Prof. Leonid V. Hubersky im Herbst 2008 zum Prorektor für Internationale Beziehungen avancierte, was zweifellos eine beträchtliche Aufwertung dieses Sektors darstellt. Zu meinen Freunden gehört auch Dr. Iwan Sojko, bis 2011 Leiter einer der beiden Lehrstühle für Germanistik, der ein wunderbares Deutsch spricht, im Jahre 2010 für seine Verdienste um die ukrainisch-deutschen Beziehungen mit dem Bundesverdienstkreuz geehrt wurde, überdies im Universitätschor singt und mit dem ich so manches Duett vortragen konnte. Sehr schätze ich Dr. Vladimir Zaslawski, Kybernetiker und ein fröhlicher Mensch; Dr. Valery Peresekin, Leiter des Instituts für Weiterbildung, in dessen Gästehaus an der Wasilkivskastraße am Amurskaja-Platz ich in den letzten Jahren fast immer angenehm wohnen durfte (über Jahre immer im gleichen Apartment Nr. 236 mit zwei Zimmern, Dusche, Tee-Diele und TV-Gerät,[20] woran sich natürlich viele schöne Erinnerungen knüpfen); Prof. Iwan Pawlenko, langjähriger Leiter des Universitätschors, bei dem ich einmal ein wunderschönes Hauskonzert erlebte. Von den teilzeitbeschäftigten jungen Mitarbeiterinnen des International Office möchte ich die fabelhaft deutschsprechende, charmante Anna B. erwähnen, die zur Bibliotheksarbeit auch schon in Konstanz weilte.

Alle diese Freunde waren schon mehrfach in Konstanz, und wir sind miteinander gut vertraut. Leider ist kaum eine permanente Fern-Kommunikation möglich, was wahrscheinlich auch an dem für viele ziemlich erschöpfenden Alltagsleben in der Metropole Kiew liegen mag, wo manche schon enorm lange Wege zum Arbeitsplatz erdulden müssen, abgesehen vom ganz normalen, alltäglichen Existenz- und Lebenskampf. Wenn wir uns dann wiedersehen, ist es jedoch stets so, als hätten wir uns erst gestern gesehen. Es wäre schön, wenn dies noch eine Weile so bliebe. Wenn nicht, dann bleiben wenigstens die guten Erinnerungen.

Zum universitären Freundeskreis der letzten Jahre gehörte auch Prof. Dr. Volodymyr Yevtuch, der zeitweilige Dekan der Fakultät für Soziologie und Psychologie, früherer Botschafter und Minister, der etliche Sprachen spricht, im Sommer 2007 als Prorektor zur Nationalen Pädagogischen Dragománov Universität Kiew wechselte und mich im Herbst 2007, im Februar 2008 und zu seinem 60. Geburtstag Mitte Juli 2008 eingeladen hat. Er ist ein besonders dynamischer Kollege und kennt die extravagantesten Kiewer Restaurants. Eine angedachte

[20] Das ukrainische Fernsehen könnte einen hinsichtlich Werbung und Unterhaltung leider (ganz unrepräsentativ vermutet) durchaus dazu verleiten, zumindest bei Dauergenuss akute Verblödungsgefahr zu befürchten. – E contrario: "Lesen gefährdet die Dummheit!"

Partnerschaft zwischen seiner neuen Universität und der Universität Konstanz ist nicht zustande gekommen. Im Februar 2008 habe ich auf Einladung von Prof. Yevtukh an seiner Universität jedoch zusammen mit Dr. Nadiya Medvedovska als Übersetzerin im Kreise zahlreicher Studierenden unsere damals neue Publikation von Ivan Franko, *Zum* Licht sich gesehnt – 'Moses' und andere ausgewählte Judaica, vorstellen können. Djakujem!

Natürlich gibt es viele Erinnerungen an mancherlei Exkursionen, Fahrten, Feste und sonstige Unternehmungen, und dazu gehört an einem kalten Januartag, genauer gesagt am 7. Januar, dem Tag des orthodoxen Weihnachtsfestes, das äußerst kühle Vergnügen des Eisfischens. Da luden mich Petro und Vladimir zu einer Fahrt "ins Graue" ein, wir fuhren am mittelfrühen Vormittag unter schneeschwangerem Himmel etwa ein gute Stunde am Dnipro entlang zu einer weiten Bucht, wo ich zunächst mit einem dicken, schweren Mantel über meinem viel zu leichten Mantel fast wie ein Astronaut ausstaffiert wurde. Sodann erhielt jeder eine Angel von ca. 15 cm Länge, und mit einem großen Eisbohrer zogen wir auf der hellgrauen Eisfläche des riesigen Flusses ziemlich weit hinaus, wo der dunkelgraue Himmel bis fast auf das Eis herunterzureichen schien, das sich ständig leicht hob und senkte, bisweilen kurzeitig bebte, ab und zu knackte oder leise dröhnte und somit ein unmittelbares Gefühl dafür vermittelte, wie brüchig und gefährdet das Leben ja ohnehin immer schon ist, frei nach Nietzsche: "Lebet gefährlich!"

Wir waren jedoch bei weitem nicht die einzigen, vielmehr sah man, so weit das Auge, reichte zahlreiche schwarze Gestalten auf der Eisfläche kauern oder auf kleinen Stühlchen sitzen, die weiter entfernt als schwarze Punkte im Nebel verschwanden. Dann wurden mit der großen Bohrwinde Löcher von ca. 10 cm Durchmesser durch das ca. 30 cm dicke Eis gebohrt, die futterbestückten Angeln hineingehängt und dann das Angelstöckchen immerzu leicht gelupft. Die ganze Atmosphäre war ja zunächst irgendwie sehr abenteuerlich, aber nach und nach kroch die Kälte durch meine viel zu dünnen Schuhe und durch meine viel zu leichte Mütze. Ich fror also von oben und unten zur Mitte hin langsam aber sicher ein, während weder ich noch einer der Freunde auch nur den kleinsten Fischschwanz an den Haken bekamen. Kurz vor meinem vermeintlichen Erfrierungstod wurde die famose

Angelpartie dann endlich abgeblasen, wir schlurften zum Ufer zurück, und da wartete dann eine Riesenüberraschung.

In einer ganz unscheinbaren, aber gutgeheizten Fischerhütte hatten zwei Freunde meiner Freunde eine wunderbare heiße Fischsuppe vorbereitet, die natürlich nicht ohne eine kräftige Dosis Horílka gelöffelt werden durfte, und zwar mit dem Ergebnis, dass ich nun von der Mitte her nach unten und oben langsam wieder auftaute, bis meine Füße beinahe zu glühen begannen. Seither ist die beidhändige Eisfischer-Lupf-Bewegung ein bestimmtes freundschaftliches Erkennungszeichen unter uns erfolglosen Helden des weihnachtlichen Eisfischens am Dnipro.

Eine Art Kontrastprogramm konnte ich bei meinem Besuch im hochsommerlichen Kiew Anfang August 2010 erleben. Da ging es bei Temperaturen um die 30 Grad über die Fußgängerbrücke auf eine der großen grünen Truchanow-Dnipro-Inseln mit einem weißen Sandstrand fast wie am Meer, wogegen sich der dunkle Fluss vor dem steilen Abhang unter dem Höhlenkloster (aus dem dortigen Park trage ich seit vielen Jahren stets eine blankpolierte Kastanie in meiner linken Hosentasche) um so kontrastreicher abhob. Die Frage war nun, sollte ich mich tatsächlich erstmals dem Dnipro anvertrauen oder nicht? Der gewaltige Fluss hat in Kiew etwa die Farbe von "Kwas", also bräunlich wie das aus vergorenem Brot hergestellte bekannte leicht säuerliche Sommer-Getränk. Dass auch andere Menschen am Ufer hin und her schwammen, konnte mich noch nicht unbedingt überzeugen. Erst als ich Scharen von kleinen Fischen bemerkte, sagte ich mit: Wenn die überleben, werde ich es wohl auch! Also nach dem Motto "Jetzt oder nie!" stieg ich in den ominösen Fluss, schwamm strikt Kopf über Wasser einige Bahnen am Ufer entlang, wobei ich mir gewissermaßen zur Immunisierung den schönen Dnipro-Hymnus von Taras Schewtschenko ins Gedächtnis rief, und bin anschließend dem braunen Fluss tatsächlich heil entkommen. Geschadet hat mir der Dnipro-Kwas anscheinend nicht. Allein schon der verbliebenen hübschen Sommererinnerung wegen hatte sich dieses Dnipro-Abenteuer bestimmt gelohnt.

Im Laufe von rund 15 Jahren hatte ich natürlich sehr viel mit Studierenden der Nationalen Taras Schewtschenko Universität zu tun, und zwar schon in Kiew, besonders aber durch meine Betreuung in Konstanz, und natürlich freue ich mich immer, wenn ich von späteren Karrieren höre. – Für die Studentin A. habe ich im Jahre 2006 für zwei Jahre und 2008 für weitere zwei Jahre im Ausländeramt der Stadt Konstanz eine "Verpflichtungserklärung" unterschrieben, um ihr den weiteren Aufenthalt in Deutschland zu ermöglichen, d.h. einen Konstanzer Abschluss ihres Studiums. Das war wirklich Vertrauenssache, denn ich müsste für alle finanziellen Ansprüche haften. Doch es scheint beide Male gutgegangen zu sein. Im Juni 2009 berichtete mir A., ihr Studium der Politik- und Verwaltungswissenschaft nun mit dem Bachelor-Examen abgeschlossen zu haben, wonach sie sich nun auf Stellensuche begeben wolle, und zwar zunächst in Deutschland. Meine Verpflichtungserklärung möchte sie bis Ende 2009 gültig belassen wissen, womit ich einverstanden war. Was inzwischen aus ihr geworden ist, weiß ich leider nicht, bedankt und verabschiedet hat sie sich bis heute nicht (März 2012/22).

Eine Kiewer Studentin, die mit einem abgeschlossenen linguistischen Studium und ausgezeichneten Deutsch- und Englisch-Kenntnissen nach Konstanz kam und als zweite Kiewerin bei uns das Diplom in Wirtschaftswissenschaft erwarb, war Oksana X., die sich anschließend trotzdem nicht leicht tat, in Kiew eine angemessene Arbeit zu finden. Mirjam und ich hatten uns jahrelang um sie zu kümmern versucht. Durch die Tochter hatten wir uns auch mit der Mutter befreundet, Ärztin in einer großen Kiewer Poliklinik und eine Seele von Mensch; sie pflegte große Gastfreundschaft, wir haben uns oft in Kiew und einige Male auch in Konstanz gesehen, einmal waren wir zusammen mit Sascha einige Tage auf der Krim. Seit 2010 ist Oksana in Deutschland verheiratet und hat inzwischen ein Töchterchen. Natürlich wünschen wir ihr und ihrer Familie viel Glück.

Mitte Mai 2007 habe ich im Rahmen eines kleinen, von mir eingeladenen Festes mein Amt als Beauftragter der Universität Konstanz für die Zusammenarbeit mit der Nationalen Taras Schewtschenko Universität Kiew an meine Konstanzer Kollegin PD Dr. Elisabeth Gross weitergegeben, eine Biologin, die bereits mit Kiewer Kollegen zusammenarbeitete, jedoch in der zweiten Jahreshälfte 2011 die Universität Konstanz (ohne persönliches Adieu) verließ und damit auch ihr Amt. Ihrem Nachfolger habe ich meine Einführungshilfe angeboten, die er jedoch bislang nicht in Anspruch genommen hat (März 2012/22).– Ende August 2007 haben wir im Kiewer Freundeskreis meinen runden Geburtstag gefeiert, keinesfalls aber Abschied; denn Ende September/Anfang Oktober 2007 war ich zusammen mit Helmut Hengstler zu Arbeitsgesprächen bereits wieder in Kiew und mit Dr. Alexander Ivanov zu einer besonders interessanten und schönen Reise auf der Krim (wo wir einmal mehr die besondere Gastfreundschaft von Andrei Makarov genossen!) und zu einem Kontaktbesuch auch in der Taurischen Universität von Simferopol.*

Während meiner bis jetzt (März 2012) vier Besuche der Halbinsel Krim seit September/Oktober 2001 habe ich die historisch interessantesten und schönsten Orte gesehen, und zwar von Bachtschyserái über Alúpka bis Jalta und Sewastópol. Auch das tatarische Essen konnte ich schätzen lernen, das teilweise sogar "ziemlich kascher" sein dürfte, vom herrlichen Krim-Wein ganz abgesehen. Einmal haben mich die Freunde beim Essen allerdings ein wenig "hereingelegt": Als Zwischengang wurde etwas Paniertes serviert, das man als große Krim-Spezialität anpries und das ich fast für etwas Vegetarisches gehalten hatte, bis mir nach dessen Verspeisung eröffnet wurde, – es habe sich um Hammelhoden gehandelt… Da konnte mir nur noch ein Krim-Grappa helfen!

Was noch? Obwohl ich eigentlich kein Freund von Opern bin und nur an sehr wenigen ein gewisses selektives Gefallen finden konnte und kann, habe ich fast jeden Besuch des Kiewer Opernhauses genossen, und zwar nicht nur wegen des dortigen Ohrenschmauses, sondern auch wegen der Zugabe eines besonderen Augenschmauses durch die traditionell opulenten Bühnen- und Kostüm-Ausstattungen. Und wenn ich schon große Mühe habe, gesungene Operntexte in deutscher Sprache zu verstehen, so ist mir das bezüglich Ukrainisch ganz unmöglich, weshalb ich es gleich gar nicht versuche, was den Musikgenuss durchaus verstärken kann. Im übrigen gibt es seit einiger Zeit über der Bühne ein Display mit englischer Übersetzung. Am schönsten fand und finde ich Balletteinlagen oder ganze Ballettabende, die ich seit meiner Jugend besonders liebe. Gelegentlich habe ich übrigens vor Beginn der Vorstellung im Stillen Wetten mit mir abgeschlossen, ob ich ein bekanntes Gesicht sehe oder nicht, was manchmal tatsächlich der Fall war. Deshalb waren in der großen Pause immer ein Schlück-

---

* Andrei Makarov habe ich einmal in Norddeutschland wiedergesehen, wo seine Tochter verheiratet war; was aus seinem Ferienkomplex nach der Annexion der Krim durch Russland geworden ist, entzieht sich meiner Kenntnis. (08.03.2022)

chen Krimsekt und ein Bummel durch die stilvollen Gänge obligatorisch. Dazu gehörte auch, die diverse Damenmode zu betrachten, wobei man sich zwar in den letzten Jahren auch hier mit dem langweiligen Anblick von Jeans begnügen musste, durch verrückte Extravaganzen jedoch zumeist auf seine Kosten kommen konnte. In Kiew zeigt man/frau!, was man/frau! hat (und sogar, was man/frau! nicht hat)!! Fasziniert war ich vielleicht am meisten von den kunstvollen Schleifen kleiner Mädchen, in allen möglichen Variationen auf den Köpfchen drapiert. Je nach Begleitung, Jahreszeit und Dauer des Opernhausabends endete dieser nicht selten mit einem Nightcup am jeweils geeigneten Ort.

Kiew hat sich in den rund 22 Jahren (Frühjahr 2012) enorm entwickelt, und ich erinnere mich mit gemischten Gefühlen an eine Episode während meines ersten Besuchs in jenen sonnigen Frühherbsttagen im September 1989: Damals wohnten Mirjam und ich im Hotel "Lybid" nahe der Siegessäule im Zentrum der Stadt. Gleich neben unserem Hotel stand (und steht) das große Kaufhaus "Ukraina", das wir eines Tages zusammen mit Walery Woloschanówitsch besichtigten. Wir gingen von oben nach unten, von den Kleiderabteilungen durch sonstige Abteilungen, bei denen einem schon die Tränen kommen konnten, bis in die Lebensmittelabteilung im Kellergeschoß und wurden dort zur Fleischabteilung geführt. Auf einer langen, hohen Glastheke waren etliche Speckberge aufgetürmt, darunter standen große Gläser mit Gurken und ganz unten lagen lange, dicke graue Würste. Walerys lakonischer Kommentar: "Nicht mal die Katzen fressen diese Leckerbissen!" Und das war absolut glaubhaft.

Inzwischen gibt es Delikatessen-Fleisch- und Wurstgeschäfte, Brotläden mit riesigem Sortiment, die sich mit denen jeder westlichen Großstadt messen können, und die Kiewer Boutiquen unterscheiden sich nicht von denen in Berlin, Frankfurt oder München. Vor 22 Jahren gab es kaum trinkbares Bier, heute etliche Sorten der Spitzenqualität. Damals gab es nur süßliche Weine, heute findet man eine reiche Auswahl an wunderbar trockenen Krimweinen. Zeitweise gab es fast keinen einheimischen Wodka/Horílka, heute ein Riesensortiment jeder Qualität und Geschmacksrichtung, sodass ich gelegentlich zitiere, was Charles de Gaulle einmal gestöhnt haben soll: "Mon Dieu, wie kann man ein Land regieren, in dem es 1000 (???) Sorten Käse gibt!" Hinzu kommt die explosionsartige Entwicklung der Restaurant-Kultur in

Kiew: Es gibt fast keine Geschmacksrichtung des Interieurs, der Speise- und Getränkekarte, die es nicht gibt, von gemütlichen Gaststuben im ländlich-ukrainischen Stil über die als bayerisch empfundene Bierstube und das amerikanische Steakhouse bis zum piekfeinen Fischrestaurant à la française. Summa summarum: Kiew ist das Paris des Ostens![21]

Zweifellos ist Kiew nach 71 Besuchen seit September 1989 und bis Frühjahr 2012 für mich so etwas wie eine weitere Heimat geworden, und ich habe bis-lang nirgendwo eine Gastfreundschaft erfahren, die mit der in der Ukraine vergleichbar wäre. Wohl einmalig wird dabei übrigens auch auf meine extravaganten Essgewohnheiten nicht nur geachtet, sondern geradezu darüber gewacht, und ich habe niemals irgendein diesbezügliches Ressentiment gespürt. Besonders erfreut und befriedigt mich, dass durch unsere Universitätspartnerschaften und durch vielfältige weitere Beziehungen, die sich daraus entwickelt haben, vielen jungen Menschen in ihrer Bildung und Ausbildung weitergeholfen werden konnte, aber auch viele Kolleginnen und Kollegen für ihre Weiterbildung profitierten. In einigen Fällen habe ich über längere Zeit auch ganz persönliche Entwicklungen fördern können. Was davon bleibt, sich weiterentwickelt, weiterwirkt, wird die Zukunft zeigen.

Was wir bis jetzt (März 2012) leider nicht geschafft haben, obwohl ich seit Jahren dafür geworben habe, das ist die Pflanzung eines Kiewer Baumes für die Taras Schewtschenko Universität vor der Universität Konstanz und die Eröffnung eines ukrainischen Restaurants in Konstanz. Eine Kiewer Pappel (zum 20-jährigen NTSU-Partnerschafts-Jubiläum 2012!) könnte die Kastanie der Kiewer Wirtschaftsuniversität vielleicht noch einholen. Was nicht ist, kann ja noch werden. Meine alte Idee eines ukrainischen Restaurants in Konstanz (als Anfang einer Kette in Deutschland und der Schweiz) habe ich zuletzt spaßhalber Altrektor Prof. Skopenko vortragen können, als dieser im Juni 2008 zu

---

[21] Anfang Januar 2010 konnte ich zusammen mit meinen Freunden Anatoly Iwanowitsch Smyslov und Michael Gawrisch am Stadtrand von Kiew einen nagelneuen "Hypermarket" besichtigen, angeblich einer der größten der Welt und trotz schlimmer Wirtschaftskrise gut besucht; als kleine Erinnerungen kaufte ich dort einige 100-W-Birnen, die in der Europäischen Union nicht mehr verkauft werden dürfen. (24.02.2010) – Und was ist davon bis heute geblieben und was wird nach dem Ende dieses furchtbaren Krieges geblieben sein? (08.03.2022)

einem privaten Besuch in Konstanz weilte. Man kann ja nie wissen, wann und wo diese Idee vielleicht doch einmal zündet.

Natürlich habe ich mich sehr gefreut, dass mich die Nationale Taras Schewtschenko Universität 1998/99 mit dem Dr. h.c. ehrte, wobei der damalige deutsche Botschafter Dr. Eberhard Heyken und sein polnischer Kollege Dr. Jerzy Bahr anwesend waren,[22] mit dem ich ebenfalls bekannt war und der mich vor seinem Abschied aus Kiew zu einem Essen "unter vier Augen" in seine Residenz direkt hinter dem "Großen Tor" von Kiew einlud. Vor mir hatten diese universitäre Ehrung auf deutscher Seite der frühere bayerische Kultusminister Prof. Hans Mayer und Bundeskanzler Dr. Helmut Kohl erhalten, ansonsten u.a. auch Indira Gandhi und Bill Clinton. Eine interessante virtuelle Gesellschaft fürwahr.

Zum Abschied aus meinem Amt als Beauftragter der Universität Konstanz für unsere Partnerschaft erhielt ich am 18. Mai 2007 von Rektor Prof. Viktor Skopenko den Verdienstorden der Nationalen Taras Schewtschenko Universität in Silber überreicht (der Orden in Gold sei Staatsoberhäuptern vorbehalten, wurde mir erklärt). Für mich überraschend ist Altrektor Prof. Viktor Skopenko Anfang Juli 2010 plötzlich verstorben, ich habe sofort einen Nachruf geschrieben und ihm bei meinem nächsten Besuch Anfang August 2010 nach ukrainischer Tradition an seinem Grab die letzte Ehre erweisen.

Im Dezember 2004 hatte ich in der Universität Konstanz eine einwöchige Solidaritäts-Unterschriftensammlung für die "orangene Revolution" organisiert, und die ca. 2.000 Unterschriften wurden später dem orangenen Lager in Kiew überreicht, wofür es eine von Viktor Juschtschenko unterschriebene Urkunde gab. Damals konnte man große Hoffnungen hegen, und tatsächlich wurde ein großer Schritt Richtung Zivilgesellschaft getan.[23] Die beiden "orangenen" Sieger Viktor

---

[22] Nach dem tragischen Flugzeugabsturz am 10. April 2010 bei Smolensk, bei dem der polnische Staatspräsident und seine gesamte Katyn-Delegation ums Leben kamen, stand irrtümlicherweise zunächst auch Dr. Jerzy Bahr auf der Totenliste, den man in ersten Fernsehberichten dann aber zum Glück an der Seite von Wladimir Putin sehen konnte.

[23] Dazu Erhard Roy Wiehn, Deutsch-ukrainische Aktivitäten – Universitärer, humanitärer, publizistischer und menschlicher Brückenbau von Europa nach Europa 1989–2009. Konstanz 2009, S. 84 ff.

Juschtschenko und Julia Timoschenko haben sich jedoch in den folgenden Jahren heillos zerstritten, so dass der damals abgeschlagene Viktor Janukowitsch im Februar 2010 die Präsidentschaftswahl gewinnen konnte. Doch selbst ihm wird es kaum gelingen, das Rad der Geschichte zurückzudrehen. Der moralische Tiefpunkt Viktors Juschtschenkos war übrigens erreicht, als er kurz vor dem Ende seiner Präsidentschaft den judenfeindlichen Nationalisten und zeitweiligen NS-Kollaborateur Stepan Bandera (1909–1959) zum "Helden der Ukraine" erklärte.

Ende 2011 sind Entwicklung und Zukunft der Ukraine durchaus unklar.[24] Leider hat es die Europäische Union in den vergangenen Jahren versäumt, der Ukraine wenigstens gewisse Zukunftsperspektiven zu eröffnen, woran diese aber auch selbst nicht ganz unschuldig ist. Vielleicht bringt ja der Fußball-Sommer 2012 etwas Gutes für das Land. Jedenfalls darf man wohl sagen, dass wir mit unserem universitären, humanitären, publizistischen und menschlichen Brückenbau der Politik weit voraus sind. Hoffentlich wird die Politik bald nachziehen. Spes contra spem.

Was die Partnerschaften in Kiew betrifft, so habe ich bei manchen Toasts gerne Winston Churchill zitiert: "Dies ist nicht das Ende, nicht einmal der Anfang vom Ende, aber – vielleicht – das Ende vom Anfang!"

5. Der frühere ukrainische KZ-Häftling Wasilij Sklarénko 1992

Anfang der 1990er Jahre rief eines Tages der Überlinger Lehrer und Lokalhistoriker Oswald Burger Mirjam an, er habe in der Zeitung von unseren Aktivitäten in Kiew gelesen, und vielleicht könnte ich bei der Aufklärung eines interessanten Falles helfen: Nach der schweren Bombardierung der Stadt Friedrichshafen am Bodensee hatte man im Herbst 1944 begonnen, unter dem Decknamen "Magnesit" mit ca. 800 KZ-Häftlingen aus Dachau im Überlinger Molasse-Felsen ein ca. 4 km langes Stollensystem zu bauen, das dem Neuaufbau der ausgebombten Rüstungsindustrie dienen sollte. In der Nacht vom 21. zum

---

[24] Dazu lese man/frau den ziemlich verrückten Roman von Oksana Sabuschko, Museum der vergessenen Geheimnisse. (2009) Wien 2010.

22. März 1945 war dem ukrainischen KZ-Häftling Wassilij Sklarénko (1923–2003) und einem österreichischen Kameraden die Flucht in die Schweiz gelungen, wonach sich die Spur des Ukrainers verlor. Es gab dessen Vorkriegsadresse und von der Schweizer Grenzpolizei ein Foto der beiden Flüchtlinge in gestreifter Häftlingsuniform. An mich wurde nun die Bitte gerichtet, diesen Mann finden zu helfen, der aus Iwankowitschi stammen sollte, ein Dorf südlich von Kiew.

Zunächst bat ich meinen damaligen Bekannten Andrei in Kiew herauszufinden, ob es eine Familie namens Sklarénko in dem betreffenden Dorf gebe, was schon bald positiv geklärt werden konnte. Bei meinem nächsten Kiew-Besuch fuhr ich an einem Sonntag morgen mit Andrei in das betreffende Dorf, wir fanden das Haus und wurden hereingebeten. Ich brachte mein Anliegen vor, nämlich dass ich mit einem Auftrag aus Überlingen den ehemaligen KZ-Häftling Wassilij Sklarénko suche, was zunächst mit ziemlichem Misstrauen aufgenommen wurde. Dabei ging es letztlich um die Frage: War mein Gegenüber der gesuchte ehemalige KZ-Häftling oder nicht? Nach dem dritten Wodka legte ich "meine Karte" auf den Tisch, also das Foto der Schweizer Grenzpolizei, woraufhin unser Gastgeber die Schublade einer Kommode öffnete und das identische Foto neben das meine legte... Ich hatte Wassilij Sklarénko tatsächlich gefunden!

Schon bei dieser ersten Begegnung und mehr noch beim zweiten Treffen und bei einem Essen im bäuerlichen Garten mit einigem Kleinvieh berichtete Wassilij wie in Trance, wie er als Rotarmist in deutsche Kriegsgefangenschaft und nach mehreren Fluchtversuchen schließlich ins KZ Dachau geraten und von dort schließlich zur Sklavenarbeit in den Überlinger Stollen verbracht worden war. Er erzählte von seiner Flucht und späteren Heimkehr in die Ukraine, wo man ihm seine böse Geschichte nicht glaubte, weshalb er unter dem Sowjetregime fast sein ganzes Leben diskriminiert wurde, weil ein anständiger Rotarmist eben kämpfend zu fallen hatte und sich nicht gefangen nehmen lassen und schon gar nicht für den Feind arbeiten durfte. Bis zu unserem Zusammentreffen verfügte Wassilj über keinerlei Beweise für seine Leiden unter den Deutschen.

Auf Einladung der Stadt Überlingen kam Wassilij Sklarénko in Begleitung seines Schwiegersohnes schließlich Oktober 1992 zunächst nach Stuttgart, wo Oswald Burger und ich die beiden am Bahnhof abholten. Es gab einen großen Empfang der Stadt Überlingen, der Oberbürgermeister hieß den ukrainischen Ehrengast mit einer freundschaftlichen Umarmung willkommen. Das war die Stunde seiner Rehabilitation, auf die er sein Leben lang gewartet hatte. Besonders eindrucksvoll war eine Begehung des Überlinger Stollens mit unserem ukrainischen Augen- und Zeitzeugen, der in bewegten Worten erklärte, wie die Häftlinge hier gelitten hatten. Denkwürdig war der Besuch des neben dem Kloster Birnau gelegenen Häftlingsfriedhofs, der – vielleicht als Reaktion auf Wassilijs Besuch – gerade geschändet worden war. Sein lakonischer Kommentar: "Was wollen die von den Toten?" Natürlich haben wir uns sehr gefreut, Wassilij und seinen Schwiegersohn zu einem Abendessen auch bei uns zu Hause begrüßen zu können. Später bin ich mit vielen ukrainischen Gästen zum Überlinger Stollen gefahren und habe immer wieder gesagt: Wenn unsere Aktivitäten in der Ukraine nur zu Wassilij Sklarénkos Rehabilitation in Überlingen geführt hätten, dann hätte sich schon alles gelohnt!

Diese fast unglaubliche Geschichte muss ich auch deshalb hier verewigen, weil sie erstaunlicherweise in keiner Internet-Information über den Überlinger Stollen verzeichnet ist. Wie in manchen anderen Kapiteln meiner Erinnerungen wird also auch hier dem manchmal verwunderlichen Vergessen ein kleines Schnippchen geschlagen.

7. Weitere Aktivitäten in Kiew und Chernívtsi seit 1992

Natürlich haben sich im Laufe vieler Jahre verschiedene weitere Kontakte ergeben, so wurde ich zum Beispiel eines Tages zu einem Gespräch mit dem damals neuen Direktor der großen Kiewer Psychiatrie Nr. 1 ("Pawlow"-Klinik) gebeten. Der neue Chef zeigte sich reformwillig – was keinesfalls verfrüht erschien – und suchte deshalb Kontakt zu deutschen Kliniken. Schon bald konnte ich ihm (samt Dolmetscherin) eine einwöchige Informationsreise in Deutschland organisieren, die im Zentrum für Psychiatrie Reichenau bei Konstanz begann, über das Epilepsiezentrum Kork bei Offenburg (Michaela Pauline Lux) in die Kinder- und Jugendpsychiatrie Rheinland-Pfalz (bei Landau) führte, wo mein Jugendfreund Dr. med. Peter Altherr lange Direktor war und dem Gast einen informativen Besuch ermöglichte. Die Informationsreise endete in den Kliniken Schmieder in Allensbach und Konstanz. Später waren sowohl Dr. Altherr (im Mai 2004) als auch die Sozialarbeiterin Michaela Pauline Lux aus Kork zu Vorträgen in Kiew. Ich selbst war zu einer Ansprache eingeladen, als auf dem Gelände der Pawlow-Klinik ein Denkmal eingeweiht wurde, das den von Deutschen erschossenen jüdischen Ärzten und Patienten geweiht ist.

Nicht selten bekam ich lustige Geschichten zu hören, und eine drehte sich zum Beispiel um die Frage, warum ein Patient eine Skulptur immer wieder grün anmale. Da ich nichts von Psychiatrie verstehe, schlug ich also fachlich ganz unbefangen die simple Erklärung vor, dass es sich hier vielleicht gar nicht um einen Krankheitsfall, sondern um ein ideologisches Phänomen handele... Damals gab es (zufällig oder nicht) gerade einen "Grünen" deutschen Außenminister; zu einer Begegnung in Kiew hat dessen Amtszeit jedoch leider nicht ausgereicht. Nicht verschweigen möchte ich hier das lustige Angebot, das mir der Klinikchef einmal als Zeichen seiner Dankbarkeit machte: "Bei uns haben Sie immer ein Bett frei!" Na bitte, wer weiß?!? Inzwischen gibt es bereits einen neuen Direktor, der mich einmal in ein jüdisches Restaurant in Kiew einlud und später samt Frau und Tochter in der Universität Konstanz besuchte.

Eines Tages wurde ich mit Prof. Dr. Vladimir Nikolajewitsch Kowalenko bekannt, Direktor des Kardiologischen Zentrums Kiew, der eine Lösung für den problematischen Fall einer Bypass-Operation suchte, die damals in Kiew durchzuführen sehr riskant gewesen wäre. Es gelang mir, diese Operation in Konstanz zu organisieren, und zwar im damals fast nagelneuen privaten Herzzentrum, glücklicherweise erfolgreich. Ein Jahr danach musste derselbe Patient wegen einer weit schwierigeren Aneurysma-Operation abermals nach Konstanz kommen, auch diesmal mit Erfolg. Später reiste ich mit einer kleinen Delegation und dem Konstanzer Chefoperateur, Dr. med. Marko Behrens, nach Kiew, der dort über seine Operationsmethoden sprach und auf größtes Interesse traf. Der Patient war übrigens ein enger Freund aus einer unserer Partneruniversitäten und ist selbst in fortgeschrittenem Alter heute noch im Dienst [jedoch Anfang 2013 leider verstorben].

Das Konstanzer Herz-Zentrum wurde übrigens als Tochterunternehmen einer Schweizer Klinik (Kreuzlingen) gegründet, war aber lange nicht offiziell anerkannt, weshalb sich ein Förderverein gründete, um für die staatliche Anerkennung zu kämpfen. Diesen Verein habe ich zunächst gelegentlich beraten, wurde 2001 in Beirat und Vorstand berufen und noch später gebeten, Nachfolger von Stephan Unger zu werden und den Vorsitz zu übernehmen. Das musste ich schweren Herzens ablehnen, weil mir keinerlei organisatorische Hilfe zugesagt werden konnte und mir im übrigen auch die Ziele dieses Fördervereins erfüllt zu sein schienen, nachdem das Herzzentrum seine staatliche Anerkennung bekommen hatte; der Verein wurde folgerichtig im Jahre 2005/06 aufgelöst.*

Mit Prof. Vladimir Nikolajewitsch Kowalenko hat sich durch seine Tochter Oksana eine schöne Freundschaft entwickelt, und wir sehen uns fast bei jedem meiner Besuche, gelegentlich auch in Deutschland. Anlässlich meines 60. Besuchs in Kiew und der Ukraine hatte er mich samt "Perewótschika" (Dolmetscherin) zu einer hochsommerlichen Exkursion in den schönen Park von Belaja Cerkov eingeladen, nicht ohne einen stimmungsvollen Ausklang im abendlichen Kiew. Besonders romantisch waren 24 hochsommerliche Stunden in einem versteckten Waldhotel an einem kleinen See etwa eine Autostunde von Kiew entfernt Anfang August 2010. Im Zusammenhang mit unseren weihnachtlichen Goródnja-Hilfsaktionen hatte sich die schöne Tradition entwickelt, dass Vladimir am Tag des orthodoxen Weihnachtsfestes zum Essen einlud, vorzugsweise in ein Restaurant bei einer kleinen Kirche unweit des Dnipro. Das ukrainische Weihnachtsessen beginnt stets mit einem wunderbaren süßen Obstkompott namens "Kutja", aus zwölf (12!) verschiedenen Gerichten bestehen muss, wozu Kräuter-Horílka und Saft aus getrockneten Pflaumen getrunken werden. Dieses Festessen kann sich mindestens drei Stunden hinziehen, anschließend muss unbedingt noch ein Verdauungsspaziergang auf der ukrainisch-weihnachtlich geschmückten Chreschtschatik-Prachtstraße und auf dem mit einer Riesen-Kunsttanne herausgeputzten Majdan-Platz folgen. Und genau so war es zuletzt am 7. Januar 2011: Spassiba bolschoi, lieber Vladimir, möge dir deine Freundschaft zum Segen sein!

Über Prof. Kowalenko ergab sich auch ein Kontakt zur Medizinischen Hochschule in Chernivtsi (Czernowitz; inzwischen Medizinische Universität), wo der zuständige Dekan und eine seiner Mitarbeiterinnen

---

* Im Sommer 2020 wurde ich selbst Patient im Konstanzer Herzzentrum und erfolgreich behandelt, jedenfalls lebe ich bis zum heutigen Tag! (08.03.2022)

dringendes Interesse an Kontakten zur westlichen Klinischen Psychologie und Psychiatrie zeigten. Mit Hilfe meines Kollegen Prof. Rolf Knippers [1946-2017] konnten wir den beiden eine Informationswoche teils im Zentrum für Psychiatrie Reichenau, teils und vor allem in der psychiatrischen Klinik des Kantons Thurgau unweit von Konstanz organisieren. Prof. Knippers war dann später einmal mit mir in Chernivtsi, hat sich für eines der dortigen Waiseninternate interessiert und mit Hilfe seines Rotary-Clubs in Konstanz eine außerordentlich großzügige Hilfe organisiert. Rolf Knippers war ein hochkarätiger Molekularbiologe, der viel persönliches Unglück erlitt und den ich sehr schätzte.

Im Oktober 2002 hatte ich zusammen mit meinem Kiewer Kollegen und Freund Dr. Alexander Ivanov erstmals Chernivtsi, das frühere Czernowitz, besuchen können. Wir fuhren von Kiew mit dem Nachtzug, es war schon etwas kühl, später sollte geheizt werden, hieß es zunächst. Das war jedoch mitnichten der Fall, weil dortzulande grundsätzlich frühestens ab dem 15. Oktober geheizt wird, egal ob es kalt ist oder nicht. Halb erfroren haben wir dann bei einem Zwischenstopp in Schmeringa am späteren Abend auf einem Bahnsteig heiße Salzkartoffeln, Trockenfisch und eine große Flasche Wodka gekauft, wonach wir langsam wieder auftauten. Zu unserer größten Überraschung erwartete uns morgens um 6 Uhr am Bahnhof von Chernivtsi Prof. Kowalenko (mit zwei jungen Kollegen), der dort gerade an einem Kardiologen-Kongress teilnahm, er hatte sogar Hotelzimmer für uns reserviert und uns zum Frühstück eingeladen.

Später lernte ich dann einen der interessantesten und nettesten Literaturwissenschaftler der dortigen Universität kennen, Dr. Petro Rychlo, mit dem ich mich bald befreundete und der einige besonders schöne Bücher herausgegeben hat.[25] Auch der Historiker am Bukowina-Institut der Universität von Chernivtsi, Dr. Serhij Osatschuk, hat beträchtliche Verdienste um die Wiederentdeckung der alten deutsch-

[25] Petro Rychlo, Die verlorene Harfe – Eine Anthologie deutschsprachiger Lyrik aus der Bukowina. Chernivtsi 2002; ders. (Hg.), Europa erlesen – Czernowitz. Klagenfurt 2004.

sprachigen Kultur und um neue Verbindungen nach Österreich und Deutschland.[26]

Nicht zuletzt ist im Zusammenhang mit Czernowitz der dort geborene Althistoriker Prof. (em.) Zwi Yavetz von der Tel Aviv University zu erwähnen, der auf Einladung meines Kollegen Prof. Wolfgang Schuller [1935-2020] vor Jahren einmal zu einem Gastvortrag an die Universität Konstanz gekommen war. In Verbindung mit meinen Czernowitz-Publikationen habe ich ihn durch unseren Autor und langjährigen Herausgeber der deutschsprachigen Bukowiner Zeitung "Die Stimme", Josef Norbert Rudel s.A,[27] in Tel Aviv vor einigen Jahren persönlich kennengelernt, und wir haben uns sogar einmal zum Abendessen in München getroffen. Zwi Yavetz [1925-2018] bleibt mir als ein polyglotter, humoriger und äußerst unterhaltsamer Mensch mit einem phänomenalen Gedächtnis in Erinnerung. Im Jahre 2007 hat er seine interessanten Erinnerungen an Czernowitz – *Wo Menschen und Bücher lebten* (C.H. Beck) veröffentlicht, ein wahres Vergnügen für alle Czernowitz-Freunde.

8. "Orange was beautiful" in der Ukraine und Deutschland im Dezember 2004 [28]

Der folgende Abschnitt betrifft eine wichtige Periode der ukrainischen Geschichte, die nicht nur zum historischen Kontext unserer eigenen deutsch-ukrainischen Aktivitäten dieser Jahre gehört und in der nicht wenige unserer Kiewer Kolleginnen und Kollegen persönlich engagiert waren, sondern die wir auch in Deutschland im allgemeinen und in Konstanz im besonderen mit großer Sympathie und Solidarität zu begleiten versuchten. Obgleich nun zwar die damaligen "orangenen" Blütenträume einstweilen in einem eher frustrierten Erwachen ende-

---

[26] Dazu Erhard Roy Wiehn in: Margit Bartfeld-Feller, Erinnerungswunde – Weitere Geschichten aus Czernowitz und aus der sibirischen Verbannung. Konstanz 2008, S. 11 ff.

[27] Josef Norbert Rudel, Wir schöpfen Kraft aus Tränen. Konstanz 1997; Das waren noch Zeiten – Jüdische Geschichten aus Czernowitz und Bukarest. Konstanz 1997; ders. Honigsüß und gallenbitter – Aus dem Leben eines Czernowitzers. Konstanz 2006.

[28] In Wolodymyr Yevtukhs Schrift über die Orangene Revolution (in ukrainischer Sprache), Kiew-Cherson 2005, S. 7 u. 109 ff.

ten, bleiben doch die Geschehnisse selbst im kollektiven ukrainischen wie europäischen Gedächtnis irreversibel und ein wichtiger erfahrungsmäßiger Bezugspunkt, hoffentlich sogar ein *point of no return*, der zu einem späteren Zeitpunkt politisch durchaus erneut fruchtbar werden könnte. Erinnern wir uns an damalige historisch-politische Einschätzungen in Deutschland und in der Ukraine.

*

"Die unbeugsame Ukraine kämpft mit einem Lächeln auf den Lippen. Wie verflogen ist die Angst davor, die Wahrheit auszusprechen. ... Womöglich haben sich die Ukrainer endlich das nie aufgeschriebene, aber doch so wichtige elfte Gebot zu Herzen genommen: 'Du sollst dich nicht fürchten!'" (Andrij Bondar, Schriftsteller, Frankfurter Allgemeine Zeitung [FAZ], Nr. 252, 28.10.2004, S. 33)

"Was in der Ukraine passiert", so der ukrainische Schriftsteller Juri Andruchowytsch, "ist ein Drama von universellem historischen Ausmaß. Es handelt sich um den Zusammenstoß zwischen einer Gesellschaft, die – in ihrem größeren, aktiveren, bewussteren und gebildeteren Teil – nach Demokratie, Wohlstand und Rechtsstaatlichkeit strebt, und einer Staatsmacht, die mit allen Kräften versucht, eine autoritäre, neototalitäre Regierungsform zu bewahren. ... Im Jahr 2004 hat sich in der Ukraine ein Wunder ereignet: Eine Gesellschaft, die ein volles Jahrzehnt lang apathisch, passiv und uneinig wirkte, zeigte sich plötzlich zu konsolidiertem, friedlichem und schönem Handeln fähig. Die Ukrainer, die für Juschtschenko stimmen, stimmen in Wahrheit für Freiheit, Rechtsstaatlichkeit und Toleranz, ohne einen Gedanken daran zu verschwenden, ob es sich dabei um europäische Werte handelt oder nicht. Es genügt ihnen, dass es ihre Werte sind. ... In diesen Menschen erkenne ich das, was man als die europäische Zukunft der Ukraine bezeichnen könnte. Und diese Zukunft hat schon begonnen."[*] (FAZ, Nr. 294, 16.12.2004, S. 33)

Es gab und gibt lange schon gewichtige historische wie auch aktuelle politische Gründe, sich vor allem aus Deutschland, aber auch seitens der Europäischen Union besonders für die Ukraine zu interessieren (siehe Eberhard Heyken, *Die deutsch-ukrainischen Beziehungen –*

[*] Daran muss man sich in dieser Zeit des Krieges im März 2022 erinnern! (08.03.2022)

gestern heute und morgen auf dem Weg nach Europa. Konstanz 2001).

Kaum eine andere Sowjetrepublik hatte schon in der dreißiger Jahren mehr unter Stalins Terror gelitten als die Ukraine, und der bewusst herbeigeführte *Holodomór*, das Hungersterben, war eines der schwersten Verbrechen gegen die Menschlichkeit im 20. Jahrhundert (vgl. Arnulf Baring, in: FAZ, Nr. 28, 03.02.2005).

Kein Land außer vielleicht Polen hat so sehr unter der deutschen Okkupation des Zweiten Weltkriegs gelitten wie die Ukraine (wenn auch leider nicht ohne schlimme Kollaboration), und kaum irgendwo sonst war die *Schoáh* grausamer als hier: Ihr fielen nicht nur fast die gesamte ukrainische Judenheit zu Opfer - mit dem barbarischen Auftakt der Morde von Kiew-Babij-Jar im Herbst 1941 (siehe Erhard Roy Wiehn (Hg.), *Babij Jar 1941.* Konstanz 2001), sondern durch den Ostarbeiter-Terror auch viele Ukrainerinnen und Ukrainer.

Keine andere Bevölkerung und kein anderes Land haben bislang so sehr unter den noch immer weiterwirkenden katastrophalen Folgen eines Atomreaktor-Unfalls gelitten wie die Ukraine seit der Reaktor-Explosion in Tschernobyl im Jahre 1986, von den permanenten Kosten einmal ganz abgesehen.

Und kaum ein anderes Land der ehemaligen Sowjetunion hat eine geopolitisch, kulturell und ökonomisch so interessante Lage wie die Ukraine als größtes Flächenland und zweitgrößtes Bevölkerungsland Europas zwischen der Europäischen Union und der Russischen Föderation.

Meine ersten Kontakte nach Kiew gehen bekanntlich auf den Anfang des Jahres 1987 zurück, also auf den Beginn der sogenannten Perestroika; im September 1989 weilte ich selbst erstmals in Kiew. Ich habe die Ukraine 1989 also noch als Sowjetrepublik erlebt, war im August 1991 während des Putsches von Moskau in Kiew, sodann auch zur beginnenden *Orange-Zeit* Mitte November 2004 und ebenso Anfang Januar 2005 (mein 40. Arbeitsbesuch in ca. 15 Jahren).

Von Anfang an stand mir als Selbstverständlichkeit ganz klar vor Augen: Kiew und die Ukraine sind Europa! Und glücklicherweise dürfte wohl niemand, der in den letzten Jahren Kiew als "Paris des Ostens" erlebte, noch im geringsten daran gezweifelt haben.

Insbesondere an der Entwicklung der jungen Generationen der letzten 10 bis 15 Jahren konnten wir sehen und erleben, welches intellektuelle und vitale Potential sich in der Ukraine entwickelte, die durch die langen Jahre des "Eisernen Vorhangs" für viele Westeuropäer unbekannt blieb und vielleicht auch für manche Mittelost-Europäer und sogar Bewohner Russlands nicht sehr vertraut war und ist.

"Die Eruption von Kiew stützt sich auf drei Elemente", fand Konrad Schuller; die Kraft einer Jugendrevolte, einer Nationalbewegung und schließlich – in Umkehrung marxistischer Denkmuster – einer bürgerlichen Klassenerhebung gegen proletarische Strukturen." Viele Studierende wollten mit der korrupten Führungsschicht aus der Sowjetzeit nichts zu tun haben, insofern gebe es eine gewisse Ähnlichkeit mit der deutschen Studentenrevolte von 1968: "Sie teilen die Leidenschaft des Generationenkonflikts." (FAZ, Nr. 288, 09.12.2004, S. 3)

Am 1. Dezember 2004 gab es im Deutschen Bundestag eine Debatte zur aktuellen Situation in der Ukraine, wobei ebenso behutsame wie deutliche Kommentare zu hören und unter dem Motto "Kiewer Frühling im Novemberschnee" viel Sympathie und Solidarität zu spüren waren (Das Parlament, Nr. 50/51, 06./13.12.2004, S. 17).

Deshalb waren viele total überrascht, die Kenner jedoch restlos begeistert, als infolge der Wahlmisere um den neuen ukrainischen Staatspräsidenten eine Bürgerbewegung scheinbar über Nacht wie aus dem Nichts auf dem *Maidan* (Maidan Nesaleschnosti – Platz der Unabhängigkeit) in Kiew mit erstaunlicher Zivilcourage zutage trat und der staunenden Welt eine ganz neue Ukraine in Orange präsentierte.

"Die orangefarbene Poetik ist ein sehr wirksames Argument gegen jene 'graue Zone', in die ihre wenig kompetenten und wenig sympathischen Führer die Ukraine fast ein Jahrzehnt lang zu ziehen versuchten", schrieb Juri Andruchowytsch: "Orange hat alle möglichen Blockaden gelöst. Es wurde zur Farbe des Ausbruchs des Menschlichen im Menschen. Das Menschliche triumphierte während der sechzehn Tage des aktiven Widerstands auf dem Maidan Nesaleshnosti, dem Unabhängigkeitsplatz in Kiew, über die Technologie der Staatsmacht." (Juri Andruchowytsch, FAZ, Nr. 294, 16.12.2004, S. 33)

Im November und Dezember 2004 sowie im Januar 2005 faszinierte diese "Orange-Revolution" der Bürgerbewegung auf der Basis ihres romantischen Zeltlagers inmitten der Prachtstraße der Chreschtschatik und in zahlreichen anderen Städten des Landes mit vielen Intellektuellen wie auch mit den Klitschko-Brüdern und der "wilden" Sängerin

Ruslana durch ihre außergewöhnliche Beharrlichkeit, Fröhlichkeit und Gewaltlosigkeit, sodass der große Mahatma Gandhi sicher seine Freude daran gehabt hätte.

"Aus der ukrainischen Steppe ist" mit Viktor Juschtschenko "ein politischer Typus auf die europäische Bühne zurückgekehrt", schrieb Konrad Schuller, "der in der illusionslosen Gegenwart des 21. Jahrhunderts ausgestorben schien: der Führer und Inspirator im gewaltlosen Kampf in der Nachfolge Mahatma Gandhis, Martin Luther Kings und Lech Walesas – der Träumer, der siegt, weil er sich weigert, Politik als 'schmutziges Geschäft' zu begreifen und Macht allein in Bataillonen und Spezialeinheiten zu messen." (FAZ, Nr. 303, 28.12.2004, S. 10) Das war in der Tat der damalige, faszinierende Eindruck.

Der gewaltige Massenprotest richtete sich vor allem gegen die ungeliebte, wenn nicht gar arg verhasste bisherige postkommunistische "Macht", also gegen das ganze autoritäre postkommunistische Regime, in dem zu viel böses Erbe des kommunistischen Systems enthalten war, und natürlich gegen dessen Hauptrepräsentanten. Und diese Bürgerbewegung hat schließlich ihr Ziel erreicht, die alte "Macht" von der Macht verdrängt, der Wählerschaft in Orange mit Viktor Juschtschenko an der Spitze zum Sieg und diesem zur Präsidentschaft verholfen.

"Ein europäisches Modell", so kommentierte Konrad Schuller die Bürgerbewegung in der Ukraine (FAZ, Nr. 289, 10.12.2004, S. 1): "Gerade dies, dass der Geist des Ausgleichs und der Pluralität" an die Stelle autokratischer Herrschaft trete, sei das "Europäische" an diesem Modell, wofür übrigens nicht ohne beträchtliches Risiko gekämpft wurde, wenn man an die Gefahr der Einsatztruppen denkt (Konrad Schuller, FAZ, Nr. 297, 20.12. 2004, S. 3).

In den kritischen Tagen des Massenprotestes konnte man mit auch nur einem bisschen Interesse und Sinn für historische Entwicklungen natürlich nicht stillhalten, vielmehr musste man wenigstens symbolisch seiner Solidarität und Anteilnahme Ausdruck verleihen. So kam es ebenso spontan wie überzeugt zu einer Solidaritätsaktion in der Universität Konstanz, die nicht nur für die meisten ukrainischen Studierenden wichtig war, sondern auch für viele engagierte deutsche Kolleginnen und Kollegen.

Unter dem Motto "Orange is beautiful" habe ich zusammen mit ukrainischen Studierenden sowie mit einigen deutschen Kollegen vom

29. November bis 03. Dezember 2004 eine Woche lang im Eingangsbereich der Universität Konstanz Solidaritäts-Unterschriften für die Bürgerbewegung in der Ukraine gesammelt und in einer Solidaritätsadresse vom 3. Dezember 2004 schrieben wir den Freundinnen und Freunden unserer Partneruniversitäten in Kiew:

"Unsere Orange-Demonstration in der Universität Konstanz hat Ende November/Anfang Dezember 2004 ca. 1.800 Unterschriften der Solidarität erbracht. - Unsere Sympathie gilt den demonstrierenden Studierenden und Angehörigen unserer beiden Partneruniversitäten in Kiew, unsere Solidarität gilt allen ukrainischen Bürgerinnen und Bürgern, die in der Bürgerbewegung aktiv sind. - Unsere Hoffnung richtet sich auf eine ebenso rasche wie friedliche Lösung des derzeitigen Konfliktes, in der die Einheit der Ukraine gewahrt bleibt und der Wille des ukrainischen Volkes sich durchsetzt. - Unser Unterschriftenergebnis wird unseren beiden Kiewer Partneruniversitäten (Nationale Taras Schewtschenko Universität und Nationale Wirtschaftsuniversität), der Ukrainischen Botschaft in Berlin, der deutschen Botschaft in Kiew sowie weiteren Institutionen und Organisationen mitgeteilt. - Unser Ukraine-Aktionskomitee wird je nach Entwicklung der Lage weitere Aktionen bekannt geben."

Zwei weitere öffentliche Diskussionen mit Kiewer Professorinnen, Professoren sowie mit Kiewer Studierenden noch im Dezember 2004 stießen auf großes Interesse innerhalb und außerhalb der Universität Konstanz.

Anfang Januar 2005 habe ich unsere Unterschriftensammlung mit einer Kollektion unserer Flugblätter, Wandzeitungen und Zeitungsartikel der Nationalen Taras Schewtschenko Universität in Kiew übergeben, und unsere Konstanzer Solidaritäts-Aktion hat eine Dankurkunde des Wahlsieger Viktor Juschtschenko erhalten.

Fasziniert habe ich noch große Teile des Orange-Zeltlagers auf Boulevard Chreschtschatik besichtigen können, in einer einstündigen Rundfunk-Live-Sendung mit Radio ERA Kiew haben Prof. Dr. Wolodymyr Yevtuch und ich über die Orange-Revolution aus innerer und äußerer Sicht diskutiert, und die zahlreichen optimistischen Diskussionen der ersten Januartage in Kiew haben meine Hoffnungen für die Ukraine nur bestärken können.

Unter dem Motto "Von Europa nach Europa – Die Zukunft ist orange: Zur Bedeutung der Bürgerbewegung in der Ukraine" sprach schließlich am 1. Februar 2005 Prof. Yevtuch, damals Dekan der Sozialwissenschaftlichen Fakultät der Nationalen Taras Schewtschenko Universität Kiew, Mitglied der Ukrainischen Akademie der Wissenschaften und aktiver Teilnehmer an der Bürgerbewegung, in der Universität Konstanz.

Nach Jahrhunderten des Zarismus und nach Jahrzehnten des Kommunismus wurde nach der Unabhängigkeit im Jahre 1991 anno 2004/05 nun endlich auch die Freiheit erkämpft und durch diesen Akt ein wesentliches Stück Identität erlangt, vor allem aber ein wichtiger erster Schritt zur Bürger- und Zivilgesellschaft getan, der auch heute noch irreversibel erscheint.

Was die bedeutendsten ukrainischen Nationaldichter Taras Schewtschenko, Lesja Ukrainka und Iwan Franko vom 19. bis Anfang des 20. Jahrhunderts in ihrer Dichtung erträumten, hat in unserer Zeit begonnen, in Erfüllung zu gehen, zumindest ist wohl der entscheidende Anfang dazu gemacht (siehe Lesja Ukrainka, *Judaica – Babylonische Gefangenschaft und andere Gedichte.* Konstanz 2005).

Die Ukraine hat sich von Europa nach Europa auf den Weg gemacht, und man kann nur hoffen, dass die Westeuropäer darin die gewaltige Chance zur Arrondierung ganz Europas erkennen, und zwar in kultureller, ökonomischer und politischer Hinsicht. Denn die Ukraine wäre für die Europäische Union ein spezifischer Gewinn an Europäischkeit.

Damals hieß es in einem Kommentar der Frankfurter Allgemeinen Zeitung u.a.: "Der Grund zur Freude liegt in erster Linie im Triumph eines demokratischen Selbstbehauptungswillens, der sich nicht hat einschüchtern lassen und der die Manipulationen des autoritären Machtapprates nicht länger hingenommen hat. Das ist ein enormer Erfolg – für die Ukraine und für (Mittel-)Europa." (FAZ, Nr. 303, 28.12.2004, S. 1)

Julia Timoschenko kündigte nach ihrer hochgradigen Bestätigung als Ministerpräsidentin seitens des ukrainischen Parlaments einen neuen Politikstil an: "Die Menschen erwarten, dass die neue Macht ehrlich ist und die Fragen zur Lösung bringt, die unser Land seit 14 Jahren bewegen." Und "Deshalb sei das Programm nicht nach Wirtschaftszweigen gegliedert, sondern in die Abschnitte Glaube, Gerechtigkeit, Leben, Harmonie, Sicherheit und Frieden." (Kathrin Singer in: Südkurier, Konstanz, Nr. 29, 5.2.2005, S. 4) Das waren große Worte und damals sicherlich ehrlich gemeint.

"Unser Platz ist in der Europäischen Union", sagte Viktor Juschtschenko in seiner ersten Ansprache nach seiner Vereidigung als Präsident im Parlament (FAZ, Nr. 19 / 4 D, 24.1.2005, S. 1). Die Europäische Union muss nun so rasch wie möglich ihre Tore öffnen und der Ukraine die Chance und Perspektive des Beitritts geben, wie inzwischen schon mindestens von Polen und Litauen gefordert wird (FAZ, Nr. 18, 22.1.2005, S. 6), wobei schon während der Demonstrationen in der Ukraine besonders viele Solidaritätsbekundungen aus Polen kamen (FAZ, Nr. 299, 22.12.2004, S. 37).

Die europäischen Außenminister haben dann Ende Januar 2005 zumindest das Interesse an einer engen Partnerschaft mit der Ukraine bekräftigt. Nach einem "Zehn-Punkte-Plan" soll jetzt die wirtschaftliche und politische Zusammenarbeit ausgebaut werden (FAZ, Nr. 26, 1.2.2005, S. 6), was aber natürlich lange nicht genug und nur der Anfang der Integration der Ukraine sein kann.

Heute und in Zukunft könnte Europa sogar von der Ukraine lernen und vom ukrainischen Orange-Geist profitieren: Zusammen mit Polen und den baltischen Ländern könnte die Ukraine nicht nur zur Erneuerung der europäischen Werte beitragen, sondern durch ihre traditionellen eigenen Werte überdies befruchten. Die Ukraine hatte sich ihr Eintritts-Ticket in die Europäische Union verdient und sich um Altneu-Europa verdient gemacht. Das gilt nach meiner Überzeugung auch heute noch.

"Es ist ein Sieg der europäischen Werte", so Juri Andruchowytsch, und er zitiert seinen polnischen Freund Andrzej Stasiuk, mit dem er im Herbst 2004 das Buch 'Mein Europa' veröffentlichte: "Im Osten tun sich große Dinge. Die Ukraine hat sich von den Knien erhoben. In diesen letzten kalten und verschneiten Novembertagen schlägt das Herz Europas genau dort, in Kiew, auf dem Platz – wörtlich – der Unabhängigkeit. In Kiew kulminiert der Kampf um die europäischen Werte, die man im Westen Europas schon behandelt, als wären sie selbstverständlich, für immer geschenkt." (FAZ, Nr. 294, 16.12.2004, S. 33) Choroschó skasál – gut gesagt! Aber.

*

"Orange *is* beautiful" wurde Anfang des Jahres 2005 noch in der Begeisterung für "Orange" geschrieben, der Titel hier in "Orange *was* beautiful" geändert. Was damals geschah, bleibt zwar irreversibel, der "orangene Geist" scheint sich jedoch ziemlich verflüchtigt zu haben, die großen Blütenträume sind leider nicht in Erfüllung gegangen, die weltweite Finanz- und Wirtschaftskrise trifft 2009 überdies auch die Ukraine schwer. Die Hoffnung jedoch bleibt, denn es bleibt die Avantgarde der jüngeren Generation, die Künstler, Literaten, Wissenschaftler, es bleibt ihr kritischer Geist, und eben der lässt weiterhin hoffen.

Ukrainische Literatur sei neuerdings ein Gütesiegel: "Was der Türkei ein Orhan Pamuk, ist der Ukraine ein Juri Andruchowytsch: eine höchst westkompatible, charmant-kluge Vermittlerfigur", schriebt Wolfgang Schneider in seiner Rezension von Askold Melnyczuks Roman: 'Mindestens tausend Verwandte" (Wien 2006). "Dann gibt es junge Autoren wie Ljubko Deresch, die so frisch und radikal wirken, dass die auf wohltemperiertes Mittelmaß geschulten Abkömmlinge deutscher Schreiberakademien dagegen alt aussehen."[29] Und "Nie ist Patriotismus sympathischer als im Aufbruchsstadium – die westlichen Kategorien von 'progressiv' und 'reaktionär' greifen hier nicht."[30]

Frisch und radikal wirkt zweifellos auch Mykola Rjabtschuk, wenn er in seinem soziopolitischen Essay *"Die reale und die imaginierte Ukraine"* schreibt: "Letztendlich erhob aber die ukrainische 'orange Revolution' nicht wirtschaftliche, sondern moralisch-ethische Forderungen; ihre treibende Kraft war nicht die Armut, sondern die verletzte Würde von Menschen, die sich als Bürger, nicht als Untertanen verstanden und es wagten, ihre Bürgerrechte zu verteidigen. – Der Majdan wurde zu einem wichtigen Faktor des politischen Lebens in der Ukraine, zu einer Initialzündung der Bürgergesellschaft."[31]

---

[29] Wolfgang Schneider, "Karpaten-Paten – Lebensfülle: Askold Melnyczuk erzählt eine kurze Geschichte des Brühwürfels auf ukrainisch", in: Frankfurter Allgemeine Zeitung, Nr. 286, 8.12.2006, S. 25; dazu auch Maria Lewyka, 'Kurze Geschichte des Traktors auf ukrainisch'. Roman. München 2006; Oksana Sabuschko, 'Feldstudien über ukrainischen Sex'. Roman. Graz-Wien 2006.

[30] Wolfgang Schneider, "Mit Bubabu wird alles gut", a.a.O.

[31] Mykola Rjabtschuk, Die reale und die imaginierte Ukraine. Frankfurt/M. 2005, S. 162 u. 150; dazu auch Juri Andruchowytsch, Andrzej Stasiuk, Mein Europa. Frankfurt/M. 2004.

"Es gibt in der Ukraine keinen einzigen Wassertropfen, der nicht zum Atlantikbecken gehörte. Mit allen Arterien und Kapillaren sind wir an Europa gebunden. ... Um irgendwie weiterzukommen, könnte man – mit einiger Kühnheit – behaupten, Europa sei überall dort, wo Menschen der Meinung sind, sie befänden sich in Europa. Wo sie sich also – noch kühner gesprochen – als Europäer fühlen. Europa ist demnach subjektiv. ... Gesucht werden Visionäre... Gesucht werden alle, die auch weiterhin nach Europa suchen."[32]

Über die Entwicklung und Zukunft der Ukraine und insbesondere auch im Hinblick auf die Krim machte ich mir allerdings dennoch angesichts des dramatischen Gewaltausbruchs in der Nachbarschaft im September 2008 erstmals Sorgen, jedenfalls nach allem, was sich seit August 2008 in und um Georgien getan hatte, und zwar trotz aller Unklarheiten der Ursachen und Auslöser dieses unsinnigen Konflikts. Inzwischen scheinen sich die Gemüter zwar beruhigt zu haben, doch was geschehen ist, könnte sich ähnlich wiederholen.

Neuerdings und seit 2009 muss man überdies abwarten, wie sich die Kirchenpolitik des neuen Moskauer Patriarchen Kirill auf Kiew und die Ukraine auswirkt: "Der Sieg Kirills wurde auch als Wahlsieg für die Einheit der Russischen Orthodoxen Kirche gefeiert. Kirill bezeichnete es als großen Erfolg, dass es auch nach dem Verlust der staatlichen Einheit des Gebietes gelungen sei, die kirchliche Einheit der 'Heiligen Rus' zu bewahren. Dieser Begriff bezeichnet das dem 988 christianisierten Kiewer Reich hervorgegangene ostslawische Gebiet,[33] auf dem sich heute drei Staaten befinden, deren Bewohner als Russen, Weißrussen und Ukrainer unterschiedliche Prozesse der Nationbildung[34] durchlaufen haben. Vor allem in der Ukraine ist der Verdacht weit verbreitet, das Moskauer Patriarchat diene weltlichen russischen Herrschaftsinteressen – und die in Moskau zur Schau gestellte Nähe der Kirche zum russischen Staat nährt diesen Verdacht."[35]

---

[32] Juri Andruchowytsch, Engel und Dämonen der Peripherie. Essays. Frankfurt/M. 2007, S. 65, 187 u. 195.

[33] Besser: Staatswesen.

[34] Dazu Jana Bürgers, Kosakenmythos und Nationbildung in der postsowjetischen Ukraine. Hartung-Gorre Verlag, Konstanz 2006.

[35] In: Frankfurter Allgemeine Zeitung, Nr. 24, 29.01.2009, S. 6.

Meiner Meinung nach wäre die Perspektive der offenen Tür zur Europäischen Union gerade gegenwärtig und für die nächste Zukunft sehr viel wichtiger als zur NATO, die sich vorerst zurückhalten sollte. Hier kann und muss man jetzt und inskünftig auf viel Klugheit und Vernunft hoffen, nicht zuletzt auch seitens der neuen amerikanischen Administration, aber natürlich auch Russlands. Spes contra spem?

"Die Ukraine braucht Europa", lautete ganz nach meinem Geschmack die Titelzeile der *Neuen Zürcher Zeitung* am Samstag, 24. Januar 2009 (S. 1): "Vor vier Jahren war die Ukraine wegen der sogenannten orangenen Revolution in aller Munde..." Zwischen dieser orangenen Revolution und den neuerlichen Gaskonflikt[36] gebe es nun gewisse Zusammenhänge, und trotz des derzeitigen trüben Bildes seien die Errungenschaften der orangenen Revolution nicht tot. "Es liegt im ureigenen Interesse des zusammenwachsenden Europa, dem früheren 'Grenzland' (dies die Bedeutung des Wortes *Ukraine*) Hilfe und Anreize für eine langfristige Integration in diese Gemeinschaft zu bieten. ... Deswegen wäre die Entwicklung einer glaubwürdigen Perspektive für die fortscheitende Annäherung an die EU für die ukrainischen Interessen auch ungleich vielversprechender als eine forcierte Integration in die militärische NATO-Allianz." Doch trotz des Schmerzes um diesen Verlust dürfe Russland sich nicht zu Streit und Revanche mit der Ukraine verleiten lassen, habe Solchenizyn geraten. "Besser sei es, 'in einen Wettstreit darum einzutreten, welches der auseinandergerissenen slawischen Länder seinem Volk ein erfülltes Leben zu geben vermag'. Eine vertiefte europäische Einbindung würde die Chancen der Ukraine klar verbessern, in einem solchen Wettstreit einen guten Platz zu behaupten."

"Die Ukrainer glauben an Europa", sagte die ukrainische Ministerpräsidentin Julija Timoschenko im Gespräch mit der Frankfurter Allgemeinen Zeit am 10. Februar 2009: "Wichtig ist für uns die europäische Integration der Ukraine. Das ist nicht nur das strategische Ziel der ukrainischen Außenpolitik, es hat auch in der Bevölkerung Priorität. Gerade weil es nach wie vor gewisse Spannungen zwischen der Ost- und der Westukraine gibt, ist die Idee der Integration in Europa

---

[36] Der weiterzugehen scheint, dazu aktuell: "Moskau sagt Gespräche mit Kiew ab – Putin verärgert über EU-Hilfe für Modernisierung der ukrainischen Gaspipelines", in: Frankfurter Allgemeine Zeitung, Nr. 71, 25.03.2009, S. 7.

für uns von großer Bedeutung. Und die Ukrainer glauben daran." Sie verstehe recht gut, dass es im Augenblick in der EU mit der Erweiterung einige Schwierigkeiten gebe: "Darauf nehmen wir Rücksicht. Aber wir gehen diesen Weg mit Zuversicht. ... Es braucht jetzt keine Parolen: Wir wollen in die EU!" (FAZ, Nr. 34, S. 5)

Doch die allgemeine Krisenstimmung habe begonnen, "das politische Establishment zu untergraben", wird inzwischen befürchtet: "Die Umfragewerte aller drei führenden Köpfe des Systems, des Präsidenten Juschtschenko, der Ministerpräsidentin Timoschenko und des Oppositionsführers Janukowitsch, fallen dramatisch."[37] Die Aussichten für die nächste Zukunft werden dementsprechend eher skeptisch beurteilt, die Regionalwahl von Mitte März 2009 in Ternopil (Westukraine) wird von politischen Analysten im Hinblick auf die für Anfang 2010 ins Auge gefasste Präsidentschaftswahl als alarmierend bezeichnet, nachdem dort die "Swoboda" bei geringer Wahlbeteiligung zwar, aber immer ca. ein Drittel der Stimmen gewonnen hat für ein Programm, das am Begriff des "Sozialnationalismus" festmacht, womit an das Konzept der "Natiokratie" der 1930er Jahre angeknüpft wird, eine Begrifflichkeit also, die nicht nach westlichem Demokratieverständnis aussieht und keine Bürgergesellschaft anstrebt.[38] Altbekannte Anklänge sind für deutsche Ohren deutlich. Das klingt nicht gut. Doch gibt es noch immer viele plausiblen Gründe für die Hoffnung auf eine gute Zukunft der Ukraine. Von Europa nach Europa.

*

Erinnern wir uns hier an einige selbsterlebte erfreuliche Ereignisse unserer Jahre in Kiew und in der Ukraine. Kiew jedenfalls hat sich in den knapp 20 Jahren seit September 1989 enorm entwickelt, und ich erinnere mich mit gemischten Gefühlen an eine Episode während meines ersten Besuchs in jenen sonnigen Frühherbsttagen: Damals wohnten Mirjam und ich im Hotel "Lybid" nahe der Siegessäule im Zentrum der Stadt. Gleich neben unserem Hotel stand (und steht inzwischen renoviert) das große Kaufhaus "Ukraina", das wir eines Ta-

---

[37] "Der Zorn der Ukrainer", in: Frankfurter Allgemeine Zeitung, Nr. 67, 20.03.2009, S. 7.

[38] Dazu die Einschätzung des Auslandsbüros Ukraine der Konrad-Adenauer-Stiftung, Länderberichte 11, März 2009.

ges zusammen mit Walery Woloschanówitsch besichtigten. Wir gingen von oben nach unten, also von den Kleiderabteilungen durch sonstige Abteilungen, bei denen einem die Tränen kommen konnten, bis in die Lebensmittelabteilung im Kellergeschoß, um dort zur Fleischabteilung geführt zu werden. Auf einer langen, hohen Glastheke waren oben etliche Speckberge aufgetürmt, darunter standen große Gläser mit Salzgurken (die ich gerne esse!), und ganz unten lagen lange, dicke graue Würste. Walerys lakonischer Kommentar: "Nicht mal die Katzen fressen sie!" Und das erschien absolut glaubhaft.

Inzwischen ist nur eine einzige Lenin-Skulptur aus rötlichem Marmor in der Innenstadt verblieben, und zwar mit einer Handbewegung, die mancherlei Deutungen zulässt. Statt mehr Lenin gibt es jetzt erstklassige Delikatessen-, Fleisch- und Wurstgeschäfte, Brotläden mit riesigem Sortiment, die sich mit denen jeder westlichen Großstadt messen können, und die Kiewer Boutiquen unterscheiden sich nicht von denen in Berlin, Frankfurt oder München. Während der zahlreichen städtischen Staus (aber auch vor der sogenannten "Roten" Universität!) kann man Nobelkarossen vor allem aus Süddeutschland bestaunen, wie man sie so massiert gewiss nicht überall in Deutschland zu sehen bekommt. Vor 20 Jahren gab es kaum trinkbares Bier, heute etliche Sorten der Spitzenqualität. Damals gab es nur süßliche Weine, heute findet man eine reiche Auswahl an wunderbar trockenen Krim-Weinen. Zeitweise gab es fast keinen einheimischen Horilka/Wodka, heute eine Riesensortiment jeder Qualität und Geschmacksrichtung, so daß ich gelegentlich sinngemäß zitiere, wie Charles de Gaulle einmal gestöhnt haben soll: "Mon dieu, wie kann man ein Land regieren, in dem es 333 (???) Sorten Käse gibt!" Hinzu kommt die explosionsartige Entwicklung der Restaurant-Kultur in Kiew: Es gibt fast keine Geschmacksrichtung des Interieurs, der Speise- und Getränkekarte, die es nicht gibt, von gemütlichen Gaststuben im ländlich-ukrainisch Stil über die bayrisch nachempfundene Bierstube und das amerikanische Steakhouse bis zum pickfeinen Fischrestaurant à la française.

Dies gilt jedoch kaum für andere ukrainische Städte, und in Charkiv, Dnipropetrovsk, Lviv, Odessa sieht es – von begrenzten "Schokoladenseiten" abgesehen - schon ziemlich anders aus, ganz abgesehen etwa von Perjaslav-Chmelnitzky, Schitomir, Tscherkassy und ähnlichen Städten, und in den Dörfern des flachen Landes hat sich seit Jahrzehnten überhaupt nur wenig geändert. Da bleibt überall noch unglaublich viel zu tun. Kiew war und ist eben als Metropole die "Lokomotive" der Entwicklung, summa summarum: Kiew ist das Paris des Ostens! Und da kann man nur hoffen, dass die gewisse Tristesse der ersten Monate des Jahres 2009 bald der Vergangenheit angehört und "Kiew als Lokomotive der Ukraine" wieder unter Dampf, Diesel und Strom steht…*

Babyn/Babij Jar Mahnmal in Kiew von 1976 (Foto: Erhard Roy Wiehn)

* Derzeit ist Kiew bedroht wie seit dem Zweiten Weltkrieg nicht mehr. (08.03.2022)

Babyn/Babij Jar Mahnmal in Kiew von 1991 (das während der russischen Bombardements im Februar/März 2022 beschädigt worden sein soll; es steht in der Nähe des Fernsehturms, der angegriffen wurde; Foto. Erhard Roy Wiehn)

II. Ansprachen, Vorträge, Vorworte

1. Zur jüdischen Geschichte in Kiew und der Ukraine

Fünfzig Jahre nach der Schoáh in Kiew(1992)*

Vor rund fünfzig Jahren haben die Deutschen in ganz Osteuropa eine jüdische Kultur vernichtet, die teilweise weit über 1.000 Jahre alt war. Denn Juden dürften, von Byzanz kommend, bereits seit Ende des 7. bzw. Anfang des 8. Jahrhunderts in Südrussland und in der Ukraine ansässig gewesen sein, also vielleicht sogar noch vor den slawischen Stämmen. Kiew als "Mutter aller russischen Städte" sei nicht durch Slawen gegründet worden, schreibt Reuben Ainsztein, sondern erscheine im 9. Jahrhundert als eine chazarische Befestigung unter dem Namen "Sambata", und es gebe gute Gründe für die Annahme, daß unter den ersten damaligen Siedlern auch Juden gewesen seien (vgl. R. Ainsztein 1974).

Ihrem Einfluss war es Heiko Haumann zufolge wohl zu verdanken, "dass gegen Ende des 8. Jahrhunderts die Oberschicht der Chazaren zum Judentum übertrat". Auch als sich nach dem Jahre 860 die "Kiewer Rus" als erstes russisches Staatswesen formiert und nachdem der Kiewer Fürst Swjatoslaw 964/65 die Chazaren besiegt habe, seien Juden in Kiew verblieben; in der frühmittelalterlichen christlichen Stadt habe es sogar ein "jüdisches Tor" gegeben. Die Juden sind nach Reuben Ainsztein in der Kiewer Blütezeit des 11. und 12. Jahrhunderts ein tatkräftiges Element gewesen; sie hätten unter den warägischen Herrschern am politischen Leben teilgenommen und 1240 gegen Khan Batus Tataren gekämpft, um Kiew und Tschernigov zu verteidigen (R. Ainsztein 1974; H. Haumann 1990).

Unter der Herrschaft der Tataren bzw. Mongolen (1240-1320) genossen die Juden Schutz, erhielten unter litauischer Herrschaft ab 1362 gewisse Lebens- und Eigentumsrechte, gerieten während des Tatareneinfalls 1482 teilweise in Gefangenschaft, wurden 1495 (unter Magdeburger Stadtrecht seit 1494/97) ausgewiesen, kehrten 1503 zurück, kamen 1569 unter polnische Herrschaft, konnten sich ab 1619 nur aus Geschäftsgründen in der Stadt aufhalten, mussten 1648 unter dem Kosakenhetman Bogdan Chmelnitzkij schwere Massaker erdulden, durf-

---

* In: Erhard Roy Wiehn (Hg.), Jüdisches Leben in Kiew. (Deutsch, englisch, russisch) Konstanz 1992*, in den folgenden Texten werden Doppelungen inkauf genommen.(ERW.)*

ten ab 1667 wiederum nicht mehr in der Stadt wohnen, als Kiew unter Moskauer Herrschaft gekommen war. Ende des 18. Jahrhunderts lebten rund 260.000 Juden in der Ukraine, erst 1793 wurde die jüdische Gemeinde in Kiew wiederbegründet, 1815 lebten etwa 1.500 Juden in der Stadt, es gab zwei Synagogen und andere Gemeindeeinrichtungen. Im Jahre 1827 wurde den Juden das Wohnrecht wieder einmal abgesprochen, aber erst 1835 verließen sie die Stadt und kamen schon ab 1843 zurück.

Im Jahre 1872 gab es bereits rund 14.000 (11,8%) Juden in der Stadt, die Verfolgung von 1881 ruinierte Hunderte von Familien, 1897 lebten jedoch 31.800 (12,8%) Juden in Kiew, und 1898 wurde die zentrale Synagoge gebaut. In den Jahren 1905, 1911 und 1919 gab es abermals schwere *Pogrome*, ein russisches Wort, das gegen Ende des 19. Jahrhunderts in seinen heutigen Gebrauch gekommen war und "Verwüstung" von Menschen und Sachen bedeutet. Doch das jüdische Leben in Kiew ging weiter, schon 1913 betrug die jüdische Bevölkerung mit über 81.000 Menschen 13% der städtischen Gesamtbevölkerung; es gab Arme und Reiche, Geschäftsleute, Rechtsanwälte, Ärzte, Künstler, Schriftsteller und Arbeiter.

Scholem Alejchem (Schalom Rabinowitz, 1859-1916), einer der Großen der jiddischen Literatur, wurde in der Ukraine geboren und lebte ab 1885 in der Stadt Kiew, die er in vielen seiner Geschichten verewigte; anno 1890 floh er bankrott aus der Stadt, kehrte 1891 über Odessa wieder zurück, erlebte den Pogrom von 1905, ging 1906 nach Amerika, kam später wieder nach Europa und starb 1916 in New York. Noch während der ersten Jahre des Bestehens der Sowjetunion war Kiew ein Zentrum der jüdischen Kultur. Im Jahre 1939 lebten rund 175.000 Juden in Kiew, und nach Ausbruch des Zweiten Weltkrieges versuchten viele, in den Osten der Sowjetunion zu fliehen. Wie überall in Europa gab es aber auch hier eine alte judenfeindliche Tradition, die den deutschen Aggressoren gewiss gelegen kam.

Am 22. Juni 1941 begann der Überfall der deutschen Wehrmacht auf die Sowjetunion; am 19. September 1941, drei Tage vor Rosch Haschaná (1. u. 2. Tischri), dem jüdischen Neujahrsfest, fiel die ukrainische Hauptstadt Kiew. Zehn Tage später, am 29. und 30. September 1941 (8. u. 9. Tischri), in den letzten der zehn Bußtage vor Jom Kippur (10. Tischri), dem Versöhnungstag als höchstem jüdischen Feiertag, erschossen dann deutsche Sonderkommandos in Kiew-Babij

Jar 33.771 Menschen, jüdische Männer, Frauen und Kinder. Nur einige wenige konnten dem Inferno durch Zufall entkommen. Dieses Massaker von kaum vorstellbarer Grausamkeit wurde später nicht einmal in Auschwitz-Birkenau übertroffen. Der Massenmord von Babij Jar war zwar nicht der Anfang nationalsozialistischer Verbrechen gegen die Menschlichkeit, aber vielleicht doch der Beginn des eigentlichen Holocaust, der jüdischen Schoáh.

Über die Gesamtzahl der auf dem Territorium der Sowjetunion getöteten Juden ist keine volle Klarheit zu gewinnen: Unter Berücksichtigung verschiedener Fehlermöglichkeiten ist man zuletzt zum Ergebnis gekommen, "dass insgesamt über 2,2 Millionen, d.h. fast die Hälfte der 4,7 Millionen auf sowjetischem Territorium befindlichen Juden durch den NS-Terror und die von Hitlers Verbündeten entfesselten Verfolgungsmaßnahmen umgekommen" sind: "Auf die erste Welle (Sommer 1941 bis Frühjahr 1942), d.h. die Zeit der Massenerschießungen, entfiel davon etwa ein Drittel (d.h. ca. 700.000), auf die 'Einsatzgruppen' selbst ein knappes Viertel, d.h. ca. 500.000."

Aus der Ukraine und den angrenzenden Gebieten wurden bis 30. Juni 1944 offiziell 2.196.166 Menschen als "Ostarbeiterinnen" und "Ostarbeiter" verbracht, aus den besetzten Teilen der Sowjetunion dürften insgesamt rund 2,8 Millionen Zivilisten als Zwangsarbeiter "ins Reich" verschleppt worden sein. Die Entschädigungsverfahren gehören bis heute zu den dunklen Kapiteln der deutschen Nachkriegsgeschichte. Die als ukrainisches Bauernmädchen unter dem Namen Katarina Leszczyszyn, geb. Ida Blutreich, getarnte Fremdarbeiterin starb in der Nacht vom 18. zum 19. Januar 1991 in Tel Aviv als Ida Löw an Herzversagen, als 800 Meter von ihrer Wohnung entfernt die Reste einer Scud-Rakete einschlugen.

Kiew war 779 Tage, also mehr als zwei Jahre, von deutschen Truppen besetzt. Als die Soldaten des Generals Nikolai Watutin am 5. November 1943 die Stadt zurückeroberten, gab es dort nurmehr rund 180.000 Einwohner: "Vier Fünftel waren umgekommen oder deportiert worden. 1.000 Produktionsstätten und 6.000 Wohnhäuser, Kirchen und historische Bauten lagen in Trümmern." Bald nach der Befreiung der Stadt kehrten Tausende von Juden nach Kiew zurück, wo sie nicht immer mit offenen Armen aufgenommen wurden. Im Jahre 1947 beschrieb Ilja Ehrenburg in seinem Roman "Sturm" den Massenmord an den Kiewer Juden. Aber während der sogenannten "Antikosmopolitenkampagne" 1948/ 49 versuchte man offiziell, die Erinnerung an Babij Jar zu löschen, obgleich sich am Jahrestag des Massakers stets Menschen zum Gedenken versammelten. Im Jahre 1959 wurden in Kiew offiziell 154.000 (13,9%) jüdische Einwohner gezählt, etwa 15% gaben Jiddisch als ihre Muttersprache an.

Im Oktober 1959 protestierte Viktor Nekrassov gegen das Schweigen, für ein Mahnmal und gegen ein Sportstadion auf dem Gelände von Babij Jar. Besondere Aufmerksamkeit erregte das am 19. September 1961 veröffentlichte Gedicht "Babij Jar" von Jewgenij Jewtuschenko. Dmitrij Schostakowitsch hat dieses Gedicht im Adagio seiner 13. Symphonie vertont, die im Dezember 1962 erstmals aufgeführt wurde. Jewtuschenko wurde heftig angegriffen und am 8. März 1963 sogar von Nikita Chruschtschow öffentlich kritisiert. 1966 veröffentlichte Anatolij Kuznezow seinen Dokumentarroman "Babij Jar", vor allem unter Verwendung der Aussagen von Dina Mironowna Pronitchewa.

Später gab es eine Art Wettbewerb für ein Babij-Jar-Mahnmal, das schließlich im Jahre 1976 nach einem Entwurf von Michail Lissenko von dem Architekten Anatolij Ignatschenko errichtet werden durfte. Doch keine Inschrift erinnerte an das jüdische Martyrium, und erst zur Zeit der Perestroika wurde eine Gedenktafel in jiddischer Sprache angebracht. Seit September 1991 gibt es nun ein jüdisches Mahnmal am richtigen Ort in Form einer eindrucksvollen bronzenen Menorah. Das überhaupt erste öffentliche Gedenken im Jahre 1991, einschließlich des Besuchs des amerikanischen Präsidenten George Bush, kann in seiner Bedeutung gewiss nicht hoch genug eingeschätzt werden.

Denn die jüdische Geschichte der alten Sowjetunion war wahrlich wechselhaft genug. So hatte die Februarrevolution von 1917 den Juden die Gleichberechtigung gebracht, doch gleich nach dem Oktoberputsch Lenins folgten die nächsten Pogrome. Zwischen 1917 und 1948 konnten noch zahllose Schriften in jiddischer Sprache erscheinen, aber den Stalinschen "Säuberungen" der dreißiger Jahre fielen nicht wenige Juden zum Opfer. "Sowjetische jüdische antifaschistische Komitees" durften zwar nach dem Überfall der deutschen Wehrmacht 1941 in aller Welt um Hilfe für die Sowjetunion bitten; im Jahre 1947 trat Gromyko vor der UNO in New York zwar vehement für die Gründung des Staates Israel ein, der von kommunistischen Staaten im Unabhängigkeitskrieg dann auch tatkräftig unterstützt wurde. Doch beinahe gleichzeitig begann eine der schlimmsten judenfeindlichen Kampagnen in der Sowjetunion und darüber hinaus, die um 1952 ihren Höhepunkt erreichte und der allein etwa 450 Schriftsteller, Schauspieler, Musiker, Maler und Bildhauer zum Opfer fielen, von Ärzten, Politikern und ungezählten anderen ganz zu schweigen. Einige wurden erst 1988 rehabilitiert.

Die anhaltenden jüdischen Auswanderungswellen der allerletzten Jahre hatten also ihren blutigen Erfahrungshintergrund. Zudem ließen "Glasnost und Perestroika" vielerorts eine neue alte ordinäre Judenfeindschaft zutage treten, die womöglich Schlimmeres verhieß. Noch vor wenigen Jahren gehörte viel Mut dazu, sich etwa auf der Abschiedsparty eines jüdischen Freundes auch nur sehen zu lassen. Die große Zahl emigrierter Ärzte, Ingenieure, Künstler, Lehrer und Wissenschaftler bedeutet indessen schon jetzt einen äußerst herben Verlust für die Länder der ehemaligen Sowjetunion. Dennoch gab und gibt es viele, die wohl kaum an Auswanderung denken mochten, nicht nur Menschen in sogenannten Mischehen. Schließlich haben viele in diesen Jahren ein neues Selbstbewusstsein entwickelt, führende Stellungen erreicht und behauptet und durchaus auf neue Lebenschancen gehofft, auch auf ein neues jüdisches Leben in ihrem Land.

Nicht zuletzt haben drei dramatische Tage im August 1991 das neue, freiheitliche Bewusstsein vieler Menschen in der gerade dadurch weiter auseinandergebrochenen Sowjetunion in besonderer Weise geprägt, auch das jüdische Selbstbewusstsein, und vielleicht nicht einmal nur dort. Wer die bewegenden Bilder gesehen hat, wird sie kaum mehr vergessen. Am vierten Samstag im August 1991 wurden von einer riesigen Trauergemeinde in Moskau drei junge Männer zu Grabe getragen, die in einer der vorangegangenen Schreckensnächte ihr Leben im Kampf gegen die Panzer der Putschisten verloren hatten. Zwei von ihnen erhielten erstmals seit der "Oktoberrevolution" eine Art christliches Staatsbegräbnis.

Dem dritten spielte ein Fiedler zum Abschied jiddische Weisen, sein Sarg war mit einem Tallit, dem jüdischen Gebetsmantel bedeckt. Rabbiner waren zugegen, Männer trugen öffentlich die Kippa, die traditionelle jüdische Kopfbedeckung, Vermutlich erstmals seit wenigstens 1948, wenn nicht gar überhaupt, wurde bei einem sowjetischen Staatsbegräbnis "Kaddisch", das jüdische Totengebet gesprochen. Der tote junge Mann war Jude. Staatspräsident Gorbatschow hatte zuvor alle drei zu "Helden der Sowjetunion" erklärt, ihnen also posthum die höchste Auszeichnung des Landes zuteil werden lassen. Man wird sehen, welchen Einfluss dies alles auf das jüdische Leben in den neuen Ländern der alten Sowjetunion und auch auf die jüdische Auswanderung haben wird.

Denn der Putsch selbst war zunächst ein Schock gerade für die sowjetischen Juden, und zwar sowohl für diejenigen, die auswandern wollten, weil sie sofort fürchten mussten, dass ihnen dies nicht mehr möglich sein könnte, als auch für diejenigen, die bleiben wollten, weil sie bangten, dass vielleicht schon wieder eine Zeit der Repression bevorstand. Vor Ort konnte man in diesen dramatischen Tagen miterleben, wie alte Angst, Ratlosigkeit und Resignation zurückzukehren drohten, die aber alsbald in Zorn und in den Willen zum Widerstand umzuschlagen begannen, und das nicht nur in Moskau.

Denkwürdig bleiben persönlich jedenfalls die starke Faszination des ersten Besuchs in Kiew und die Freude über die stolze Existenz der dortigen Synagoge, die ungefähr so aussieht, wie Lea Rosh sie eher lakonisch beschrieb: "Die Synagoge ist goldgelb angestrichen, wirkt auf den ersten Blick ganz schön. Genau besehen, ist sie mehrfach überstrichen, aber jedenfalls nicht ganz verkommen. Ein paar alte Männer sind da. ..." (L. Rosh u. E. Jäckel 1990). Und nicht nur sie. - Auch Vergangenheit ist gegenwärtig, soweit man von ihr weiß: Scholem Alejchem hat gegen Ende des letzten Jahrhunderts auf jiddisch geschrieben: "Noch lebt Gott und noch steht Jehupez." - "Ich bin ... in Jehupez (auch eine sehr schöne Stadt, so wahr ich lebe!)", aber: "Jehupez ist eine Stadt, in der Juden nicht wohnen dürfen, außer sie sind privigeldiert"; doch "... die Stadt - da gibt es nicht viel zu reden - ist ein Schmuckkästchen und die Leute hier - Gold und Silber! ... Die Leute sind hier alle wunderbar vornehm und fein, die Männer ebenso wie die Frauen..." (Scholem Alejchem 1970). – "Jehupez" war und ist Kiew, das ukrainisch "Kiejiv" heißt.

"Bilder einer Ausstellung" nach Modest Mussorgsky (1839-1881) mit dem "Großen Tor"? Kiew, die Kastanienblüte im Stadtwappen, schön im ersten Grün seiner vielen Baumalleen, ist an warmen spätsommerlichen Septembertagen besonders charmant, und der goldene Schimmer seiner ausgedehnten Parkanlagen scheint sich in den grüngoldenen Kuppeln seiner Kirchen und Kathedralen konzentriert widerzuspiegeln, wovon man sich etwa des Nachmittags durch einen Blick von der unteren Umfriedungsmauer des "Höhlenklosters" auf das breite gleißende Band des Dnjepr leicht überzeugen kann. - Eines Abends, nachdem wir den vielleicht besten "gefillte Fisch" unseres Lebens gegessen hatten, begleiteten uns Freunde durch die großflächigen Sportanlagen des Clubs "Dynamo Kiew" in Richtung unseres Hotels, und unterwegs bekamen wir dann, kontrastreich genug, auch das steinerne Denkmal für die in der NS-Zeit erschossenen Fußballspieler zu sehen.

Babij Jar bleibt in Kiew stets gegenwärtig, und selbst das Wetter kann daran erinnern. Auch seinerzeit sollen es schöne Septembertage gewesen sein, wie häufig vor und während Sukkot (15.-22. Tischri), dem Laubhüttenfest, das damals eine Woche nach der "Bekanntmachung" einer "Umsiedlungsaktion" begann. - Im September 1989 standen wir erstmals am Mahnmal für Babij Jar, und bei keinem der folgenden Kiew-Aufenthalte durfte ein Besuch dieses düsteren Monumentes fehlen, obwohl es aus mancherlei Gründen durchaus umstritten war. Doch dieser Ort hat es in vieler Hinsicht in sich. Die Schoáh von Babij Jar wird ein Symbol für die Verbrechen der deutschen Besatzer wie für einmalige Unmenschlichkeiten im 20. Jahrhundert bleiben, und zwar auch dann noch, wenn der sogenannte deutsche "Historikerstreit" einmal längst vergessen sein wird.

Rund 50 Jahre danach ist eine nicht ganz zufällige Gelegenheit, öffentlich daran zu erinnern, dass es wieder ein jüdisches Leben in Kiew und andernorts in den neuen Republiken der ehemaligen Sowjetunion gibt, nach den Massakern der Deutschen und den Verfolgungen durch die Kommunisten ein Wunder an sich: Es gibt ein neues Gemeindeleben, Gesellschaften für jüdische Kultur und in Kiew neuerdings sogar schon zwei jiddische Theater, die unbedingt auch einmal im Westen spielen müssten. In Kiew selbst gibt es übrigens genug zu helfen: Bücher-, Zeitschriften- und Zeitungsspenden zum Beispiel, humanitäre Hilfe, öffentliche und private Einladungen.

Für engagiertes Handeln bieten Kiew und die gesamte Ukraine heute viele Möglichkeiten, und erfreulicherweise entwickeln sich Hochschul- und Städtepartnerschaften wie beispielsweise zwischen Kiew und Konstanz bzw. München. Ein gewisser Kulturaustausch hat seit längerer Zeit schon begonnen, und im Herbst 1991 fand eine erste deutsche Kulturwoche in der Ukraine statt, an der sich auch die Universität Konstanz beteiligen durfte. - Im Winter 1990/91 und im Frühjahr 1992 gab es bemerkenswerte humanitäre deutsche Hilfsaktionen für die Menschen in den neuen Ländern der früheren Sowjetunion, aus Süddeutschland auch für Kiew und die benachbarten Orte Butscha und Borodjanka, für Gorodnja im Bezirk Tschernigov sowie für Kobeljaki bei Poltawa. Es gibt viel Interesse und guten Willen in Deutschland, und in den südwestdeutschen Städten Konstanz, Radolfzell, Singen, Bad Säckingen und Wehr beispielsweise sind etliche Institutionen und viele Menschen hilfsbereit engagiert. Es wäre schön, wenn sich aus all diesen Aktivitäten dauerhafte zwischenmenschliche Beziehungen entwickeln würden.

Wirtschaftsbeziehungen größeren Umfangs müssten freilich dringend erst noch angebahnt werden. Alles in allem sollte man die neuen großen Chancen sehen und von Seiten der restlichen Welt klugerweise großzügig helfen, wie und wo man nur kann, und zwar nicht zuletzt im eigenen Interesse. Alles andere könnte unvergleichlich viel teurer zu stehen kommen, auch für die Juden in den neuen Staaten der alten Sowjetunion selbst. Fünfzig Jahre nach Babij Jar gibt es übrigens auch eine gewisse jüdische Auswanderung nach Deutschland, die von allen Verantwortlichen als beachtlicher Vertrauensbeweis entsprechend tatkräftig gewürdigt werden sollte, wenn Menschen sich nach allem jetzt wieder entschließen können, in Deutschland leben zu wollen.

Heute freuen wir uns freilich darüber, so sagte ich am 1. Dezember 1991 in der Universität Konstanz, hier eine Ausstellung mit Dmitrij Peisakhovs[*] Bildern über "Jüdisches Leben in Kiew" eröffnen zu können. Vielleicht nicht ganz zufällig hatten wir ihn am alten Denkmal für Babij Jar kennengelernt, bald darauf seine Fotografien gesehen, und wir fanden, dass diese unbedingt einem größeren Publikum gezeigt

---

[*] Dmitrij Peisakhov wurde 1946 in Kiew als Sohn einer Arztfamilie geboren, ist verheiratet und hat zwei Söhne. Am Kiewer Polytechnischen Institut studierte er zunächst Maschinenbau und war bis 1985 als Ingenieur tätig, nachdem er 1980 auch ein Studium in der Abteilung für Fotografie des Kiewer Instituts für Journalistik abgeschlossen hatte. Seit 1985 arbeitet er als freiberuflicher Fotograf, hat sich seither an fast 20 Ausstellungen innerhalb wie außerhalb seines Landes beteiligt und wurde mit verschiedenen Preisen ausgezeichnet. Wir freuen uns sehr, daß Dmitrij Peisakhov im Jahre 1991, fünfzig Jahre nach "Babij Jar", gerade mit dem Thema "Jüdisches Leben in Kiew" in die Galerie der Universität Konstanz kam und aus den Bildern dieser Ausstellung der vorliegende Bildband entstand.

werden sollten, was also erfreulicherweise hiermit einmal mehr geschieht.

Ausgewählte Literatur

R. Ainsztein, Jewish Resistance in Nazi-occupied Eastern Europe - with a historical survey of the Jew as fighter and soldier in the Diaspora. London 1974.

F. Gancz, Polyglott-Reiseführer Sowjetunion. (1971) München, 13. Auflage 1988/89.

H. Haumann, Geschichte der Ostjuden. München 1990.

A. Hillgruber, "Der Ostkrieg und die Judenvernichtung." In: G.R. Ueberschär u. W. Wette (Hg.), 'Unternehmen Barbarossa' - Der deutsche Überfall auf die Sowjetunion 1941. Frankfurt 1991, S. 185-205.

L. Rosh u. E. Jäckel, "Der Tod ist ein Meister in Deutschland" - Deportation und Ermordung der Juden, Kollaboration und Verweigerung in Europa. Hamburg 1990.

Scholem Alejchem, Menachem Mendel. Frankfurt 1970.

E.R. Wiehn, Die Schoáh von Babij Jar - Das Massaker deutscher Sonderkommandos an der jüdischen Bevölkerung von Kiew 1941 fünfzig Jahre danach zum Gedenken. Konstanz 1991.

E.R. Wiehn, Schriften zur Schoáh und Judaica. Konstanz 1992.

2. Für eine friedliche Zukunft (1995)*

Zwischenbilanz einer Partnerschaft

Wir leben in einer Zeit geradezu unglaublicher und atemberaubender Veränderungen. Das Leben ist in vieler Hinsicht interessanter, die Zukunft auf neue Weise offen, voller Probleme und nicht ohne Risiken zwar, aber auch mit großen Chancen, zumindest für die Völker Europas und somit auch für die Ukraine und Deutschland.

Nach allem unfassbar Schrecklichen, was die Menschen in diesem Jahrhundert einander angetan haben, ist es – trotz beängstigender Abgründe, z.B. in Ex-Jugoslawien und anderwärts –, wohl doch ein Glück, die heutige Zeit zu erleben, und es erscheint geradezu beneidenswert, in diesen Jahren jünger bzw. jung zu sein, um jetzt sein Leben einsetzen zu können für eine hoffentlich etwas bessere Welt. Denn wir leben wie auf großen Baustellen: der Baustelle des wiederverei-

---

* Ansprache vor dem Senat der Nationalen Wirtschaftsuniversität Kiew anlässlich der Verleihung des Dr. h.c. am 31. Oktober 1995.

nigten Deutschland, der Baustelle der selbständigen Ukraine, der Baustelle des neuen europäischen Hauses.

Man kann die neue Situation ein Wunder nennen, aber dieses Wunder wurde zustande gebracht von Menschen mit Mut, die erkannten, dass die schaurige Spirale ständiger Vor- und Nachrüstung noch vor der gegenseitigen Vernichtung die Völker unvermeidlich ökonomisch verarmt und die Erde ökologisch ruiniert. Die wichtigste Einsicht in diese gewaltigen und doch weithin gewaltlosen Veränderungen seit Ende der 1980er Jahre bestand und besteht wahrscheinlich darin, dass Freiheit zwar lange Zeit unterdrückt werden kann, aber doch ein so großes Verlangen der Menschen darstellt, um sich schließlich allen Unterdrückungsapparaten zum Trotz elementar eine neue Bahn zu brechen.

Vielleicht geht mit der Erfahrung neuer Freiheit noch eine weitere wichtige Einsicht einher, nämlich die Einsicht in die Notwendigkeit einer aktiven Solidarität, die nach und nach zu größerer ökonomischer Gleichheit führen muss. Es wird sich zeigen, dass Freiheit nur auf einer gemeinsamen Lebensbasis bestehen kann, auf der Basis einer Gleichheit der Lebenschancen in diesem neuen europäischen Haus.

Aus Begeisterung und auch Sorge angesichts des gewaltigen politischen, ökonomischen und sozialen Wandels der letzten Jahre erwuchs schon früh mein Interesse an Osteuropa und die Motivation, irgendwie einen eigenen Beitrag zu leisten. Ich gehöre zu der Generation in Westeuropa, die erleben durfte, dass Deutschland sich aus Trümmern nicht nur zu einer der ersten Wirtschaftsmächte der Welt emporgearbeitet hat, sondern auch versuchte, aus seiner Geschichte zu lernen und ein friedliches Mitglied der Völkerfamilie zu werden. Gleichzeitig hat meine Generation die Entstehung der Europäischen Gemeinschaft auf dem Weg zur Europäischen Union erlebt, ein Prozess, der noch lange nicht abgeschlossen ist und bis jetzt nicht das Paradies gebracht hat, aber doch 50 Jahre Friede in ganz Europa und einen vergleichsweise nie gekannten Wohlstand für viele.

Ich war und bin zutiefst überzeugt, dass auch die Menschen in Osteuropa unbedingt bessere Lebenschancen verdienen und sich tatsächlich auch erarbeiten können, dass das neue europäische Haus die Völker Osteuropas einschließen muss und erst dann Europa in friedlicher Konkurrenz zu Amerika und Asien bestehen kann. Deshalb war ich schon mit Beginn der sogenannten "Perestroika" in der alten Sowjetunion überzeugt, dass wir jetzt zusammenkommen müssen, dass wir jetzt alles versuchen müssen, durch wissenschaftliche Zusammenarbeit zwischen unseren Universitäten und dem Austausch unserer jungen Menschen, der künftigen Elite unserer Länder, die Weichen für eine bessere, gemeinsame, friedliche Zukunft zu stellen.

Das war die Zeit des Brückenbaus: Wir haben unsere Kontakte 1986/87 angebahnt und sind uns im Frühjahr und Herbst 1988 in Konstanz und Kiew erstmals persönlich begegnet: Prorektor Prof. Anatoly Iwanowitsch Smyslov und Rektor Prof. Anatoly Fedorówitsch Pawlenko, frühe intensive Begegnungen, die unvergesslich bleiben: Der erste Brückenschlag bestand dank dem Folklore-Ensemble EKO in Musik und Tanz! Schon am 13. April 1990 haben die Rektoren Professor Pawlenko und Prof. Sund in Kiew eine Vereinbarung über wissenschaftliche Zusammenarbeit unterzeichnet, und wir freuen uns natürlich im Nachhinein um so mehr, dass wir tatsächlich die ersten waren. Wir haben mit nichts als mit einer Vision begonnen, die uns zunächst ziemlich schwer auf der Seele lag; denn es war ganz unklar, wieviel davon sich überhaupt verwirklichen ließe.

Wir gingen an die Arbeit, innerhalb von 6 Jahren ist dies mein 16. Besuch in Kiew, bis jetzt gab es in Konstanz über 60 Besuche von Professoren, Dozentinnen wie Dozenten und Freunden Ihrer Universität sowie von ca. 40 Studierenden, die mindestens ein Semester in Konstanz studierten bzw. studieren. Seit 1989 waren ca. 50 Konstanzerinnen und Konstanzer in Kiew, nicht mitgerechnet Fußballmannschaft und Universitätschor Konstanz. Wir haben insgesamt vier, teils größere Symposien in Kiew und Konstanz veranstaltet, als fünftes unter Ihrer Beteiligung mein programmatisches Symposium 'Zur Rolle der Universitäten beim Bau des neuen europäischen Hauses". Aus unserer Kooperation entstanden bis jetzt überdies vier größere und etliche kleine humanitäre Hilfskonvois mit Gütern im Werte von Millionen von Mark, die für mich und für die beteiligten Kiewer Freunde zu den erfreulichsten menschlichen Ergebnissen unserer Zusammenarbeit zählen. Wir konnten mit Geräten und Büchern helfen, und nicht zuletzt sind vier Buchpublikationen entstanden, von denen eine unser Umweltsymposium reflektiert, während meine eigenen Bücher vor allem die dunkle deutsch-ukrainische Geschichte behandeln.

Das alles ist nicht vom Himmel gefallen, sondern musste erarbeitet werden; wir haben jedoch die Arbeit nicht gescheut, und ich denke, sie hat sich allein bis jetzt schon mehr als gelohnt. Für mich war die Zusammenarbeit mit Ihnen eine große Bereicherung, es war wie die Wiederentdeckung eines Teils der Verwandtschaft, von der man lange Jahre getrennt war und die man nun wiederentdecken durfte.

Wir stehen noch immer am Anfang dessen, was wir uns vorgenommen haben, und wir dürfen uns keinesfalls auf dem Erreichten ausruhen. Der Weiterbau und die Vollendung unserer Brücke wie des neuen europäischen Hauses bleiben große, faszinierende Aufgaben und Herausforderungen, die niemanden ängstigen, sondern alle anspornen müssen. Denn dieses große, neue, gemeinsame europäische Haus kann mehr Arbeitsplätze schaffen, kann bessere Lösungsmöglichkeiten für gesamteuropäische und weltweite Umweltprobleme bieten, kann für alle neue Lebenschancen schaffen.

Ich persönlich setze dabei besonders auf Ihre jungen Menschen, die zu uns kommen, und auch auf unsere Jugend, die zu Ihnen kommt! Wir sagen ihnen immer wieder: Lernt und arbeitet, so gut ihr irgend könnt! Ersinnt euch Visionen, sucht euch lebenswerte Leitbilder! Die eigene Familie, das eigene Land nicht vergessen, aber dabei Europa und die Welt im Sinn behalten! Freude haben an Leistung, aber nicht auf Kosten anderer! Erfahrungen sammeln durch Verantwortung, lebenslang lernen! Die Bereitschaft erhalten, sich selbst zu übertreffen; auf keinen Fall mit sich zufrieden sein!

In seiner Arbeit ein Privileg sehen; hohe Ansprüche stellen, aber nicht an die anderen, sondern an sich selbst! Sich immer wieder neue und weitere Ziele stecken, seine Möglichkeiten nutzen, Grenzen hinausschieben, neue Versuche wagen, Irrtümer einsehen! Mit Ungewissheiten leben, Schiffbruch in Kauf nehmen; denn nur im Wasser lernt man schwimmen! Sich ein interessantes und lebenswertes Leben gestalten, ein Leben gemäß sozialer, freiheitlicher, demokratischer Werte.

Den sozialen Sinn des Lebens zu begreifen suchen und sich dafür einsetzen. Sich nicht schonen, sondern verausgaben. Hochherzig und tolerant sein. Aktiv und tätig zu leben versuchen. Im flüchtigen Augenblick Bleibendes zu schaffen versuchen. Die bessere Gesellschaft, den gerechteren Staat, die lebenswertere Völkerfamilie jetzt mitverwirklichen wollen. Sein Leben verbrauchen für etwas jenseits seiner selbst: Vielleicht nicht vollenden, aber beginnen!

Das ist es, was wir den jungen Menschen sagen, weil es das ist, wonach wir in aller Bescheidenheit selbst zu leben versuchen. Ich danke Ihnen von Herzen für alles, was Sie dazu beigetragen haben. Ich danke Ihnen für diese Stunde und für die Anerkennung und Ehre, die Sie uns und unserer Arbeit zuteil werden lassen: Um so mehr bleibe ich für alle Zukunft einer von Ihnen, einer von Euch!

Herzlichen Dank und alles Gute für Sie alle persönlich, für Ihre Universität und für Ihr Land!

Djakúju wam sa wáschu uwàgu, schánu, jakí wy wýjawyly pid tschas náschoho spiwrobítnyztwa. I na dáli ja salýschus odným séred was, i dlja was. Serdétschne spasýbi sa wse, jak wam usím osobýsto, tak i wáschomu uniwersytétu ta wáschij krajíni!

3. Auch Kiew ist Europa (1999)*

Als die Deutschen damals den Zweiten Weltkrieg entfesselten, war ich gerade 25 Monate alt und knapp vier Jahre, als die deutsche Wehrmacht die Sowjetunion überfiel. Nicht ohne ein gewisses Glück habe ich selbst diesen Krieg überlebt, und ich weiß heute noch genau, was kindlich gefühlte Todesangst heißt. Nie kann ich die Kinder meines Jahrgangs vergessen, die diesem Krieg und der gezielten Vernichtung zum Opfer gefallen sind, gerade hier und heute nicht. Die Bilder der verwüsteten Kiewer Universität kamen mir vor wie die eines geschändeten Tempels.

Als überlebendes Kriegskind habe ich wohl schon früh gefühlt, dass die Welt nicht so bleiben kann, wie sie war, dass sie vielmehr unbedingt ein wenig menschlicher gemacht werden muss. Das hat mich nach frühen Jahren praktischer Arbeit und Erfahrung in der Industrie schließlich zur Soziologie, Philosophie, Geschichte und Psychologie gebracht, weil ich besser verstehen wollte, warum die Welt so war, wie ich sie erfahren musste und erlitten hatte. Obwohl oder vielleicht weil ich mich dann mit größter Leidenschaft in die Wissenschaft stürzte, kann ich nicht behaupten, dadurch allzu viel klüger geworden

---

* Ansprache. vor dem Senat und geladenen Gästen in der Nationalen Taras Schewtscheko Universität Kiew anlässlich der Verleihung des Dr. h.c am 1. März 1999.

zu sein. Und doch würde ich heute wieder Soziologie studieren, trotz größter Hochachtung vor anderen Wissenschaften.

Mit der eisigen und abgründigen Welt des kalten Krieges konnte ich mich nie abfinden, weil ich fand, das könne niemals das letzte Wort der Geschichte sein. Früh versuchte ich, Beziehungen zu Kollegen in Ländern jenseits des "Eisernen Vorhangs" zu knüpfen, wo dies möglich war, nämlich in der CSSR und in Polen, daneben bereiste ich Amerika, eine Ecke von Afrika, natürlich den Nahen Osten und Europa. Die westeuropäische Einigung in der Europäischen Gemeinschaft und später in der Europäischen Union, die Abschaffung fast aller Grenzen habe ich mit großer Begeisterung erlebt, und mir schien, dass dies auch die Zukunft Mittelost- und Osteuropas sein müsse. Denn gerade die Länder und Völker, die am schlimmsten im Zweiten Weltkrieg gelitten hatten, sollten unsere Zuwendung am meisten verdient haben, die Ukraine gewiss an vorderster Stelle.

Die Wissenschaft allein schien mir übrigens nie genug, und in der Zeit der sog. "neuen Ostpolitik" der Regierung Brandt/Scheel habe ich über viele Jahre sehr aktiv bei den deutschen Liberalen mitgearbeitet, hatte angefangen als eine Art politischer Assistent bei meinem damaligen Chef, dem Soziologen Prof. Ralf Dahrendorf, später Lord Dahrendorf im britischen Oberhaus zu London. Später habe ich mich gewissermaßen in der Außenpolitik meiner Universität engagiert, war und bin u.a. aktiv an den Partnerschaften in Kiew beteiligt (weshalb wir ja eben heute hier versammelt sind).

Aus meiner Lebenserfahrung und Motivation heraus hatte ich das Glück, in der frühen Zeit der Perestroika, also 1986/87, persönliche Beziehungen zur Ukraine entwickeln zu können. Im Herbst 1989 war ich erstmals in Kiew, und diese erste Begegnung mit der ukrainischen Metropole war wohl eine Art Liebe auf den ersten Blick. Ich sah vieles, auch das "Goldene Tor", das ich bis dahin nur durch die Musik von Modest Mussorgsky liebte. Beim ersten Besuch stand ich dann am düsteren Mahnmal von Babij Jar, und bei keinem der folgenden Kiew-Aufenthalte durfte ein Besuch dieses Memorials fehlen. Inzwischen habe ich einige Schriften veröffentlicht, welche diese mörderische Zeit betreffen.

Im Herbst 1990 war ich erstmals in der Taras-Schewtschenko-Universität, um mit Prof. Zabigailo Möglichkeiten einer Kooperation zu sondieren. Wir haben den damaligen ersten deutschen Generalkonsul Hennecke Graf von Bassewitz besucht, als er gerade die Koffer auspackte, und ich empfand eine gewisse heimliche Freude, dass ich damals schon mehr Freunde in Kiew zählte, als er überhaupt Personen kannte. Zur deutschen Botschaft in Kiew haben wir seither stets gute Beziehungen zu pflegen versucht.

Am 3. Oktober 1990 habe ich dann mit etwas gemischten Gefühlen und zusammen mit Kiewer Freunden auf dem Dnipro die deutsche Wiedervereinigung, d.h. den Beitritt der Deutschen Demokratischen Republik zur Bundesrepublik Deutschland gefeiert. Dieses Ereignis fiel in die Tage unseres Symposiums mit der Kiewer Wirtschaftsuniversität über "Umwelt in Europa – Umweltprobleme kennen keine Grenzen", das zusammen mit der "Stiftung Umwelt und Wohnen" und der Friedrich-Naumann-Stiftung durchgeführt wurde. Rektor Prof. Horst Sund und Prof. Werner Maihofer, Oberbürgermeister Dr. Horst Eickmeyer sowie Senator h.c. Herbert Beeck und Dieter Merkle von der Landesbausparkasse Baden waren an diesem Abend im deutschen Generalkonsulat eingeladen, ich fungierte als Leiter der restlichen deutschen Delegation.

Ich fühlte mich am 3. Oktober 1990 in Kiew wirklich am richtigen Ort, und vielleicht war es tatsächlich so, dass die ukrainischen Freunde mir unbewusst Mut machten: Also wenn sie schon zur Wiedervereinigung gratulierten, würde diese vielleicht doch gutgehen, und so kam es ja dann auch, jedenfalls bis jetzt. Mit ähnlich gemischten Gefühlen habe ich den neuen Sitz des deutschen Bundestages im alten Reichstagsgebäude zu Berlin seit September 1999 verfolgt, und einmal war ich ja sogar dort eingeladen. Hier hatte allerdings schon das neue äußere und innere Design dem Gebäude etwas von seiner Düsterheit genommen.

Später habe ich mit größter Aufmerksamkeit, viel Anteilnahme und Bewunderung die Geburt der unabhängigen Ukraine erlebt, die man sich ebenso wie die deutsche Wiedervereinigung noch kurz vorher kaum vorstellen konnte, wobei das Erstaunlichste und Erfreulichste vielleicht darin bestand, dass all dies ohne Blutvergießen vonstatten ging. Unglaublich, was seither in der Ukraine auf allen Gebieten geleistet wurde, und zwar ohne irgendwelche Hilfeleistungen von außen, was man am besten an der Entwicklung der Stadt Kiew sehen kann, und zwar heute gerade im Vergleich zum Beginn der 1990er Jahre.

Bereits Anfang 1991 hatte ich begonnen, humanitäre Konvois in die Ukraine zu organisieren und hier mehr Krankenhäuser, Waisenheime und Altersheime von innen gesehen als in Deutschland. Nie werde ich den kalten Januartag 1991 vergessen, meinen ersten Besuch im Waisenheim von Goródnja bei Tschernigiv, wo einige kleine Kerlchen auf mich zuliefen, mich anfassten und "Papa, Papa!" riefen. Übrigens werden die Kinder in Goródnja seit damals und bis zum heutigen Tag durch eine evangelische Pfarrei in Konstanz versorgt. Nie werde ich übrigens auch die Freude vergessen, mit Hilfe hiesiger Freunde unweit von Kiew einen ehemaligen ukrainischen Kriegsgefangenen und Lagerhäftling wiedergefunden zu haben, wonach ihm nach Jahrzehnten in Deutschland endlich Gerechtigkeit widerfahren konnte.

Anfang August 1991 habe ich während der Vorstellung meines Buches "Die Schoáh von Babij Jar – Das Massaker deutscher Sonderkommandos an der jüdischen Bevölkerung von Kiew 50 Jahre danach zum Gedenken" gewissermaßen mit angehaltenem Atem hier in Kiew den sogenannten Putsch von Moskau erlebt. Nachdem dann Mittwoch abends alles vorbei war, habe ich mit hiesigen Freunden einen kräftigen Schluck Wodka getrunken und um Mitternacht am Siegesdenkmal Blumen niedergelegt.

Zwar bin ich nur ein Soziologe und kein Architekt, und doch wollte und will ich leidenschaftlich gern wenigstens ein wenig am neuen europäischen Haus mitbauen, besonders im Bereich der Wissenschaft. Ich war glücklich, dass wir bereits im April 1990 einen ersten Kooperationsvertrag zwischen der Universität Konstanz und der heutigen Nationalen Wirtschaftsuniversität Kiew geschlossen haben, und ich wollte nicht ruhen, bis wir im Herbst 1992 auch einen Kooperationsvertrag mit der Nationalen Taras-Schewtschenko-Universität Kiew unterzeichnen konnten.

Davor hatten sich Herr Prorektor Prof. Oleg Tretjak und auch Ihr verehrter Rektor, Herr Prof. Dr. Viktor Skopenko, wohl überzeugen können, dass die Universität Konstanz keine schlechte Partie für eine Partnerschaft war und ist. Inzwischen waren ca. 40 Studierende, Professorinnen und Professoren bzw. junge Wissenschaftlerinnen und Wissenschaftler in Konstanz zu Gast; die meisten Ihrer jungen Leute haben sich bei uns bewährt und werden hoffentlich für sich und ihr Land daraus Nutzen ziehen. Eine Reihe von Konstanzer Professoren haben in Kiew Vorträge gehalten, ein kooperatives soziologisches

Forschungsprojekt ist bereits im Gange, eine Konstanzer Doktorandin will über die ukrainischen Kosaken arbeiten, ein Konstanzer Habilitand forscht bereits über Stadtentwicklung in der Ukraine. Das alles ist überaus erfreulich, dennoch sind wir noch immer am Anfang.

Ich hatte die Ehre und das Vergnügen, 1996/98 einer deutsch-ukrainischen Expertenkommission anzugehören, die nicht zuletzt auch auf dem Hintergrund unserer früheren Aktivitäten einen Vertrag über die Anerkennung von Studien- und Prüfungsleistungen erarbeiten sollte, um Türen zwischen unseren Ländern und Universitäten zu öffnen. Bei der Gelegenheit habe ich etliche ukrainische Universitäten und viele Kolleginnen und Kollegen im Lande kennen und schätzen gelernt. Der wichtige Vertrag wurde im April 1998 von den beiden Vorsitzenden der deutschen und ukrainischen Rektorenkonferenzen, He-Prof. Dr. Viktor Skopenko und Prof. Dr. Klaus Landfried, hier in Kiew feierlich unterzeichnet, ich konnte zugegen sein; es war mein 20. Besuch in der Ukraine.

Dieses ist mein 21. Besuch in knapp 10 Jahren, in keinem Land war ich in diesen Jahren öfter zu Gast. Unserer Zusammenarbeit habe ich mich mit einer gewissen Besessenheit gewidmet. Ich wollte helfen, wenigstens Weichen zu stellen für eine bessere Zukunft zwischen unseren Ländern. So gut wie alle Kiewer Gäste waren auch bei uns zu Hause in unserer inzwischen bekannten sogenannten Konstanzer "Datscha" zu Gast. Ihre jungen Menschen in Konstanz betrachten wir gewissermaßen als unsere Kinder. Zugleich und bis zum heutigen Tag war und ist jeder Besuch hier bei Ihnen eine Art Familienbesuch, und wenn ich längere Zeit nicht hier war, empfinde ich Entzugserscheinungen, wobei ich nicht unbedingt den guten ukrainischen *Horilka* meine, sondern die Herzlichkeit und Gastfreundschaft in diesem Land.

Was nun die Wissenschaft betrifft, so muss Deutschland für die Ukraine noch viel mehr tun, was man auch der neuen deutschen Regierung ganz deutlich sagen darf. Wir haben als einfache Bürger die Bedeutung der Ukraine für das künftige Europa früh erkannt, und das sollte auch für vernünftige Politiker nicht schwer sein. Bundespräsident Roman Herzog war in Kiew und kommt schon bald nach Lviv, der langjährige Bundeskanzler Helmut Kohl war hier, und ich habe verstanden, dass der neue Kanzler Gerhard Schröder ebenfalls bald die Ukraine besucht. Außenminister Joschka Fischer kommt wohl bereits im April. Gerade kürzlich, Anfang Februar 1999, war ich im Bonner

Auswärtigen Amt dabei, als dort in Anwesenheit des ukrainischen und deutschen Außenministers von einer illustren Versammlung das "Deutsch-Ukrainische Forum" gegründet wurde. Zum Glück denken nicht wenige Zeitgenossen schon längst gesamteuropäisch und global.

Kürzlich habe ich übrigens mit meinem Kollegen Eberhard Zgraja (Beauftragter meiner Universität für die Nationale Wirtschaftsuniversität Kiew) an einem Koordinierungsgespräch über Stand und Perspektiven der Zusammenarbeit deutscher und ukrainischer Hochschulen in Bonn teilgenommen, wozu ca. 50 Teilnehmerinnen und Teilnehmer gekommen waren. Denn inzwischen gibt es nicht weniger als 121 deutsch-ukrainische Kooperationsprojekte, woran 57 deutsche Hochschulen beteiligt sind, 41 aus den alten und 16 aus den neuen Bundesländern, 37 Universitäten, 18 Fachhochschulen und zwei Musik- und Kunsthochschulen. Das sind überaus erfreuliche Daten. Um künftig noch enger zusammenzuarbeiten, habe ich Deutsch-Ukrainische Hochschultage vorgeschlagen, die abwechselnd in Deutschland und in der Ukraine stattfinden sollten.

Wissenschaft ist international oder sie ist nichts. Aber Wissenschaft kostet Geld, viel Geld. Jedoch gibt es keine bessere Investition als in unsere Studierenden, in unsere jungen Wissenschaftlerinnen und Wissenschaftler. Wissenschaft ist harte Arbeit und zugleich ein Privileg. Den jungen Menschen sagen wir immer wieder: Stürzt euch in die Arbeit, begeistert euch für die Wissenschaft, macht etwas daraus für euch, für euer Land, für Europa, für die Welt!

Am Ende dieses [20.] Jahrhunderts, nach zwei Weltkriegen und dem Holocaust haben wir tatsächlich die Chance, eine friedlichere und menschlichere Welt zu bauen, die für uns in Europa beginnt! Unsere wissenschaftliche Zusammenarbeit muss also auch dem Ziel dienen, dass die Ukraine eines baldigen Tages zur Europäischen Union gehört, um zusammen mit den anderen Europäern als freie Menschen in einem freien Europa die gleichen Lebenschancen zu genießen. Seit dem 1. Januar 1999 wird vorerst nur in einigen Ländern bereits mit dem neuen Euro gerechnet werden; wir alle müssen jedoch jetzt schon vor allem im Sinne eines "geistigen Euro" zu denken versuchen.

Der bekannte deutsche Soziologe Max Weber meinte einmal, Politik sei *das Bohren dicker Bretter;* was sicherlich auch für die Wissenschaft und nicht zuletzt für universitäre Partnerschaften gilt. Doch gibt es nach meiner Auffassung ganz wenige andere Aufgaben, die sich ebenso oder gar mehr lohnen könnten, denn ich setze auf Ihre Jugend wie auf die besten Vertreter der Jugend in Deutschland, Europa und der Welt. Unsere Generation konnte und kann nur versuchen, Brücken zu bauen, Grenz-Tore, Herzen und Hirne zu öffnen: Gehen, d.h. denken und arbeiten muss und wird die Jugend selbst!

Dazu darf ich Ihnen aus meiner Lebenserfahrung verraten: Das Leben wird tatsächlich erst lebenswert, wenn man es lebt und verbraucht für etwas jenseits seiner selbst. Dabei muss man hohe Ansprüche stellen, aber nicht zuerst an die anderen, sondern an sich selbst. Eher Möglichkeiten sehen als Grenzen: Aktiv und tätig zu leben versuchen! Sich selbst und anderen ein interessantes Leben machen! Andere ermutigen! Spuren der Hoffnung hinterlassen! Ein Mensch werden. "Werdet Menschen!", so Taras Schewtschenko anno 1845. Besser, ein kleines Licht anzünden, als über die große Dunkelheit klagen. Vielleicht nicht vollenden, aber beginnen.

Ich danke Ihnen von Herzen für die Ehre, die Ihr Senat mir zugedacht hat. Ich freue mich wirklich sehr, dass ich im Bewusstsein der Geschichte gerade hier in Kiew zu den wenigen aus Deutschland gehöre, die dafür würdig befunden wurden. Überhaupt dürfte es derzeit nicht viele geben, die sich nun zweier Ehrendoktorwürden aus der Ukraine erfreuen dürfen. Für mich bedeutet diese Ehre aus mancherlei Gründen wirklich viel. Ich nehme sie als Würdigung und Ermutigung unserer gemeinsamen Arbeit.

Im übrigen machen Sie mich damit ein wenig zu einem der Ihren, sodass ich vielleicht sagen darf: Ich bin nun nicht nur einmal mehr ein Kiewer Doktor, sondern damit auch ein bisschen ein Kiewer, nämlich Ihr Kiewer in Konstanz! Möge Ihnen die Würdigung meiner Arbeit zum Segen sein: Alles Gute für die Nationale Taras Schewtschenko Universität Kiew und alle ihre Angehörigen, alles Gute für Sie alle und für die Ukraine, alles Gute für unsere weitere Zusammenarbeit! –

Anlässlich der Gründung des Deutsch-Ukrainischen Forums am 5. Februar 1999 in Bonn sagte der ukrainische Außenminister Boris Tarasjuk u.a.: "Unsere Zukunft hat eine gemeinsame Basis und ein gemeinsames Ziel, die man mit einem Wort zum Ausdruck bringen kann – Europa, das friedliche wohlhabende und stabile Europa. Ich wünsche uns allen eine erfolgreiche Zusammenarbeit im Namen dieses Zieles." – Zum neuen Europa unterwegs!

4. Lesja Ukrainka (1871-1913) - Gegen Knechtschaft (2005)[*]

Dass Gestalten und Stoffe der hebräischen Bibel von vielen Dichtern und Literaten in aller Welt seit jeher in eigenen Werken benutzt und verarbeitet wurden, ist eine ebenso bekannte wie gleichwohl bemerkenswerte Tatsache. Die biblischen Themen bei *Lesja Ukrainka* alias Larissa Petriwna Kosatsch (1871-1913) waren zumindest im deutschen Sprachraum bis jetzt fast ebenso unentdeckt wie die Dichterin selbst, immerhin die bedeutendste Literatin der Ukraine überhaupt.[39] In Lesja Ukrainkas Heimat selbst gibt es natürlich vielerorts Denkmäler, nach ihr benannte Straßen und Plätze und die Pädagogische Hochschule in der westukrainischen Stadt Lusk,[40] seit 1993 Wolyner Staatliche Universität, trägt den Namen Lesja Ukrainka schon seit den 1970er Jahren.

Die frühesten hier gesammelten Werke stammen aus dem Jahre 1896, einer Zeit also, in der Palästina durch die zionistische Bewegung erstmals wieder ganz real in den Mittelpunkt des Interesses der jüdischen wie nichtjüdischen Welt zu rücken begann. Im Herbst 1898 weilte Theodor Herzl im Heiligen Land, um den deutschen Kaiser Wilhelm II. dafür zu gewinnen, sich beim türkischen Sultan Abdul Hamid für ein jüdisches Siedlungsgebiet in Palästina einzusetzen.[41] Noch vor dem Ende des 19. und zu Beginn des 20. Jahrhunderts fanden nämlich im zaristischen Russland grausamste Pogrome statt, die erste Welle ab 1881, die zweite von 1903 bis 1906, dabei auch der schreckliche Pogrom von Kischinew, den Chaim Nachman Bialik 'In der Stadt des Schlachtens' zu verewigen suchte.[42] Auch das ukrainische Volk war damals unterdrückt und der ukrainische Nationaldichter

---

[*] In Lesja Ukrainka, Judaica – Babylonische Gefangenschaft und andere Gedichte. Aus dem Ukrainischen von Nadiya Medvedovska. Konstanz 2005.

[39] Lesja Ukrainka weist bei GOOGLE im Herbst 2004 zahlreiche Einträge auf, vor allem in englischer Sprache, aber auch auf deutsch, jedoch nur einen einzigen deutschen Buchhinweis, nämlich J. v. Bojko-Blochyn, H. Rothe, F. Scholz (Hg.), Lesja Ukrainka und die europäische Literatur. Wien 1992.

[40] Stadt ihrer Kindheit, da ihr Vater dort einige Jahre als Staatsbeamter gedient hatte.

[41] Dazu Erhard Roy Wiehn, Dajenu II – Eine denkwürdige Dienstreise nach Israel. Konstanz 1988, S. 65 ff., 73, 98 f. etc.

[42] Salzburg und Wien 1990.

Taras Grigorjewitsch Schewtschenko (1814-1881) bereits 1847-1857 mit Schreibverbot verbannt.[43]

Lesja Ukrainka behandelt die "Babylonische Gefangenschaft" gleich zweimal, nämlich Anfang 1903 und im Herbst 1904 (genau vor 100 Jahren!), die "Ägyptische Sklaverei", biblisch-historisch weit vor der "Babylonischen Gefangenschaft" datiert, hingegen im Herbst 1906. Von essentieller Bedeutung für die jüdische Tradition und Identität war und ist nach 430 Jahren Knechtschaft der "Auszug aus Ägypten", dessen am jüdischen Pessachfest so gedacht werden muss, als sei man selbst dabei gewesen. Denn dieser *Exodus* bedeutet nichts weniger als die Geburt der jüdischen Nation, und die Erinnerung daran wird nicht zuletzt deshalb als "Fest *unserer* Freiheit" gefeiert. Die "Babylonische Gefangenschaft" hatte von 586 bis 538 v.d.Z. hingegen weniger als 50 Jahre gedauert, nicht alle Exilierten sind alsdann ins Heilige Land zurückgekehrt, und doch begann mit dem anschließenden Wiederaufbau des Tempels in Jerusalem ein neues jüdisches Leben im einst verheißenen Land bis zur einstweiligen Vernichtung Jerusalems durch die Römer anno 70, durch die folgenden Jahrhunderte *im Lande* dennoch fortgesetzt und nach der Wiederbegründung des jüdischen Staates Israel im Jahre 1948 völlig neu formiert.[44]

Die Thematik der "Knechtschaft und Gefangenschaft" mochte Lesja Ukrainka im zaristischen Russland zugleich als ur-ukrainische Problematik erschienen sein, wobei ihr jüdische Erfahrung und Tradition die Hoffnung vermittelt haben könnten, dass es Befreiung und Freiheit tatsächlich geben kann und gibt. Auch die Metaphern "Wüste und Wasser" sowie "Volk und Prophet" dürften zeitgenössischer ukrainischer Erfahrung entsprochen haben, obwohl es dann noch 85 Jahre, d.h. ca. drei Generationen dauern sollte – also im Vergleich zu den Kindern Israels gewissermaßen zweimal "40 Jahre Wüstenwanderung" -, bis die Ukraine schließlich im August 1991 ihre Unabhängigkeit und Freiheit fand. Im alten Israel musste die alte Sklavengeneration ausgestorben sein, bevor eine neue Generation das Gelobte Land

---

[43] Zunächst Leibeigener, 1838 freigekauft, studierte Malerei an der St. Petersburger Akademie, 1847 verbannt und mit Schreibverbot belegt, 1858 begnadigt, zwangsweise in St. Petersburg, erhob die ukrainische Volkssprache zur Literatursprache, erhielt Anregungen auch aus der Bibel.

[44] Sami Scharon, Hebräer – Juden – Israelis. Konstanz 2003, S. 110 ff. und 373 ff.

betreten durfte, und bis auf den heutigen Tag wird der "Ägyptischen Knechtschaft" auch warnend gedacht, da die Gefahr des Rückfalls in alte Sklavenmentalität geblieben ist. Das "Babylonische Exil" ist unvergessen, weil es auch Positives zeitigte. Die uralten biblischen Erfahrungen haben jedenfalls ihre höchstaktuelle Bedeutung behalten, was in gewissem Maße vielleicht auch für Lesja Ukrainkas Dichtung gilt, nicht zuletzt in der Zeit der "Orange-Revolution" in der Ukraine im Herbst des Jahres 2004.

Die einzige deutschsprachige Buchpublikation, die zur Zeit im Internet zu finden ist, wurde unter dem Titel 'Lesja Ukrainka und die europäische Literatur' von Jurij Bojko-Blochyn, Hans Rothe und Friedrich Scholz herausgegeben (Böhlau Köln, Weimar, Wien 1994),[45] wobei es sich um Materialien einer Tagung aus dem Jahre 1988 in München handelt. Jurij Bojko-Blochyn weist in diesem Sammelband darauf hin, die Thematik der Dramen Lesja Ukrainkas seien mit verschiedenen Epochen und Völkern verbunden, so auch mit den Juden.[46] Zur hier ausgewählten Judaica-Thematik bemerkt Erwin Wedel: "so wie 'Israel' für die 'gefangene', 'geknechtete' Ukraine steht 'Babylon' für das siegreiche mächtige Moskowiterreich. Auch 'Ägypten' kann sich auf die Ukraine beziehen..."[47] Und in den Gedichten, die dem biblischen Stoffkreis zuzuordnen seien, erscheine mehrmals das Motiv des "Gelobten Landes".

Nadiya Medvedovska (Nationale Taras Schewtschenko Universität Kiew) ist für die Idee zu dieser Schrift und für die Übertragung aller hier gesammelten Beiträge aus dem Ukrainischen ins Deutsche sehr herzlich zu danken, nicht zuletzt auch für die produktive Abschlussdiskussion Mitte November 2004 in Kiew. Dass nämlich Lesja Ukrainka nun erstmals gerade mit ihren *'Judaica'* in deutscher Sprache erscheinen kann, ist natürlich nicht nur eine Bereicherung unserer *Edition Schoáh & Judaica*, sondern überhaupt sehr erfreulich, wenn man bedenkt, dass es sich beim Volk der Ukraine um das zweitgrößte sla-

---

[45] Schriften des Komitees der Bundesrepublik Deutschland zur Förderung der Slawischen Studien, Band 18.

[46] Jurij Bojko-Blochyn et al. (Hg.), Lesja Ukrainka und die europäische Literatur. Köln, Weimar, Wien 1994, S. 17.

[47] Erwin Wedel in Jurij Bojko-Blochyn et al. (Hg.), a.a.O., S. 95 f.

wische Volk handelt,[48] und zwar mit einer im Westen weithin unbekannten Literatur. Es erscheint hier übrigens auch erwähnenswert, dass Lesja Ukrainka schon als Mädchen Deutsch gelernt hatte,[49] sich mit Goethe, Schiller und Gerhart Hauptmann befasste sowie einen Teil von Heinrich Heines 'Buch der Lieder' und 'Atta Troll' ins Ukrainische übersetzte.[50]

Was publiziert und in etlichen Bibliotheken der Welt hoffentlich gut aufgehoben ist, wird vielleicht nicht so schnell vergessen. - 8. Dezember 2004

5. Von Czernowitz nach Sibirien - Von dort bis heute (2005)[*51]

Weder Margit Bartfeld-Feller noch ich hätten wohl damals gedacht, daß unsere erste Begegnung Anfang April 1996 in Tel Aviv so folgenreich sein würde.[52] Zunächst veröffentlichten wir drei kleinere Sammlungen mit Geschichten aus Czernowitz und aus der sibirischen Verbannung: *Dennoch Mensch geblieben* (September 1996), *Nicht ins Nichts gespannt* (September 1998) und *Wie aus ganz andern Welten* (Oktober 2000). Darauf folgte der große Sammelband *Am östlichen* Fenster mit den genannten drei kleinen - inzwischen schon teilweise vergriffenen Sammlungen - und einer neuen, vierten Sammlung (März 2002).

Diesseits und jenseits der Bücher gelang es uns mit Hilfe von Kiewer und Černivzier Freunden - insbesondere Dr. Alexander Ivanov (Nationale Taras Schewtschenko Universität Kiew), Dr. Peter Rychlo

---

[48] Ebenda, S. 63; siehe auch Eberhard Heyken, Die deutsch-ukrainischen Beziehungen – gestern, heute und morgen. Konstanz 2002.

[49] Ebenda, S. 69.

[50] Albert Kipa in Jurij Bojko-Blochyn et al. (Hg.), a.a.O., S. 151.

[*] In: Margit Bartfeld-Feller, Unverloren – Weitere Geschichten aus Czernowitz und aus der sibirischen Verbannung. Konstanz 2005, S. 17-20.

[51] Aus Else Keren, "Czernowitz", in: Peter Rychlo, Die verlorene Harfe – Eine Anthologie deutschsprachiger Lyrik aus der Bukowina. Černivci 2002, S. 472; Foto von Else mit Selma Meebaum-Eisinger in: Selma Meerbaum-Eisinger, Ich bin in Sehnsucht eingehüllt. Frankfurt/Main 1984, S. 98.

[52] Margit Bartfeld-Feller, Am östlichen Fenster. Konstanz 2002, S. 22 ff.

(Nationale Universität Chernivzi), Dekan Prof. Dr. Alexander Polischtschuk (Bukovyna Medical State University Chernivzi) und anderen[53] - nach Jahrzehnten Margits erstes Wiedersehen mit Czernowitz zu organisieren, und die Tage vom 16.-20. Mai 2003 mit Margit und auf den Spuren ihrer Vergangenheit waren unglaublich aufregend und intensiv, insbesondere Margits Empfang und Lesung im Rathaus von Czernowitz, das inzwischen bekanntlich längst Chernivzi heißt und samt der Nordbukowina zur Ukraine gehört.[54]

Unser zweiter gemeinsamer Besuch in Czernowitz mit Margit Bartfeld-Feller, Ilana Shmueli (Tel Aviv),[55] Helmut Kusdat (Wien), unseren schon genannten guten Freunden und anderen aus Chernivzi und Kiew gelang vom 4.9.-7.9.2004, und zwar vor allem im Zusammenhang mit der Enthüllung der Gedenktafel für Selma Meerbaum-Eisinger am 5. September 2004.[56] Margit hatte wieder eine Lesung und ich selbst meine zweite Buchvorstellung[57] in der Universität von Chernivzi, dankenswerterweise von meinem Freund Dr. Peter Rychlo organisiert.

Dazwischen lagen in den Jahren 1997, 1999, 2001, 2003 und 2005 Begegnungen mit Margit in Tel Aviv sowie anlässlich von Buchvorstellungen in Konstanz und eine mehr oder weniger andauernde Korrespondenz bzw. Kommunikation (nicht nur an Erev Schabbat). Ich bin glücklich, noch Mama Cilly begegnet zu sein, Margits Mutter, die für das Leben unserer Autorin und Freundin sowie für ihre späten

---

[53] Durch meinen ersten Besuch in Černivci Anfang Oktober 2002 vorbereitet, dem nicht zuletzt unser Freund Prof. Dr. med. Wladimir Kowalenko (Kiew) zum Erfolg verhalf; siehe Erhard Roy Wiehn in: Franka Kühn, Dr. Eduard Reiss. Konstanz 2004, S. 15 ff.

[54] Erhard Roy Wiehn in: Franka Kühn, Dr. Eduard Reiss – Der erste jüdische Bürgermeister von Czernowitz 1905-1907. Konstanz 2004, S. 15/16.

[55] Christoph König, "An den Toren der Vergeblichkeit – Nähe war vom Dichter nicht vorgesehen: Der beeindruckende Briefwechsel von Paul Celan und Ilana Shmueli", in: Frankfurter Allgemeine Zeitung, Nr. 90, 17.4.2004, S. 46.

[56] Siehe hier S. 83 ff; dazu Helmut Kusdat, "Spurensuche nach 60 Jahren", in: Die Stimme – Mitteilungsblatt für die Bukowiner. Tel Aviv, Dezember 2004, S. 7.

[57] Franka Kühn, Dr. Eduard Reiss – Der erste jüdische Bürgermeister von Czernowitz 1905-1907. Konstanz 2004; Jewgenija Finkel u. Markus Winkler, Juden aus Czernowitz – Ghetto, Deportation, Vernichtung 1941-1944. Überlebende berichten. Konstanz 2004.

deutschen Publikationen natürlich entscheidend wichtig war, - noch bis ins höchste Alter eine charmante Frau mit makellosem Czernowitzer Deutsch.

Zweifellos haben Margits Besuche in ihrer Geburtsstadt Czernowitz 2003 und 2004 nun neue Türen der Erinnerung geöffnet, und seither schreibt sie und schreibt und schreibt... Daraus ist das vorliegende neue Sammelbändchen *Unverloren* mit 22 weiteren Geschichten aus Czernowitz und aus der sibirischen Verbannung entstanden. Der Titel ist Paul Celans Literaturpreisrede des Jahres 1958 in der Freien Hansestadt Bremen entnommen.[58] Alle Fotos hat die Autorin selbst zur Verfügung gestellt.

Margit Bartfeld-Feller ist inzwischen eine der wenigen zeitgenössischen Schriftstellerinnen aus Czernowitz und der Bukowina, die sich bereits in die Literaturgeschichte deutsch-schreibender jüdischer Literatinnen und Literaten eingeschrieben haben.[59] Obwohl die Literatur über Czernowitz fast unübersehbar geworden ist,[60] erscheinen ihre Geschichten doch ganz unverwechselbar. Im übrigen gibt es außer ihren Erinnerungen bis heute fast keine authentische Literatur über die sibirische Verbannung der Czernowitzer Juden durch den sowjetischen NKWD im Jahre 1941.[61]

Erstaunlicherweise hat sich Margit Bartfeld-Feller in wenigen Jahren nicht nur einen eigenen deutschsprachigen Leserkreis geschaffen, eines außergewöhnlichen Erfolgs kann sie sich vor allem auch bei ihren Lesungen erfreuen, wo ihre Geschichten faszinieren, ihr melodisches Czernowitzer Deutsch bezaubert und ihre ebenso leidgeprüfte wie optimistische Persönlichkeit die Menschen stark beeindruckt.

---

[58] Paul Celan, Ausgewählte Gedichte. Frankfurt/Main 1968, S. 127.

[59] Margit Bartfeld-Feller, Am östlichen Fenster. Konstanz 2002, S. 7; Cécile Cordon u. Helmut Kusdat (Hg.), An der Zeiten Ränder. Wien 2002; siehe in: Nicht das letzte Wort. Berlin-Haifa 2005, S. 351 f.

[60] Andreas Breitenstein, "Jerusalem am Pruth – Czernowitz als Literaturstadt", in: Neue Zürcher Zeitung, Nr. 158, 11./12.7.1998, S. 68; Karl-Markus Gauß, "Steppenwölfe, herkunftslos – Die vernichtete deutschsprachige Literatur der Bukowina", in: Neue Zürcher Zeitung, Nr. 158, 11./12.7.1998, S. 68; weitere ausgewählte Literatur in Margit Bartfeld-Feller, Am östlichen Fenster. Konstanz 2002.

[61] Siehe aber Sassona Dachlika, "Volksfeinde" – Von Czernowitz durch Sibirien nach Israel. Eine Erzählung. Konstanz 2002.

Hoffentlich werden ihre Erinnerungen eines Tages auch in ukrainischer und russischer Sprache erscheinen.

Jüngere ukrainische Literaturwissenschaftler wie beispielsweise Dr. Peter Rychlo[62] haben inzwischen begonnen, das großartige kulturelle und vor allem jüdisch geprägte Erbe von Czernowitz im heutigen Chernivzi wiederzuentdecken und fruchtbar zu machen: "Erst nach der großen Wende 1991 beginnt man sich wiederum auf die nationale Identität und Multikulturalität im ukrainischen Chernivzi zu besinnen", so Peter Rychlo: "Langsam, nur zögernd erwacht das historische Gedächtnis an jene Zeit, in der die Stadt Teil des mitteleuropäischen kulturellen Raumes war. An den abbröckelnden Wänden schimmern zuweilen hinter dem sowjetischen Putz deutsche oder rumänische Inschriften durch… Man lese die Stadt wie ein altes Palimpsest, dessen geheimnisvolle Zeichen von einer geistigen Welt zeugen, die erst wiederentdeckt werden muss."[63]

Es war gewiss ein besonderer Glücksfall, Margit Bartfeld-Feller überhaupt und überdies gerade rechtzeitig begegnet zu sein, um sie zum Schreiben ermuntern und ermutigen und ihren Erinnerungen zur Veröffentlichung verhelfen zu können. Der Herausgeber wäre um so mehr beglückt, auch noch Margit Bartfeld-Fellers *Unverloren II* (usw.) veröffentlichen zu können, was dann später zu einem weiteren großen Sammelband führen könnte, für den uns dann sicherlich wieder ein typischer Titel einfallen würde.

Herzlich zu danken ist also einmal mehr vor allem Margit Bartfeld-Feller für ihre rastlose, unermüdliche, unschätzbare Erinnerungsarbeit sowie für die neuerliche Begegnung in den frühen Tel Aviver Frühlingstagen Mitte Februar 2005 und vor allem natürlich für ihre liebenswürdige Widmung, Tochter Anita Chayut nicht nur für ihre PC-Assistenz, Dr. Peter Rychlo für seine exzellente Einführung und Hanna Blitzer für ihr freundliches Geleitwort.

---

[62] Peter Rychlo, Die verlorene Harfe – Eine Anthologie deutschsprachiger Lyrik aus der Bukowina. Deutsch und ukrainisch. Černivci 2002; siehe dazu Karl Schlögel, "Heimkehr aus Halbasien – Sie alte k.u.k. Kulturstadt Czernowitz erwacht zu neuem Leben." In. Neue Zürcher Zeitung, Nr. 264, 11./12.11.2000, S. 81; besonders schön und gelungen ist der neuste von Peter Rychlo herausgegebener Sammelband Europa erlesen – Czernowitz. (Wieser Verlag) Klagenfurt 2004.

[63] Peter Rychlo (Hg.), Europa erlesen – Czernowitz. Klagenfurt 2004, S. 295.

Mit Margit Bartfeld-Fellers *Unverloren* kommen wir in unserer Edition *Schoáh & Judaica* insgesamt immerhin auf 11 Titel Czernowitz-Literatur. Was aufgeschrieben, veröffentlicht und in einigen Bibliotheken der Welt aufgehoben ist, wird vielleicht nicht so schnell vergessen. - 31. März 2005

6. Das Massaker von Kiew Babij Jar 1941 - 65 Jahre danach* (2006)

Das Massaker von Babij Jar

Am 29. und 30. September 1941 (8. und 9. Tischri, den letzten beiden Tagen vor Jom Kippur, dem jüdischen Versöhnungstag am 10. Tischri) erschossen Angehörige des Sonderkommandos 4a zusammen mit dem Stab der Einsatzgruppe C und zwei Kommandos des Polizeiregiments Süd in einer damals am Stadtrand von Kiew gelegenen Schlucht namens "Babij Jar" (ukrainisch "Babin Jar", "Weiberschlucht") laut eigener Statistik 33.771 Menschen, jüdische Männer, Frauen und Kinder. Bis zur Befreiung Kiews durch die Rote Armee am 5. November 1943 wurden in Babij Jar insgesamt wohl mehr als 150.000 Menschen ermordet, darunter mindestens 80.000 Juden aus Kiew und Umgebung, Bürgerinnen und Bürger, Zigeuner, Kriegsgefangene, Matrosen der Dnjepr-Flotte und sogar Fußballspieler von "Dynamo Kiew". Das September-Massaker von 1941 war zwar nicht der Anfang nationalsozialistischer Verbrechen gegen die Menschlichkeit, aber vielleicht doch der Beginn des eigentlichen Holocaust, der jüdischen Schoáh.

Zur Vorgeschichte der Schoáh

Obwohl die Hintergrunddaten bekannt sind, muss auch hier wenigstens kurz daran erinnert werden: Bereits im Jahre 1920 veröffentlichte die NSDAP ihr erstes judenfeindliches Parteiprogramm, am 8./9. November 1923 versuchten die Nationalsozialisten einen Putsch in München; Adolf Hitler (1889-1945) wurde zu fünf Jahren Festungshaft verurteilt, schrieb dann ab 1924 sein Manifest "Mein Kampf", und

---

* Vortrag in der deutschen Botschaft Kiew/Ukraine am 19. September 2006; in diesem kurzen Beitrag wird auf Fußnoten verzichtet und statt dessen auf die Literaturliste am Ende verwiesen; alle Quellenangaben finden sich in Erhard Roy Wiehn, Babij Jar 1941. Konstanz 2001.

zwar mit eindeutigen Äußerungen seiner radikalen Judenfeindschaft. Am 30. Januar 1933 wurde Hitler zum Reichskanzler berufen, am 2. August 1934 "Führer und Reichskanzler". Bereits am 1. April 1933 wurde im Deutschen Reich der erste "Judenboykott" organisiert, am 15. September 1935 wurden die "Nürnberger Rassengesetze" erlassen, am 17. August 1938 die Zwangsvornamen Israel und Sarah eingeführt, am 5. Oktober 1938 der J-Stempel in den Reisepässen deutsch-jüdischer Bürgerinnen und Bürger verordnet, am 9./10. November 1938 der "Reichskristallnacht"-Pogrom inszeniert. Schon am 18. Mai 1939 forderte das NS-Hetzblatt "Der Stürmer" die Liquidierung der Juden in der Sowjetunion.

Mit dem Überfall der Deutschen Wehrmacht auf Polen am 1. September 1939 begannen der Zweite Weltkrieg und erste Grausamkeiten gegen die Juden in allen deutschbesetzten Gebieten, am 12. Oktober 1939 erste Deportationen von Juden aus Österreich und Mähren nach Polen. Im April 1940 überfiel die deutsche Wehrmacht Holland, Belgien und Luxemburg; im Mai und Juni 1940 wurde Frankreich überrannt, am 22./23. Oktober 1940 erfolgte die Deportation der badischen, pfälzischen und saarländischen Juden nach Gurs/Südwestfrankreich und von dort 1942 vor allem nach Auschwitz, am 15. November 1940 wurde das Warschauer Ghetto abgeriegelt. Das jüdische Martyrium in Europa hatte bereits unvorstellbare Ausmaße angenommen, obgleich dies erst der vorläufige Anfang war.

Zur Schoáh in Kiew Babij Jar

Mit dem Überfall der deutschen Wehrmacht auf die Sowjetunion am 22. Juni 1941 begannen sofort die Massaker an der jüdischen Bevölkerung im Baltikum, in der Ukraine, Weißrussland, und schon in den ersten Wochen wurden Tausende und Abertausende Juden – Männer, Frauen und Kinder – an Ort und Stelle erschossen. Die sog. "Endlösung der Judenfrage" hatte längst begonnen, noch ehe sie auf der berüchtigten Wannsee-Konferenz am 20. Januar 1942 in Berlin besiegelt wurde.

Bereits am 10. Juli 1941 standen zwei deutsche Divisionen der Heeresgruppe Süd 12 km westlich von Kiew, und man dachte zunächst, die ukrainische Hauptstadt im Handstreich nehmen zu können, aber erst Hitlers Weisung Nr. 35 vom 21. August 1941 enthielt den Angriffsbefehl auf Kiew: Der Angriff begann Anfang September 1941;

am 14. September war die Stadt eingeschlossen, am 19. September 1941 wurde Kiew von der deutschen Wehrmacht eingenommen, und erst am 26. September 1941 waren die Kämpfe völlig beendet.

"'Mit der kämpfenden Truppe' rückte an diesem Tage ein 50 Mann starkes Vorkommando des SK (Sonderkommando) 4a in die Stadt ein." *(Hier zitiert nach Helmut Krausnick 1985, S. 164.)* Das Gros des Sonderkommandos erreichte Kiew am 25.9. Das Vorkommando des Gruppenstabes war bereits am 21.9. hier eingetroffen; der Gruppenstab selbst folgte am 25.9.1941. Als in der Woche nach dem Einmarsch mehrere Sprengstoffexplosionen (der Partisanen) beträchtliche Personen- und Sachschäden anrichteten", so Helmut Krausnick weiter, "benutzte man dies sofort als willkommenen Vorwand für 'entsprechende Vergeltungsmaßregeln' und erließ nach einer Besprechung zwischen (den SS-Führern) Rasch, Blobel, Jeckeln und dem Stadtkommandanten, General Eberhard, an die Juden von Kiew 'durch Maueranschlag' einen Aufruf, sich zur Umsiedlung einzufinden. " Am 28. September 1941 (7. Tischri) fanden sich ca. 2.000 Plakate in ganz Kiew in russischer, ukrainischer und deutscher Sprache; für "Jude" wurde das beleidigende Wort "Schid" statt des üblichen "Jewrej" benutzt:

"Alle Juden der Stadt Kiew und Umgebung müssen sich am Montag, dem 29. September 1941, um 8 Uhr morgens an der Ecke Melnikowskaja und Dochturowskaja (neben dem Friedhof) einfinden. Ausweise, Geld und Wertsachen sind mitzubringen, ebenso warme Kleidung, Unterwäsche etc.

Jeder Jude, der dieser Anordnung zuwiderhandelt und an anderem Ort angetroffen wird, wird erschossen.

Jeder Bürger, der in eine von Juden verlassene Wohnung eindringt und sich Sachen aneignet, wird erschossen."

"Wir alle mussten im Hof der Unterkunft, ich glaube, es war Ende Sept. 1941, antreten", heißt es im Vernehmungsprotokoll des Zugwachtmeisters einer Polizeikompanie, die das Erschießungsgelände absperrte, vom 19. September 1965 *(hier zitiert nach Peter Longerich 1989, S. 123 f.):* "Es war alles da, was zum Kommando gehörte, selbst die Schreibstubenleute und die Leute aus dem Revier. Auch alle Offiziere waren da. Blobel hielt eine Ansprache, die zum Inhalt hatte, daß die an diesem Tag durchzuführenden Befehle in jedem Falle von uns zu befolgen seien, andernfalls wir selbst mit den schärfsten Maßnahmen, insbesondere der Erschießung wegen Feigheit und mit Sippenhaft zu rechnen hätten. Wir wurden dann mit Lkws durch die Stadt Kiew gefahren zu einer großen Pappelallee. Auf unserer Fahrt sahen wir schon, dass sich lange Kolonnen Juden jeglichen Alters und jeglichen Geschlechts zu dieser Allee bewegten. Dieser Allee schloss sich ein Hochplateau an. Auf diesem Plateau mussten sich die Juden ausziehen. Die Juden wurden bewacht von Wehrmachtseinheiten und von einem Hamburger Pol.Bat., das, soweit ich mich erinnern kann, die Nr. 303 hatte. Blobel hatte die Oberleitung über die gesamte Organisation und Durchführung der Exekution. Die Juden mussten ihre Kleider ablegen, es türmten sich große Haufen auf. Anschließend mussten sie zum Grubenrand gehen und sich hinlegen. Sie wurden dann erschossen. Beim Erschießen wurde abgewechselt. Die Erschießung erstreckte sich über die Länge der gesamten Schlucht. Die jeweiligen Schützen bekamen von anderen Einheitsangehörigen die fertig geladenen Magazine der M.P. jeweils gereicht."

"Obwohl man zunächst nur mit einer Beteiligung von etwa 5.000 bis 6.000 Juden gerechnet hatte", so ein deutscher Originalbericht von damals (hier zit nach Heinz Artzt 1979, S. 60), "fanden sich über 30.000 Juden ein, die infolge einer überaus geschickten Organisation bis unmittelbar vor der Exekution noch an ihre Umsiedlung glaubten." - "Wir hielten auf einer gepflasterten Straße im freien Gelände an", berichtete ein Angehöriger des Sonderkommandos 4a dann über den Beginn der Erschießungen: "Dort waren unzählige Juden versammelt, und dort war auch eine Stelle eingerichtet, wo die Juden ihre Kleidung und ihr Gepäck ablegen mussten. Nach einem Kilometer sah ich eine große natürliche Schlucht. Es war sandiges Gelände. Die Schlucht war ca. 10 Meter tief, etwa 400 Meter lang, oben etwa 80 Meter breit und unten etwa 10 Meter breit. Gleich nach meiner Ankunft im Exekutionsgelände musste ich mich zusammen mit anderen Kameraden nach unten in die Mulde begeben. Es dauerte nicht lange, und es wurden schon die ersten Juden über die Schluchtabhänge zugeführt. Die Juden mussten sich mit dem Gesicht zur Erde an die Muldenwände hinlegen. In der Mulde befanden sich drei Gruppen mit Schützen, insgesamt 12 Schützen. Gleichzeitig sind diesen Erschießungsgruppen von oben her laufend Juden zugeführt worden. Die nachfolgenden Juden mussten sich auf die Leichen der zuvor erschossenen Juden legen..."

"Von der Gesamtzahl der zu der Exekution bestimmten Personen wurden jeweils 15 Mann an den Rand des Massengrabes geführt, wo sie sich hinknien mussten, das Gesicht zum Grabe gewandt. Kleidung und Wertsachen wurden zu dieser Zeit noch nicht eingesammelt. Später wurde das geändert", so der kommandierende SS-Oberst Paul Blobel im Einsatzgruppenprozess am 8. April 1948: "Nachdem die Leute zur Exekution fertig waren, gab einer meiner Führer, dem das jeweilige Exekutionskommando unterstand, den Feuerbefehl. Durch die kniende Lage am Rand des Massengrabes fielen die Opfer meistens gleich in das Massengrab. Ich habe stets größere Exekutionskommandos die Erschießung durchführen lassen, da ich den Gebrauch von Genickschussspezialisten ablehnte. Jedes Kommando schoss ungefähr eine Stunde und wurde dann abgelöst. Die noch zu erschießenden Menschen waren in der Nähe der Exekutionsstätte versammelt und wurden von den Mitgliedern der Kommandos, die im Augenblick nicht an Exekutionen teilnahmen, bewacht. (NO-3824)"

Die Erschießung habe zwei Tage gedauert, so das Vernehmungsprotokoll des Zugwachtmeisters (zit. nach P. Longerich, ebenda) weiter: "Es wurden 1000e und Abertausende von Juden erschossen. - Sie gingen alle gefasst in den Tod. Es wurde nicht geschrien und nicht gejammert. Soweit ich mich erinnern kann, waren damals alle bei der Einheit befindlichen Führer in diese große Tötungsaktion mit irgendwelchen Aufgaben eingeordnet. -…- Wir bekamen damals Schnaps in großen Mengen, damit wir besser die ganze abscheuliche Sache überstehen konnten. - ... Blobel soll sogar ausgezeichnet worden sein wegen dieser Massaker." - "Drei Tage nach der Exekution wurde die Schlucht zum Massengrab", schreiben Heinz Artzt und Helmut Krausnick, "indem eine Pioniereinheit die Wände der Schlucht durch Sprengladungen zum Einsturz brachte - die Erdmassen bedeckten die Leichen nur notdürftig. Der Name Babi Yar wurde zum Symbol für diese Massenmorde großen Stils, die Aktion zum schrecklichen Höhepunkt in dieser ersten Phase der systematischen Vernichtung, denn weder vorher noch nachher wurden von einem Einsatzkommando in so kurzer Zeit mehr als dreißigtausend Menschen umgebracht."

"Geld, Wertsachen, Wäsche und Kleidungsstücke wurden sichergestellt und zum Teil der "NS-Volkswohlfahrt" zur Ausrüstung der Volksdeutschen, zum Teil der kommissarischen Stadtverwaltung zur Überlassung an bedürftige Bevölkerung übergeben", heißt es in der deutschen Ereignismeldung Nr. 106 vom 7. Oktober 1941: "Die Aktion ist reibungslos verlaufen. Irgendwelche Zwischenfälle haben sich nicht ergeben. ... Von der Wehrmacht wurden die durchgeführten Maßnahmen ebenfalls gutgeheißen. Die noch nicht erfassten bzw. nach und nach in die Stadt zurückkehrenden geflüchteten Juden werden von Fall zu Fall entsprechend behandelt."

Zur Verwischung der Spuren in Babij Jar

Als die Kriegslage für die deutsche Wehrmacht kritisch zu werden begann, plante die SS, die Spuren ihrer Vernichtungsaktionen zu beseitigen: "Zu diesem Zweck wurde unter Leitung des SS-Standartenführers (Oberst) Paul Blobel ein Sonderkommando gebildet, das mit der Durchführung dieses schauerlichen Unternehmens beauftragt wurde", nämlich die Leichen auszugraben und zu verbrennen, eine Aktion, die nach einem Geschäftszeichen des Reichssicherheitshauptamtes die Bezeichnung "1005" bekam.

Im Frühjahr 1942 wurde in Kiew das Konzentrationslager "Siretz" errichtet bzw. ausgebaut. Dort gab es eine Einheit jüdischer Häftlinge, welche die Leichen in Babij Jar ausgraben und verbrennen mussten, um anschließend selbst erschossen zu werden, weil die Aktion geheim bleiben sollte. Nachdem die an den Füßen mit Ketten gefesselten Gefangenen etwa 100.000 Leichen ausgegraben und verbrannt hatten, sollten sie zum zweiten Jahrestag des Massakers von Babij Jar erschossen werden und versuchten deshalb am 30. September 1943 einen Ausbruch: 311 wurden erschossen, 14 erreichten Anfang November die Reihen der Roten Armee, zwei von ihnen, Wladimir Davidov und David Budnik (mit dem ich selbst noch sprechen konnte), berichteten der Welt als Zeugen in Nürnberg 1946 über Babij Jar.

Der "Einsatzgruppenprozess" in Nürnberg (03.07.1947-10.04.1948) war für Robert Kempner der größte Mordprozess der Geschichte. Die Anklage vertraten der amerikanische Staatsanwalt Benjamin B. Ferencz" und andere; jeder der 22 Angeklagten hatte einen deutschen Verteidiger. Von den 14 verhängten Todesstrafen wurden vier in "lebenslänglich", zwei in 15 Jahre, je eine in 25, 20 und 10 Jahre umgewandelt, ein zum Tode Verurteilter wurde nach Belgien ausgeliefert, vier wurden tatsächlich hingerichtet, unter ihnen Paul Blobel und Otto Ohlendorf, sie wurden zusammen mit zwei weiteren Einsatzgruppenführern am 8. Juni 1951 im Gefängnis von Landsberg gehängt. Was mit den anderen Angehörigen des Sonderkommandos 4a der Einsatzgruppe C und den insgesamt ca. 3.000 Mann der vier Einsatzgruppen geschah, ist nicht bekannt.

Mahnmale für Babij Jar

Im Jahre 1944 schrieb Ilja Ehrenburg als erster Gedicht über Babij Jar, und auch sein Roman "Sturm" von 1947 behandelt den Massenmord an den Kiewer Juden. Während der sogenannten "Antikosmopolitenkampagne" 1948/49 wurde dann versucht, "Babij Jar" zu tabuisieren, während sich am Jahrestag des Massakers in Kiew stets Menschen zum Gedenken versammelten. Im Oktober 1959 protestierte Viktor Nekrassov gegen ein Sportstadion auf dem Gelände von Babij Jar, gegen das Verschweigen und für ein Mahnmal.

Besondere Aufmerksamkeit erregte das am 19. September 1961 veröffentlichte Gedicht "Babij Jar" von Jewgenij Jewtuschenko (u.a. von Paul Celan übersetzt). Dimitrij Schostakowitsch hat dieses Gedicht in seiner 13. Symphonie vertont, die im Dezember 1962 erstmals aufgeführt wurde. Jewgenij Jewtuschenko wurde heftig angegriffen und am 8. März 1963 sogar von Nikita Chruschtschow öffentlich kritisiert, was damals gewiss keine Kleinigkeit war. 1966 veröffentlichte Anatoli Kusnezow seinen (zensierten!) Dokumentar-Roman 'Babij Jar', vor allem unter Verwendung der starken Aussagen von Dina Mironowna Pronitschewa.

Im Jahre 1976 durfte schließlich das bekannte Babij-Jar-Mahnmal errichtet werden, das jedoch keinesfalls sichtbar macht, dass hier 1941 zuerst und vor allem Menschen ermordet wurden, *weil sie Juden waren,* auch keine Inschrift erinnerte an das jüdische Martyrium, und erst viel später wurde eine Gedenktafel in jiddischer Sprache angebracht. Im September 1991 fand in Kiew schließlich die erste große öffentliche und offizielle Feier zum Gedenken an die Opfer von Babij Jar statt, 50 Jahre danach gewiss nicht verfrüht. Seit damals gibt es auch ein jüdisches Mahnmal - eine bronzene Menorah - nahe am damaligen Ort des Mordens in Kiew.

Babij Jar heute und morgen

Der Massenmord von Babij Jar 1941 war, ist und bleibt ein Massaker von kaum vorstellbarer Grausamkeit. Deshalb sei wiederholt: Es war zwar nicht der Anfang der NS-Verbrechen gegen die Menschlichkeit, aber wohl doch der Beginn des eigentlichen Holocaust, der jüdischen Schoáh. Das hebräische Wort "Schoáh" heißt "Katastrophe", und angesichts des Ausmaßes des damaligen Blutbads erscheint es durchaus angemessen, von der *Schoáh von Babij Jar* zu sprechen. In der israelischen Holocaust-Gedenkstätte Jad Vashem zu Jerusalem gibt es nicht nur ein Mahnmal für Babij Jar, sondern auch für alle vernichteten jüdischen Gemeinden in der Ukraine wie etwa in Berditschev, Czernowitz-Chernivzi, Schitomir, Uman und vielen anderen Schtetls. Man muß sich erinnern, dass ja gerade in der West- und Südwestukraine ein jahrhundertelanges blühendes jüdisches Leben innerhalb von Tagen und Wochen total vernichtet wurde, woran in der deutschsprachigen nichtjüdischen Welt allenfalls noch Martin Bubers "Chassidische Geschichten" erinnern können.

Babij Jar ist bei deutschen Fachhistorikern und Soziologen durchaus ein Begriff, es gibt jedoch nur wenige Artikel dazu und auch 65 Jahre danach und bis heute allenfalls zwei Monographien: Unseren ersten Babij-Jar-Band hatten wir am 20. August 1991 im damaligen Haus der "Deutsch-Sowjetischen Freundschaft" in Kiew vorgestellt, und 10 Jahre später präsentierten wir 2001 unseren zweiten Babij-Jar-Band im Kiewer "Museum des Zweiten Weltkriegs". In der breiteren deutschen Öffentlichkeit ist "Babij Jar" jedoch bis heute völlig unbekannt geblieben, woran auch Artur Brauners ambivalenter Film "Babij Jar – Das vergessene Verbrechen" (Regie Jeff Kanew) vom Juli 2003 nichts geändert haben dürfte.[64] Mehr als ein halbes Jahrhundert nach der Schoáh gibt es indessen noch immer unverbesserliche Neonazis und Judenfeinde, Babij-Jar-und Holocaust-Leugner leider auch in Deutschland, aber es gibt dort auch seit Jahren und Jahrzehnten die vielfältigsten Bemühungen in Erziehung, Kultur, Politik, Wirtschaft und Wissenschaft, aus dieser dunklen deutschen Geschichte zu lernen.

Im übrigen ist es mehr als bittere Ironie und trauriges jüdisches Schicksal zugleich, dass einerseits hier und heute sowie in den kommenden Tagen der Schoáh von Babij Jahr 1941 und damit der Schoáh überhaupt gedacht wird, während andererseits zugleich längst wieder und jüngst besonders vehement unter begeistertem Beifall Hunderttausender fanatisierter judenfeindlicher Demonstranten seitens gewisser Staatsführer von UNO-Mitgliedsländern völlig offen und unmiss-

---

[64] Im Internet werden derzeit (15.08.2006) ca. 98.200 Einträge zum Begriff "Babij Jar" angezeigt, von denen 66 Seiten aufgerufen werden können, tatsächlich vor allem zum genannten Film, viele aber auch zu Jewgenij Jewtuschenkos Gedicht und zu Dimitrij Schostakowitsch Sinfonie.

verständlich zur Vernichtung Israels aufgerufen wird, ohne dass Intellektuelle, Kirchen oder die Weltgemeinschaft bislang vernehmlich aufgeschrien und diese Aufrufe wie Aufrufer zum Völkermord ebenso offen und unmissverständlich geächtet und verurteilt hätten. Doch "Das ist sehr merkwürdig, dass alle Feinde der Kinder Israels ein so schlechtes Ende nehmen", fand Heinrich Heine (1797-1856) im Jahre 1840: "Wie des dem Nebukadnezar ergangen ist, wissen Sie…Sehen Sie den persischen Staatsminister Haman… Und Antiochus, der König von Syrien… Die späteren Bösewichter, die Judenfeinde, sollten sich in acht nehmen… Aber was hilft's, es schreckt sie nicht ab, das furchtbare Beispiel…" (H. Heine 1964, S. 20 f.)

Die Geschichte ist irreversibel, die Vergangenheit ist nicht vergangen und wird nicht vergehen. Auch die grauenhafte Geschichte der Schoáh von Babij Jar bleibt ein wesentlicher, ein unvergleichlich barbarischer Teil deutscher, jüdischer und ukrainischer Geschichte, der europäischen Geschichte sowie der Weltgeschichte überhaupt. Nach 65 Jahren gibt es aber nun nicht nur diese Vergangenheit, sondern auch eine Zukunft. Und es gibt jene unendlich kurze, aber entscheidende Brücke, die Vergangenheit und Zukunft verbindet, nämlich den Augenblick der Gegenwart. Eingedenk alles Vergangenen die Augenblicke dieser Gegenwart als Möglichkeiten des neuen Anfangs einer besseren Zukunft zu nutzen, darin liegt die entscheidende Chance einer konstruktiven, kreativen, produktiven Auseinandersetzung mit der Vergangenheit, des Lernenwollens aus Geschichte, das stets mit vergegenwärtigender Erinnerung beginnt. Daher ist auch diese heutige Gedenkstunde in der deutschen Botschaft Kiew zweifellos ein ebenso erfreuliches wie ermutigendes Zeichen.

Was nun die Lehre aus "Kiew-Babij-Jar" betrifft, so wurde bislang vielleicht noch zu wenig beachtet, dass die Schoáh im allgemeinen und die Schoáh von Babij Jar im besonderen für nichtjüdische Deutsche bedeutet, auf einzigartige Weise für alle Zeiten mit dem jüdischen Volk verbunden zu bleiben, was in gewisser Weise auch für die Ukraine und das ukrainische Volk gilt, die ja ebenfalls enorm gelitten haben. Genau darin liegt aber auch eine besondere Chance positiver Verbundenheit und für Zusammenarbeit in allen Bereichen des Lebens, insbesondere aber im Hinblick auf eine entschiedenen Abwehr der vielen Formen neuer alter Judenfeindschaft und einer ebenso engagierten Verantwortung für die Existenz des Staates Israel.

In diesem Sinne kann also die generelle Lehre der Schoáh von Kiew-Babij-Jar heute lauten: Erinnern und Gedenken, Lernen und *Handeln, mit allen guten Kräften ein neues europäisches Haus, eine bessere, mitmenschlichere Welt zu verwirklichen suchen, im kleinen wie im großen an einer gerechteren und friedlicheren Lebensordnung in Europa und in der Welt mitwirken helfen, aus der Haß, Pogrome und Völkerfeindschaften ein für allemal verbannt sein werden, also für eine Zukunft arbeiten und leben, die vielleicht kein Begriff besser bezeichnet als – "Schalom"!*

Ausgewählte Literatur

Y. Arad, S. Krakowski, S. Spector (Ed.), The Einsatzgruppen-Reports - Selection from the Dispatches of the Nazi Death Squards' Campaign Against the Jews Juli 1941 - January 1943. Jerusalem u. New York 1989.

K.J. Arnold, "Die Eroberung und Behandlung der Stadt Kiev durch die Wehrmacht im September 1941. Zur Radikalisierung der Besatzungspolitik." In: Militärgeschichtliche Mitteilungen 1999, S. 23-63.

H. Artzt, Mörder in Uniform. Organisationen, die zu Vollstreckern nationalsozialistischer Verbrechen wurden. München 1979.

St. Baumeister, Zur Organisation und Realisation der Schoáh - Rechtliche, institutionelle, organisatorische und verwaltungstechnische Voraussetzungen des Massenmords an den europäischen Juden. Diss. Konstanz 2001.

M. Buber, Erzählungen der Chassidim. Zürich 1949.

D. Budnik/J. Kaper, Nichts ist vergessen - Jüdische Schicksale in Kiew 1941-1943. Konstanz 1993 (deutsch, englisch u. russisch).

P. Celan, Gesammelte Werke in fünf Bänden. Fünfter Band, Übertragungen II, zweisprachig. Frankfurt 1983.

P. Dempsey, Babi-Yar – A Jewish Catastrophe. Measham 2005.

I. Ehrenburg, Sturm. (1965) Berlin 1980.

I. Ehrenburg, Laß mich nicht sehen, was ich sah. Gedichte. Berlin 1983.

I. Ehrenburg u. V. Grossman (Ed.), The Black Book. The Ruthless Murder of Jews by German-Fascist Invaders throughout the Temporarily-Occupied Regions of the Soviet Union and in the Death Camps of Poland During the War of 1941-1945. (1980) New York 1981.

G. Saint-George, The Road to Babi Jar. London 1967; Les Massacers de Babyi-Yar. Paris 1969.

R. Hilberg, Die Vernichtung der europäischen Juden. (1961) 3 Bände. Frankfurt 1990.

A. Hillgruber, "Der Ostkrieg und die Judenvernichtung." In: G.R. Ueberschär u. W. Wette (Hg.), "Unternehmen Barbarossa". Der deutsche Überfall auf die Sowjetunion 1941. Paderborn 1984, S. 219-236.

A. Hillgruber, "Der Ostkrieg und die Judenvernichtung." In: G.R. Ueberschär u. W. Wette (Hg.), Der deutsche Überfall auf die Sowjetunion. 'Unternehmen Barbarossa' 1941. Frankfurt 1991, S. 185-205.

A. Hitler, Mein Kampf. München 1936.

H. Höhne, Der Orden unter dem Totenkopf. Die Geschichte der SS. (1967) München 1981.

E. Jäckel, Hitlers Weltanschauung. (1981) Stuttgart 1986.

E. Jäckel u. J. Rohwer (Hg.), Der Mord an den Juden im Zweiten Weltkrieg. (1985) Frankfurt 1987.

E. Jäckel et al. (Hg.), Enzyklopädie des Holocaust. (1990) 3 Bände, München 1995.

J. Jewtuschenko, Lyrik - Prosa - Dokumente. München 1972.

R. Kempner, Eichmann und Komplizen. Stuttgart 1961.

R.M.W. Kempner, SS im Kreuzverhör. Stuttgart 1965.

E. Klee, W. Dreßen, V. Rieß (Hg.), 'Schöne Zeiten' - Judenmord aus der Sicht der Täter und Gaffer. Frankfurt 1988, S. 64-70.

E. Klee u. W. Dreßen (Hg.), 'Gott mit uns.' Der deutsche Vernichtungskrieg im Osten 1939-1945. Frankfurt a.M. 1989.

P. Kohl, Der Krieg der deutschen Wehrmacht und der Polizei 1941-1944 - Sowjetische Überlebende berichten. (1990) Frankfurt a.M. 1995.

H. Krausnick, Hitlers Einsatzgruppen. Die Truppe des Weltanschauungskrieges 1938-1942. (1981) Frankfurt 1985.

H. Krausnick u. H.-H. Wilhelm, Die Truppe des Weltanschauungskrieges. Stuttgart 1981; vgl. Die Zeit, Nr. 50, 10.12.1982, S. 31.

H. Krausnick, "Judenverfolgung". In: M. Broszat et al., Anatomie des SS-Staates. (1967) Bd. 2, München 1982, S. 235-366.

H. Krausnick, "Hitler und die Befehle an die Einsatzgruppen im Sommer 1941." In: E. Jäckel u. J. Rohwer (Hg.), Der Mord an den Juden im Zweiten Weltkrieg. Stuttgart 1985, S. 88-106.

H. Krausnick, "Hitler und die Befehle an die Einsatzgruppen im Sommer 1941." In: E. Jäckel u. J. Rohwer (Hg.), Der Mord an den Juden im Zweiten Weltkrieg. (1985) Frankfurt 1987, S. 88-106.

A. Anatoli (Kusnezow), Babij Jar. Roman. München, Zürich, Wien 1970.

J. von Lang, Das Eichmann Protokoll. Tonbandaufzeichnungen der israelischen Verhöre. Berlin 1982.

K. Leszczynski (Hg.), Fall 9. Das Urteil im SS-Einsatzgruppenprozeß - gefällt am 10. April 1948 in Nürnberg vom Militärgerichtshof II der Vereinigten Staaten von Amerika. Berlin (Ost) 1963.

H. Lichtenstein, Himmlers grüne Helfer. Die Schutz- und Ordnungspolizei im 'Dritten Reich'. Köln 1990.

P. Longerich (Hg.), Die Ermordung der europäischen Juden. Eine umfassende Dokumentation des Holocaust 1941-1945. München 1989.

Y. Lozowick, "Rollbahn Mord: The Early Activities of Einsatzgruppe C." In: M.R. Marrus (Ed.), The Nazi Holocaust, 3. The 'Final Solution': The Implementation of Mass Murder, Vol. 2. Westport u. London 1989, S. 471-491.

B. Pietrow-Ennker (Hg.), Präventivkrieg? Der deutsche Angriff auf die Sowjetunion. Frankfurt a.M. 2000.

D. Pohl, "Die Einsatzgruppe C 1941/1942." In: Peter Klein (Hg.), Die Einsatzgruppen in der besetzten Sowjetunion 1941/42. Gedenk- und Bildungsstätte Haus Wannseekonferenz. Berlin 1997, S. 71-87.

A. Streim, "Die Verbrechen der Einsatzgruppen in der Sowjetunion." In: A. Rückerl (Hg.), NS-Prozesse. (1971) Karlsruhe 1972, S. 65-106.

A. Streim, "Zur Eröffnung des allgemeinen Judenvernichtungsbefehls gegenüber den Einsatzgruppen." In: E. Jäckel u. J. Rohwer (Hg.), Der Mord an den Juden im Zweiten Weltkrieg. Stuttgart 1985, S. 107-119.

A. Streim, "Zur Eröffnung des allgemeinen Judenvernichtungsbefehls gegenüber den Einsatzgruppen." In: E. Jäckel u. J. Rohwer (Hg.), Der Mord an den Juden im Zweiten Weltkrieg. (1985) Frankfurt 1987, S. 107-119.

A. Streim, "The tasks of the SS Einsatzgruppen." In: M.R. Marrus (Ed.), The Nazi Holocaust, 3. The 'Final Solution': The Implementation of Mass Murder, Vol. 2. Westport u. London 1989, S. 436-455.

G.R. Ueberschär u. W. Wette (Hg.), "Unternehmen Barbarossa." Der deutsche Überfall auf die Sowjetunion 1941. Paderborn 1984.

G.R. Ueberschär u. W. Wette (Hg.), Der deutsche Überfall auf die Sowjetunion. 'Unternehmen Barbarossa' 1941. (1984) Frankfurt 1991.

E.R. Wiehn (Hg.), Die Schoáh von Babij Jar - Das Massaker deutscher Sonderkommandos an der jüdischen Bevölkerung von Kiew 1941 fünfzig Jahre danach zum Gedenken. Konstanz 1991 (vergriffen).

E.R. Wiehn, "Septembermassaker 1941." In: Erhard Roy Wiehn, Schriften zur Schoáh und Judaica. Konstanz 1992, S. 217-283.

E.R. Wiehn, "Aus Geschichte lernen." In: Erhard Roy Wiehn, Gewarnt – Kolumnen zur Lage, Vorworte und Rezensionen 1991-1941. Konstanz 1994, S. 11ff.

E.R. Wiehn, "Jüdische Schicksale in Kiew 1941-1943." In: Erhard Roy Wiehn, Gewarnt – Kolumnen zur Lage, Vorworte und Rezensionen 1991-1941. Konstanz 1994, S. 107 ff.

E.R. Wiehn (Hg.), Totengebet - 60 Jahre Beginn des Zweiten Weltkriegs und der Schoáh in Polen. Konstanz 1999.

E.R. Wiehn, "Zur deutschen Wehrmacht im Osten - Beispiele aus Polen, der Ukraine und Rumänien." In: Erhard Roy Wiehn, Bleibende Warnungen I - Schriften zur Schoáh und Judaica 1997-1999. Konstanz 1999, S. 155-182 (Vortrag zur Eröffnung der "Wehrmachtsausstellung" am 24.10.1997 in Konstanz).

E.R. Wiehn, Babij Jar 1941 – Das Massaker an der jüdischen Bevölkerung von Kiew. Konstanz 2001.

E.R. Wiehn, "The Shoah of Kiev Babi Yar – On the history of the massacre committed in September 1941." In: Studia et Acta Historiae Judaeorum Romaniae. VII, Bucutesti 2002, S. 267-312.

E.R. Wiehn, "Zur unsichtbaren Grenze zwischen Juden und Nichtjuden - Grenzerfahrung als Herausforderung, Zumutung und Chance." In: Hans Erler (Hg.), Erinnern und Verstehen. Der Völkermord an den Juden im politischen Gedächtnis der Deutschen. Frankfurt a.M. 2003, S. 67-74.

E.R. Wiehn, "Erinnern für die Zukunft." In: In: Hans Erler (Hg.), Erinnern und Verstehen. Der Völkermord an den Juden im politischen Gedächtnis der Deutschen. Frankfurt a.M. 2003, S. 116-125.

Weitere Quellen

Der Prozeß gegen die Hauptkriegsverbrecher vor dem Internationalen Militärgerichtshof. Nürnberg 14. November 1945 - 1. Oktober 1946. Nürnberg 1947, Band I (Einführungsband); Band IV (Verhandlungsniederschriften 17.12.1945-8.1.1946); Band VII (Verhandlungsniederschriften 5.2.1946-19.2.1946); Band VIII (Verhandlungsniederschriften 20.2.1946-7.3.1946); Nürnberg 1948: Band XVII (Verhandlungsniederschriften 25.6.1946-8.7.1946); Band XVIII (Verhandlungsniederschriften 9.7.1946-18.7.1946); Band XXI (Verhandlungsniederschriften 12.8.1946-26.8.1946); Band XXIII (Verhandlungsniederschriften 14.11.1945-1.10.1946 Index).

Trials of War Criminals before the Nuernberg Military Tribunals, Vol. IV, 'The Einsatzgruppen Case' - 'The RuSHA Case'. Nuernberg October 1946 - April 1949.

Information Services Division, Office of the U.S. High Commission for Germany (Ed.), Landsberg. Ein dokumentarischer Bericht. München 1951 (ISD).

Encyclopaedia Judaica, Vol. 4 u. 10, Jerusalem 1971.

Recollections of Konstantin Miroshnik: Babi Yar Memorial Volume. Tel Aviv 1978.

Internetadressen

www.hartung-gorre.de/babijjar.htm, www.uni-konstanz.de/soziologie/judaica

http://de.wikipedia.org/wiki/Babi_Jar

7. 100 Jahre Nationale Wirtschaftsuniversität Kiew (2006)*

Als erster und gewissermaßen dritter Beauftragter der Universität Konstanz und Mitbegründer unserer Partnerschaft sowie als Doctor honoris causa entbiete ich zunächst meinen sehr herzlichen Glückwunsch zum 100. Geburtstag der Nationalen Wirtschaftsuniversität Kiew, der 60 Jahre älteren "Schwester" der Universität Konstanz! Man sagt ja, alt zu werden sei die einzige Möglichkeit, lange zu leben;

* Veröffentlicht in der Jubiläumsausgabe der Zeitschrift der Nationalen Wirtschaftsuniversität Kiew 2006 (ukrainisch).

im Falle der Nationalen Wirtschaftsuniversität Kiew kann man aber wohl sagen: Alt zu werden ist auch eine Möglichkeit, lange jung zu bleiben! Herzlichen Dank, dass ich zusammen mit unserem früheren Rektor, ebenfalls Doctor honoris causa dieser Universität, Prof. Horst Sund, Vizekanzler Helmut Hengstler und Prof. Dr. Thomas Deissinger an dieser Geburtstagsfeier teilnehmen darf. Erlauben Sie mir bitte einen kurzen historischen Rückblick und einen knappen Ausblick, obwohl ich nur oder auch weil ich immerhin etwa 17-19 der 100 Jahre dem heutigen "Geburtstagskind" verbunden bin.

100 Jahre Nationale Wirtschaftsuniversität: Kiew war 1906 Hauptstadt eines gleichnamigen russischen Gouvernements und zählte (1902) ca. 319.000 Einwohner, die heutige Taras Schewtschenko Universität (damals Wladimir-Universität mit ca. 2.500 Studenten) bestand bereits 72 Jahre (gegr. 1834), daneben gab es eine Technische Hochschule. Kiew war damals Zentrum der Zuckerindustrie und des Getreidehandels, außerdem gab es hier Fabriken für landwirtschaftliche Maschinen, es gab Gerbereien, zwei Kommerzbanken und eine Agrarbank, eine Börse, ca. 30 Zeitungen. Jeweils im Februar fand der "Kontrakten"-Jahrmarkt statt, auf dem en gros verkauft wurde: "Der Handel ist beträchtlich", heißt es lapidar: Es musste also unbedingt eine Wirtschaftshochschule gegründet werden, 1906 übrigens 854 Jahre nach der Gründung des Höhlenklosters anno 1051 und 290 Jahre nach der Gründung einer ersten Schule anno 1616. - Was war im Jahre 1906 sonst noch los im russischen Reich und in der Welt? In Moskau herrschte seit 11 Jahren Zar Nikolaus (Nikolai) II. Im Januar 1906 fand der 2. Parteitag der Konstitutionellen Demokraten und ein Kongress der Adelsmarschälle in Moskau statt. Im Februar 1906 gab es ein neues Gesetz über die Schaffung einer Reichsduma und eines Reichsrates. Im März 1906 war der Beginn der Dumawahlen. Im April 1906 traten "Staatsgrundgesetze" in Kraft. Am 27. April 1906 kam die russische Reichsduma zusammen, wurde aber schon bald wieder aufgelöst, revolutionäre Umtriebe wurden niedergeschlagen, die konservative Partei der "Oktobristen" gegründet, die infolge der Revolution von 1905 eine begrenzte Reform anstrebte. Im Mai 1906 gab es ein Mißtrauensvotum gegen die Regierung. Im Juli 1906 wurde Pjotr Arkadjewitsch Stolypin Ministerpräsident und blieb gleichzeitig Innenminister, die Duma wurde aufgelöst. Im Oktober 1906 wurden die Mitglieder des Petrograder Sowjets vor Gericht gestellt und zu lebenslanger Verbannung nach Sibirien verurteilt. Im November 1906 ver-

suchte Stolypin, durch eine Agrarreform eine bäuerliche Mittelklasse zu schaffen. Trotzki verbrachte das Jahr 1906 im Gefängnis und entwickelte aus den Ereignissen von 1905 die Idee der "Permanenten Revolution". Karl Marx war 1906 schon 23 Jahre tot, Lenin war 36 Jahre und Stalin 28 Jahre alt oder jung. - 1906 erschien Max Webers Schrift "Zur Lage der bürgerlichen Demokratie in Russland", die 1996 als Studienausgabe neu herauskam und auch heute noch lesenswert ist. - In Deutschland regierte Wilhelm II. schon 18 Jahre und noch weitere 12 Jahre (zuviel). Anfang des Jahres eröffnete Osterreich-Ungarn mit der Sperrung seiner Grenzen den "Schweinekrieg" gegen Serbien; in Großbritannien lief ein Schlachtschiff vom Stapel, wodurch sich das Wettrüsten mit Deutschland fortsetzte. 1906 wurden in Athen Olympische Zwischenspiele mit 78 Disziplinen ausgetragen, im April wurde San Francisco durch ein Erdbeben und eine anschließende Feuersbrunst fast total zerstört. Erstmals wurden Glühbirnen mit Wolframfaden allgemein eingeführt. Graf Ferdinand von Zeppelin (geb. 1837 in Konstanz) legte mit seinem Luftschiff Nr. 3 eine Strecke von 350 km in sechs Stunden heil zurück. In Hamburg wurden eine Bombenfabrik und ein Waffenlager russischer Revolutionäre entdeckt. Zwischen England und Frankreich festigte sich unter Einschluss Belgiens die "Entente Cordiale", Frankreich erhielt freie Hand in Marokko, Alfred Dreifuss wurde rehabilitiert.

Im April 1987, vor gut 19 Jahren und 81 Jahre nach ihrer Gründung, schrieb ich (nach einem erfreulichen Kontakt mit Dr. Iwan Potrawnij, einem jungen Kiewer Wissenschaftler in Konstanz) den ersten Brief an die damalige Wirtschaftshochschule und heutige Nationale Wirtschaftsuniversität Kiew, um mit dem Austausch unserer Studentenchöre die Sondierung einer Zusammenarbeit vorzuschlagen. Zwei Jahre später, im April 1989, vor 17½ Jahren also, kam das Folklore-Ensemble EKO (unter Leitung von Dmitry Wischnepolski s.A.) nach Konstanz, an der Spitze der Delegation von 50 Personen Prorektor Prof. Anatoly Iwanowitsch Smyslov, womit eine sehr schöne und überaus fruchtbare Freundschaft begann. - Im Herbst 1989, vor genau 17 Jahren, weilte ich zum ersten Mal in Kiew, und bereits im April 1990, vor gut 16 Jahren, unterzeichneten die Rektoren Prof. Dr. Anatoly F. Pawlenko und Prof. Dr. Horst Sund in Kiew einen Vertrag über wissenschaftliche Zusammenarbeit beider Universitäten. - Seither besuchten zahlreiche Wissenschaftlerinnen und Wissenschaftler und noch mehr Kiewer Studierende der Nationalen Wirtschaftsuniversität

Kiew die Universität Konstanz, im laufenden Wintersemester 2006/2007 studieren wiederum sechs neue junge hoffnungsvolle Kiewerinnen und Kiewer bei uns in Konstanz. Umgekehrt waren auch etliche Konstanzer Wissenschaftlerinnen und Wissenschaftler sowie Studierende zu Arbeits- und Studienaufenthalten an der Nationalen Wirtschaftsuniversität Kiew. Darüber hinaus gab es mehrere gemeinsame Symposien in Kiew und Konstanz, weitere Gastspiele des Ensembles EKO, gemeinsam organisierte humanitäre Hilfsaktionen (die zum Teil bis heute fortgeführt werden) und vieles andere mehr. - Unsere wissenschaftliche Zusammenarbeit wurde von 1995 bis 2005 für die Konstanzer Seite von unserem Kollegen und Freund Eberhard Zgraja organisiert, der dann aus Krankheitsgründen diese Arbeit leider aufgeben musste, die ab sofort von Prof. Dr. Thomas Deissinger, dem neuernannten Beauftragten und Inhaber des Lehrstuhl Wirtschaftspädagogik in Konstanz übernommen wird, dem wir zu seiner neuen Aufgabe natürlich viel Erfolg wünschen.

Die wissenschaftliche Zusammenarbeit zwischen der Universität Konstanz und der Nationalen Wirtschaftsuniversität Kiew war darüber hinaus aber auch den deutsch-ukrainischen Beziehungen allgemein dienlich, wenn man z.B. an das Abkommen zur gegenseitigen Anerkennung von Studien- und Prüfungsleistungen denkt, woran unter anderen Vertreter beider Universitäten beteiligt waren und das bereits im April 1998 von den Vorsitzenden der deutschen und der ukrainischen Hochschulrektorenkonferenzen in Kiew unterzeichnet wurde. Im übrigen wurde im Anschluss an die erste Partnerschaft mit der Wirtschaftsuniversität im Herbst 1992, vor 14 Jahren also, die Partnerschaft mit der Nationalen Taras Schewtschenko Universität beschlossen, die sich ebenfalls bestens entwickelt hat, wobei uns die daraus entstandenen "Dreiecksbeziehungen" besonders gut gefallen. Darüber hinaus haben sich vielfältige Beziehungen in den Bereichen Herzmedizin und Psychiatrie entwickelt, teilweise nicht nur in Kiew, sondern etwa auch in Chernivzi. Ich persönlich freue mich natürlich auch über zahlreiche Publikationen, die teilweise als Koproduktionen im Rahmen meiner Holocaust-Buch-Edition in Kiew gedruckt werden konnten.

Die Nationale Wirtschaftsuniversität hat mehrere politische und wirtschaftliche Systeme sowie den Zweiten Weltkrieg überlebt, und sie hat sich vor allem in diesen letzten 17 Jahren unter ihrem tatkräftigen

Rektorat enorm entwickelt und beherzt Anschluss an internationale Standards gesucht. Die vielleicht wichtigste Aufgabe in der Geschichte dieser Nationalen Wirtschaftsuniversität hat sich in den Jahren der neuen und unabhängigen Ukraine gewissermaßen von selbst gestellt, nämlich junge Leute auszubilden, welche die Ukraine wirtschaftlich fit machen für den weiteren Verlauf des 21. Jahrhunderts auf dem Weg von Europa nach Europa und in die ganze Welt. Eine gute Wirtschaft ist zwar nicht unbedingt schon alles, aber ohne eine florierende Wirtschaft ist fast alles nichts. Kürzlich sagte ein Unternehmer aus Baden-Württemberg in einer große deutschen Tageszeitung: "Der Schritt in die Ukraine sichert unser Überleben." Bert Overlack kam vor sieben Jahren von Rastatt nach Kiew, beschäftigt hier 200 Mitarbeiterinnen und Mitarbeiter und in Deutschland 30, will in diesem Jahr fünf Millionen Euro Umsatz erwirtschaften und sagt: "Mir gefällt die Ukraine, weil sich hier etwas bewegt." (Frankfurter Allgemeine Zeitung, Nr. 258, 06.11.2006, S. 17) Na bitte, dieser Mann gefällt mir, denn das haben wir schon 1989 gesagt.

Symbolisch scheint mir nicht nur, dass die erste Brücke zwischen Kiew und Konstanz unter Mitwirkung auch unseres Universitätschors (damals schon unter Peter Bauer) eine musikalische Brücke war, symbolisch für die in diesen Jahre gewachsenen Beziehungen zwischen der Nationalen Wirtschaftsuniversität Kiew und der Universität Konstanz finde ich nun die Kiewer Kastanie, die wir 1993 auf dem Konstanzer Campus gepflanzt haben, ein Bäumchen von ca. 30 cm Größe und der Dicke eines kleinen Fingers, das jetzt schon fast 10 m hochgewachsen ist, in diesem Jubiläums-Jahr erstmals geblüht und die ersten zwei Kastanien hervorgebracht hat (ein Foto und eine Kastanie habe ich mitgebracht).

Zum Schluss möchte ich nun noch ganz persönlich sagen: Die deutsch-ukrainischen Beziehungen und besonders auch die Beziehungen zur Nationalen Wirtschaftsuniversität Kiew sind ein wichtiger und unverzichtbarer Teil meines eigenen Lebens geworden. Etwa 19 Jahre Engagement für diese unsere Kiewer Partneruniversität machen immerhin fast die Hälfte meines aktiven Universitätslebens aus, und besonders schön sind nicht zuletzt alle und zum Teil langjährigen Freundschaften, die sich daraus entwickelt haben. Auch als Doctor honoris causa der Kiewer Nationalen Wirtschaftsuniversität wünsche ich von Herzen ihr, ihrem Rektor, Prof. Dr. Anatoly F. Pawlenko (der bis jetzt schon drei Konstanzer Rektoren überdauert hat), ihrem Prorektor Prof. Anatoly I. Smyslov, dem gesamten Lehrkörper, den Verwaltungsangehörigen und allen Studierenden das Beste für die Zukunft zum Wohl der Menschen in der Ukraine, Europas und der Welt! Vivat, crescat, floreat! (10.11.2006)

8. Iwan Franko (1856-1916)- "Mose" in der Ukraine* (2007)

Mose

Mein Volk, gequält, getreten und verachtet, ...
Wie ein Gelähmter, der am Wege schmachtet,

Um deine Zukunft fühl mein Herz ich schlagen. ...
O gäb's das Lied doch, aus der Glut entbunden,
Millionen zur Begeist'rung aufzurühren,
Bis sie, beflügelt, ihren Weg gefunden! ...

Doch kommt die Zeit, da flammst du, und im Frieden
Der freien Völker stehst du ...

Iwan Franko (aus *Widmung*, nach Erich Weinert)

Durch jahrhundertelange Zarenherrschaft, die Jahrzehnte der Sowjetherrschaft vor und nach der Katastrophe des Zweiten Weltkriegs und durch die folgenden langen Jahre des Kalten Krieges samt Eisernem Vorhang konnte in der westlichen Welt ein klares soziales und politisches Bild der Ukraine wohl kaum entstehen, auch nicht von ihrer Kultur, die in der heutigen Westukraine früher von Polen und der k.u.k. Monarchie, in der heutigen Ost- und Südostukraine hingegen von St. Petersburg und Moskau beeinflusst oder gar geprägt war, wenn man etwa an Chernivzi-Czernowitz[65] und Lviv-Lemberg[66] auf

---

* In: Iwan Franko, Zum Licht sich gesehnt – "Mose" und andere ausgewählte Judaica. Aus dem Ukrainischen von Nadiya Medvedovska. Konstanz 2007, S. 12 ff.

65 Andrei Corbea-Hoişie (Hg.), Czernowitz – Jüdisches Städtebild. Frankfurt/Main 1998; Margit Bartfeld-Feller, Am östlichen Fenster – Gesammelte Geschichte aus Czernowitz und aus der sibirischen Verbannung. Konstanz 2002; Margit Bartfeld-Feller, Erinnerungswunde – Weitere Geschichten aus Czerno-

der einen Seite, Charkiv-Charkov, und Odessa[67] auf der anderen Seite denkt, wobei auf der Krim bekanntlich türkisch-islamische Einflüsse hinzukamen.

Unter der Zarenherrschaft war Ukrainisches zumindest zeitweise teils ebenso unterdrückt oder verboten wie Jüdisches,[68] während der deutschen Okkupation wurde die ukrainische Bevölkerung und Kultur teilweise, das Judentum in der Ukraine fast völlig vernichtet,[69] während der Sowjetherrschaft waren beide Kulturen teils tabuisiert, teils unterdrückt, teils verboten.[70] Wohl zurecht fragt Mykola Rjabtschuk, warum "eine nationale Katastrophe wie der Holodomór (1932/33) – der Hungerholocaust - in der Ukraine für die Ukrainer nicht zu dem wurde, was für die Juden die Shoah oder für die Armenier das Massaker von 1915 geworden ist."[71] (Foto S. 38)

Erst in der unabhängigen Ukraine konnte seit 1991 eine Art Renaissance sowohl des Ukrainischen als auch des Jüdischen beginnen, und erst nach der Orange-Revolution im Herbst des Jahres 2004 und der erhofften Etablierung der neuen freiheitlich-demokratischen Macht

---

witz und aus der sibirischen Verbannung sowie Zeitungsbeiträge und Berichte. Vorwort Sergij Osatschuk. Konstanz 2007; Andrei Corbea-Hoişie (Hg.), Czernowitzer Geschichten. Über eine städtische Kultur in Mittel(Ost)-Europa. Wien 2003; Peter Rychlo (Hg.), Europa erlesen: Czernowitz. Klagenfurt 2004; Zvi Yavetz, Erinnerungen an Czernowitz – Wo Menschen und Bücher lebten. München 2007; (alle Fußnoten vom Verfasser).

[66] Jakob Honigsman, Juden in der Westukraine – Jüdisches Leben und Leiden in Ostgalizien, Wolhynien, der Bukowina und Transkarpatien 1933-1945. Konstanz 2001.

[67] Dazu Konrad Schuller, "Spurensuche in der Moldowanka", in: Frankfurter Allgemeine Zeitung, Nr. 232, 06.10.2007, S. 3.

[68] Heiko Haumann, Geschichte der Ostjuden. München 1990.

[69] Dawid Budnik / Jakow Kaper, Nichts ist vergessen – Jüdische Schicksale in Kiew. Konstanz 1993; Erhard Roy Wiehn (Hg.), Babij Jar 1941 – Das Massaker deutscher Exekutionskommandos an der jüdischen Bevölkerung von Kiew. Konstanz 2001.

[70] Dazu Erhard Roy Wiehn, "Jüdische Geschichte und jüdisches Schicksal", in: Elke Bredereck, Menschen jüdischer Herkunft – Selbstbilder aus St. Petersburg, Vilnius und Berlin. Konstanz 2004, S. 9-16.

[71] "Holodomór", der 1932/33 durch Stalin absichtlich herbeigeführte "Hungerholocaust" in der Ukraine, dem ca. 5-7 Mio. Menschen, darunter ca. 3 Mio. Kinder, zum Opfer fielen, und der inzwischen von fast 30 Ländern als Genozid anerkannt wird; dazu Mykola Rjabtschuk – Die reale und die imaginierte Ukraine. Essay. Frankfurt/M. 2005, S. 87f.

Anfang 2005 hätte es zu einer neuen Blüte beider Kulturen kommen können und vielleicht auch zu neuen synergetischen Effekten. Aus verschiedenen Gründen haben solche Blüten-träume jedoch bis heute nicht reifen können, und die Aussichten sind zumindest zweifelhaft, insbesondere wenn man zeitnah denkt, leider auch nach den Parlamentswahlen vom 30. September 2007.

Die letzten rund sieben Jahrzehnte weithin dominanter Zwangsherrschaft haben nun leider auch dazu geführt, dass interessante Köpfe, Ideen, Literatur in der Ukraine, die es einmal gab und natürlich noch immer gibt, außerhalb des Landes allenfalls in spezialisiertem Fachwissen präsent geblieben sind, ansonsten aber weithin vergessen wurden, nicht zuletzt im Westen, fast so als ob es sie nie gegeben hätte.[72] Das dürfte auch für ukrainische Dichter und Schriftsteller gelten, sogar für Taras Schewtschenko (1814-1861), leider für Lesja Ukrainka (Laryssa Petriwna Kossatsch, 1871-1913) und eben auch für Iwan Franko (1856-1916) – von neueren und neusten Entwicklungen wird freilich noch zu sprechen sein.

Natürlich waren sie alle Dichter und Schriftsteller ihrer Gesellschaft und ihrer Zeit, was ihnen ja unter anderem auch entsprechende zeitgenössische Verfolgung eingetragen hat. Heute erscheinen sie außerhalb der Ukraine kaum mehr in ihrem Gesamtwerk noch unbedingt aktuell, dafür aber manche um so mehr in gewissen ihrer sozialen und politischen Visionen. Diese Dichter und Schriftsteller waren keine Juden, kannten aber durchaus die Juden ihrer Umgebung, waren nicht unbe-

---

[72] Andererseits waren auch jüdische Literaten der Ukraine in der Ukraine in lange Unbekanntheit geraten, und abgesehen vielleicht von Scholom Alejchem (Schalom Rabinowitz, 1859-1916, z.B. *Menachem Mendel*. Frankfurt 1970) dürften wohl die Dichter und Schriftsteller der Bukowina, Galiziens, Kiews, Odessas heute kaum noch oder schon wieder bekannt sein, was wahrscheinlich auch für Martin Bubers *Die Erzählungen der Chassidim* (Zürich 1949) mit ihren großen geistigen Gestalten der Südwestukraine wie Israel ben Elieser (der "Baalschem-tov") und Rabbi Levi Jitzchak von Berdičew gilt (deren Spuren ich in den letzten in Berdičev und in den Karpaten Jahren folgen konnte); zur deutsch-ukrainischen Literaturvermittlung in der Ukraine leistet inzwischen insbesondere Dr. Peter Rychlo (Universität Černivci/Czernowitz) unschätzbare Arbeit etwa mit seinen deutsch-ukrainischen Anthologien *Die verlorene Harfe, Eine Anthologie deutschsprachiger Lyrik aus der Bukowina* (Černivci 2002) und *Europa erlesen: Czernowitz* (Klagenfurt 2004); erinnert sei hier auch an Maria Kłanska (Universität Krakau), *Problemfeld Galizien in deutschsprachiger Prosa 1846-1914* (Wien 1991) und *Aus dem Schtetl in die Welt 1772-1938. Ostjüdische Autobiographien in deutscher Sprache* (Wien 1994).

dingt enthusiastische Judenfreunde, haben sich aber erstaunlicherweise doch für jüdische Überlieferung und jüdische Werte interessiert und in der jüdischen Befreiungs- und Freiheitstradition ein Vorbild für die Ukraine und für das ukrainische Volk gesehen, was etwa in Lesja Ukrainkas *Judaica* besonders deutlich wird.[73]

Iwan Franko (1856-1916) ist in dieser Hinsicht von besonderem Interesse, insofern er Theodor Herzl (1866-1904) vermutlich nicht nur 1893 in Wien persönlich begegnete, sondern auch mit Martin Buber (1878-1965)[74] korrespondierte, insbesondere von der zionistischen Vision eines Judenstaates[75] beeindruckt und vom hebräischen Exodusführer Mose (Mosche) fasziniert war: Die Idee "vom Wiederaufbau des jüdischen Staates gefällt mir sehr", soll Iwan Franko laut Wassyl Schtschurat 1893 in einem "persönlichen" Gespräch zu Theodor Herzl gesagt haben: "Sie hat mich sehr interessiert, denn sie ist wie eine blutsverwandte Schwester (! - ERW) unserer ukrainischen Idee des Wiederauflebens des ukrainischen[76] Staates. Aber ob die beiden heutzutage zu verwirklichen sind?"

---

[73] Lesja Ukrainka, Judaica – Babylonische Gefangenschaft und andere Gedichte. Aus dem Ukrainischen von Nadiya Medvedovska. Konstanz 2005.

[74] Erhard Roy Wiehn, Schriften zur Schoáh und Judaica. Konstanz 1992, S. 337ff.

[75] Theodor Herzl, "Wenn ihr wollt, ist es kein Märchen." – Altneuland / Der Judenstaat. Hg. von J. Schoeps. Kronburg 1978; Erhard Roy Wiehn (Hg.), Judenfeindschaft. Konstanz 1989, S. 282 f.

[76] Von Iwan Franko wird für "ukrainisch" häufig der Begriff "ruthenisch" benutzt: "Bei den Ruthenen (auch Rusniaken, Russinen, Russynen, Karpato-Ukrainer, Karpatorussen, Karpatenrussinen, Ungarnrussinen etc.) handelt es sich um eine ostslawische Bevölkerungsgruppe, die hauptsächlich in der Karpato-Ukraine ansässig war bzw. ist. ... Volksgruppenvertreter geben bis zu 400.000 der 1,3 Millionen Karpato-Ukrainer als Ruthenen an, in der letzten Volkszählung bezeichneten sich allerdings nur 10.000 selbst als Ruthenen. Die ruthenische Sprache gilt als Dialekt des Ukrainischen. Durch die von Polen geförderte katholische Missionierung der ostslawischen Gebiete unter polnisch-litauischer Herrschaft wurden die ursprünglich russisch-orthodoxen Ruthenen im 16. Jahrhundert griechisch-katholisch.... - Die einzelnen Stämme der Ruthenen in Transkarpatien sind: Lemken, Bojken, Huzulen, Werchowiner und Doljanen (Hajnalen). - In Ungarn, Kroatien, Serbien und Montenegro und der Slowakei sind die Ruthenen als nationale Minderheit anerkannt, nicht jedoch in der Ukraine. - Im Mittelalter bezeichnete das Wort Ruthenen die Russen. Zur Zeit des Kaiserreichs Österreich-Ungarn wurden die im Reich lebenden Ukrainer Ruthe-

"Warum nicht", soll Herzl geantwortet haben: "In dieser Welt kann alles geschehen, was mit dem Menschenkopf zu fassen ist." – "Mit einem klugen Kopf", habe Franko gemeint. – "Ja, mit einem klugen Kopf", so Herzl: "Sogar die edelste Idee, die im klugen oder vernünftigen Kopf geboren wurde, wird erfüllbar, wenn sie nur die breitesten Massen des Volkes entflammt und aus ihrem Innern die Beschützer hervorbringt, die zum Märtyrertum bereit sind... Wenn es uns ehemals gelungen ist, dank Mose ein Joch abzuwerfen und Palästina zu gewinnen, warum sollte es dann heutzutage unmöglich sein?" – David Ben Gurion wusste, wovon er sprach: "Wer nicht an Wunder glaubt, der ist kein Realist!"

"Damals hatten Sie den Mose und nur ein Joch abzuwerfen", habe Franko bemerkt, "und heute haben wir Ukrainer drei solche Joche[77] und Sie vielleicht zehn Mal mehr, denn Sie sind über die ganze Welt zerstreut." - "Die Mose werden nicht jeden Tag geboren, das stimmt", so Herzl, "sie formen sich unter der äußeren Unterdrückung. Wenn Sie einmal diese Unterdrückung so wie wir spüren, dann beginnt man sich auch bei Ihnen nach dem eigenen Mose umzusehen, und wahrscheinlich wird man ihn finden, auch wenn man ihn heute vielleicht noch steinigen würde. Allerdings kann die Zeit alles beschleunigen." - "Da gebe ich dem Herrn (Herzl) gewissermaßen recht", habe Franko nach kurzem Schweigen zugestimmt und Herzl freundlich die Hand gedrückt. - Prophetische Worte?

Dieses "vertrauliche" Gespräch mit Theodor Herzl dürfte nun Iwan Franko anno 1905[78] zu seinem Poem "Mose" mitmotiviert haben – wenn eben auch sicher nicht allein, sondern eben auch unter dem Eindruck der Revolution des Jahres 1905[79] -, und in einer ersten Skizze von 1893 "bemühte er sich darum, den jüdischen Mose so darzustellen, dass der ukrainische Leser in ihm einen ukrainische Anführer erraten konnte", schreibt Wassyl Schtschurat: "nach den bitteren persönlichen Erlebnissen, die ihn zu den uns bekannten Konflikten sowohl mit der ukrainischen wie auch mit der polnischen Öffentlichkeit führ-

---

nen oder seltener auch Russinen (Selbstbezeichnung: Rusinci) genannt." (Gekürzt zitiert nach http://de.wikipedia.org/wiki/Ruthenen)

[77] Gemeint waren das k.u.k. österreichische, polnische und russische Joch.

[78] Theodor Herzl war bereits 1904 gestorben – und nun auch ein toter Prophet.

[79] Dazu Erich Weinert, Nachdichtungen. Berlin (Ost) 1959, S. 574.

ten, empfand er stärker die Lebensgeschichte des jüdischen Propheten (Mosche! - ERW) und gab uns das Poem ("Mose", ERW), das nur aus der ersten Sicht historisch wirkt, in Wirklichkeit aber aktuell in bezug auf das Schicksal des Anführers des ukrainischen Volkes ist. Das geschah 1905." Fast genau 100 Jahre vor der Orange-Revolution, die jedoch bis heute offenbar einen ukrainischen *Mose* nicht hervorgebracht hat.

"Keiner der ukrainischen Dichter, Schriftsteller, Denker", so der Dichter Maxim Rylski 1948 (! – ERW), "empfand die Einheit des ganzen ukrainischen Volkes in seinen ethnographischen Grenzen so klar, keiner ersehnte die Vereinigung seines Volkes in solchem Maße und rief zu dieser Vereinigung so flammend auf wie Iwan Franko."[80] - In der "Vorbemerkung" zu seiner "Nach-dichtung" von "Mose" bemerkte Erich Weinert (1959) aus heutiger Sicht wohl ebenso voreilig wie unterwürfig: "Die Prophetie des Dichters ist in unseren Tagen unter der klugen Führung J.W. Stalins verwirklicht worden, und wir, die wir im 'Frieden der freien Völker' leben, 'in der großen, freien, neuen Familie' (nach den Worten Schewtschenkos), sind besonders beglückt, diese Verse zu lesen."[81] Schon 1905 konnte Iwan Franko nicht ohne Stolz vermerken, dass "... mein Poem so viel Glück hatte, dass es zum Gegenstand der Schülerlektüre und der Lehrerinterpretation in einigen ruthenischen Gymnasien wurde und ferner zum Objekt der näheren Aufmerksamkeit seitens einiger unserer Literaturkritiker..."

"'Mose' ist die grandioseste Figur der alten Geschichte der Menschheit", bemerkte Iwan Franko im Vorwort zur russischen Übersetzung seines "Mose" 1913, "eine Figur, umgeben von einer solchen Vielheit von tiefen, wahrhaft und oft erstaunlichen Einzelheiten, dass sie, wenn nicht für den Historiker, so doch in äußerstem Maß für die menschliche Phantasie und für seine dichterische Abbildung, eine unerschöpfliche Quelle an Themen und Anregungen darstellt." Dazu gibt es natürlich sehr viel Literatur, und Jan Assmanns Schriften sind besonders lesenswert.[82] Im "Vorwort zur zweiten Auflage des Poems" – Mose"

---

[80] Zit. nach Erich Weinert, a.a.O., S. 641.

[81] Erich Weinert, a.a.O., S. 642.

[82] Zit. nach Erich Weinert, a.a.O., S. 642; Jan Assmann, Moses der Ägypter. München 1998, S. 25 etc.

(1905). – deklariert Iwan Franko offen das Ausmaß seiner künstlerischen Freiheit: "Zum Hauptthema des Poems machte ich den Tod des Mose als einen von seinem Volk nicht anerkannten Propheten."[83] Diese Darstellung widerspricht selbstverständlich ganz klar dem biblischen Text und der gesamten jüdischen Tradition, denn es heißt ja bekanntlich: "Und die Kinder Israel beweinten Mose im Gefilde der Moabiter dreißig Tage; und es wurden vollendet die Tage des Weinens und Klages über Mose". - "Und es stand hinfort kein Prophet in Israel auf wie Mose, den der Herr erkannt hätte von Angesicht zu Angesicht" (5 Mose 34, 8 u. 10 nach Martin Luther).[84] So gesehen stellt Iwan Frankos "Mose" natürlich nicht nur eine makabre Perversion des biblischen Mose dar, sondern auch bestimmt kein gutes Omen für einen "Moses in der Ukraine".

Was nun den biblischen Mose angeht, so kommt dieser allerdings in der Pessach-Haggada - der am jüdischen Pessachfest memorierten und vorgetragenen Exodus-Geschichte - mit keinem einzigen Wort vor, weil er als überragender Anführer eben selbst nur ein Gott-Geführter war, dem deshalb weder Dank noch besondere Verehrung gebührt, die leicht zum Personenkult pervertieren kann. Denn: "Ich bin es, der euch aus Ägypten herausgeführt hat" (2 Mose 13,3), wird Gott nicht müde, seinem Volk immer wieder einzuschärfen, das sich seinerseits erinnert und bekennt: "Sklaven waren wir einst dem Pharao in Ägypten. Da führte uns der Ewige, unser Gott, von dort heraus mit starker Hand und ausgestrecktem Arm."[85]

Die Erinnerung an den Auszug aus Ägypten kommt im "Kiddusch" - dem Segensspruch und Gebet zu Beginn des Schabbat - und in vielen anderen wichtigen Gebeten vor und ist an Pessach, dem jüdischen "Osterfest", dem "Chag ha'Cheruténu – Fest unserer Freiheit", als intensive Erinnerung seit 3.200 Jahren für Juden deshalb absolut ver-

---

[83] Dazu Sigmund Freud, Der Mann Moses und die monotheistische Religion. (1939) Frankfurt/M. 1975 u. 2006.

[84] Die Übersetzung von Martin Buber und Franz Rosenzweig liegt noch näher am hebräischen Text: "Die Söhne Jisraels beweinten Mosche in den Steppen Moabs dreißig Tage. Die Tage des Trauerweinens und Mosche gingen dahin … Nicht aber erstand hinfort ein Künder in Jisrael Mosche gleich, den ER Antlitz zu Antlitz erkannte… (5 Mose 38, 8 u. 10).

[85] Pessach Hagada. Zürich 1989, S. 18.

pflichtend, weil eben der Exodus als Befreiung aus der 400-jährigen ägyptischen Knechtschaft (5 Mose 12,8) zugleich die Geburt der jüdischen Nation bedeutet: Man muss sich unbedingt so erinnern, als sei man selbst dabei gewesen, um heute und in Zukunft dabei zu bleiben, nämlich beim jüdischen Volk, seinen großen Traditionen und wichtigen Werten.[86] Erinnerung ist also eine vielfach beschworene Pflicht, denn vor allem auch gemeinsame Erinnerung an Gemeinsames schafft Identität.[87]

Aber an welches "Ägypten" der Ukraine wäre nun zu erinnern? Die zaristische, sowjetische (samt heutiger nostalgischer Rück-Verlockungen vermeintlicher "Fleischtöpfe" der Sowjetunion), die postsowjetische alte Ukraine selbst, die geschichtsarme und beinahe gesichtslos gewesene Ukraine, die wegen ihrer tabuisierten ukrainischen Sprache fast sprachlose Ukraine, die alte Ukraine ohne klare ukrainische Identität? Nach dem Auszug aus Ägypten folgten für die Hebräer bekanntlich die 40 Jahre der Wüstenwanderung, bis die alte Generation mit ihrer Sklavenmentalität schließlich ausgestorben und eine neue Generation freier Hebräer herangewachsen war.

Aber Wüste ist nicht gleich Wüste, und 40 Jahre sind nicht gleich 40 Jahre. Ob die beginnende Wanderung durch mancherlei Wüsten - heute Transformationsprozess genannt - diesmal schneller vonstatten gehen wird als damals? – Ziel der langen Wüstenwanderung war seinerzeit das von Gott verheißene "Gelobte Land", - "darin Milch und Honig fließt" (2 Mose 3,8). Was aber ist oder könnte das "Gelobte Land" der Ukraine sein? - Klar, was sonst als die "Neue Ukraine"? – Und was wäre die Neue Ukraine? Eine Zivilgesellschaft mündiger Bürgerinnen und Bürger, wie sie progressive ukrainische Intellektuelle erhoffen. - Wo aber bleibt der ukrainische "Mose", um endlich in die Neue Ukraine zu führen? Vergleiche haben gewiss auch ihre Grenzen. Aber man darf die Hoffnung nicht aufgeben.

Was Israel betrifft, so hatte es bekanntlich ziemlich genau 50 Jahre gedauert, bis Theodor Herzls in seiner Schrift *Der Judenstaat* von 1896 und auf dem 1. Zionisten-Kongress in Basel 1897 proklamierte

---

[86] Jan Assmann, Das kulturelle Gedächtnis. München 1997; ders. Die Mosaische Unterscheidung oder der Preis des Monotheismus. München 2003.

[87] Erhard Roy Wiehn, "Erinnern in Deutschland und aus jüdischer Sicht", in: Erhard Roy Wiehn, Bleibende Warnungen II. Konstanz 2004, S. 169 ff.

Idee eines jüdischen Staates in Erez Israel – im Land Israel - 1948 mit der Gründung des Staates Israel verwirklicht werden konnte. Für die Ukraine musste etwa doppelt soviel oder gar mehr Zeit vergehen, bis 1991 und 2004/05 nicht nur eine unabhängige, sondern auch eine freie oder zumindest freiere Ukraine entstehen konnte, die somit eigentlich erst wenige Jahre alt ist, geboren freilich aus dem frischen Geist der fröhlichen, friedlichen orangenen Revolution: "Die Revolution von 2004 war die Revolution aller Bürger gegen den autoritären Staat, der sich auf die Hörigkeit seiner Untertanen stützte. Hier ging es, ähnlich wie bei den antiautoritären Revolutionen fünfzehn Jahre zuvor, in erster Linie um Werte... Und völlig unerwartet stimmte die Menschenmasse ein: 'Frei-heit-für-die-U-kra-i-ne! ... Wir waren viele – nicht nur auf dem Maidan, sondern in der ganzen Welt, wo das Wort 'Solidarität' wieder populär wurde..."[88]

Nach den Jahrhunderten des Zarismus und den Jahrzehnten des "real existierenden Sozialismus" in der Ukraine wurde nach der Unabhängigkeit im Jahre 1991[89] alsdann anno 2004/05 schließlich im Namen von Recht, Gerechtigkeit und Solidarität auch ein großes Stück Freiheit erkämpft und durch diesen Akt ein wesentliches Stück Identität erlangt, vor allem aber zugleich ein wichtiger erster Schritt zur Bürger- und Zivilgesellschaft getan. Was die bedeutendsten ukrainischen Nationaldichter Taras Schewtschenko, Lesja Ukrainka und Iwan Franko vom 19. bis Anfang des 20. Jahrhunderts in ihrer Dichtung erträumten, schien Anfang des 21. Jahrhunderts in Erfüllung zu gehen, und vielleicht ist ja wenigstens ein Anfang gemacht, ganz sicher ist das jedoch inzwischen nicht mehr, obwohl eine gewisse historische Logik, ökonomische und politische Vernunft wie auch bereits gegebene soziale Tatsachen und nicht zuletzt Orientierungen und Visionen eigentlich dafür sprechen.

Die Ukraine schien sich von Europa nach Europa auf den Weg zu machen, doch dieser Weg wurde mitnichten konsequent weiterverfolgt und von Beobachtern statt dessen bisweilen ein "Pendelkurs" konstatiert, wobei die Westeuropäer ihrerseits die besondere Chance zur kul-

---

[88] Mykola Rjabtschuk, Die reale und die imaginierte Ukraine. Frankfurt/M. 2006, S. 135 u. 134 f.

[89] Eberhard Heyken, Die deutsch-ukrainischen Beziehungen – gestern, heute und morgen: auf dem Weg nach Europa. Konstanz 2001.

turellen, ökonomischen und politischen Arrondierung ganz Europas bedauerlicherweise weder erkannt zu haben scheinen und schon gar nicht ergriffen haben, sodass auch auf westlicher Seite von einer gewissen Zweideutigkeit gesprochen werden kann, wenn man an durchaus deutlichgemachte Interessen der NATO denkt.[90] Für die Europäische Union wäre die Ukraine zweifellos ein besonderer Gewinn an Europäischkeit.

Heute und in Zukunft könnte Europa durchaus von der Ukraine lernen und vom ukrainischen Orange-Geist profitieren, den es zum Glück ja immer noch gibt: Zusammen mit Polen und anderen neuen EU-Ländern könnte die Ukraine nicht nur zur Erneuerung der europäischen Werte beitragen, sondern durch ihre traditionellen eigenen Werte überdies befruchten. Die Ukraine hat sich ihr Eintritts-Ticket in die Europäische Union bereits verdient und sich schon jetzt um Altneu-Europa verdient gemacht, und zwar trotz gewisser Ambivalenzen, Stagnationen und Rückschläge seit 2004/05.

In dieser trotz aller Fraglichkeiten völlig neuen historisch-politisch-kulturellen Situation der heutigen, sich erneuernden Ukraine auf ihrem immer noch möglich erscheinenden Weg ins Herz Europas ist es nun tatsächlich auch an der Zeit, Iwan Frankos Judaica gerade in der hier vorgelegten Auswahl und in deutscher Sprache wieder in Erinnerung zu rufen oder überhaupt erst bekannt zu machen. Wichtig erscheinen dabei die positiven, ja engagierten Bezüge zu wichtigen jüdischen Gestalten wie Mose (Mosche), David, Barkochba[91] und Theodor Herzl, zur jüdischen Tradition der Freiheit und zum überragenden jüdischen Wert der Gerechtigkeit[92] – wodurch dieser ukrainische Volksdichter und Schriftsteller die meisten seiner damaligen Zeitgenossen bei weitem überragt.

Zeitgenössische eher kritisch oder gar unfreundlich und negativ scheinende Bemerkungen bezüglich mancher Aspekte des jüdischen Lebens im damaligen Erfahrungshorizont Iwan Frankos müssen dabei keinesfalls völlig ausgeblendet oder verschwiegen werden, obgleich

---

[90] Mykola Rjabtschuk, Die reale und die imaginierte Ukraine. Frankfurt/M.2006, S. 147 f.

[91] Anführer des 2. jüdischen Aufstands gegen Rom 132-135 .

[92] Erhard Roy Wiehn, "Essentials des Judentums", in Erhard Roy Wiehn, Bleibende Warnungen II. Konstanz 2004, S. 185 ff.

sie hier kein Thema sind, vielmehr eine eigene Untersuchung wert wären. Sicherlich kannte Iwan Franko die Taten Bogdan Chmelnitzkis (1593-1657)[93] ebensogut wie eine gewisse dumpfe zeitgenössische Judenfeindschaft seiner Zeit und kirchlichen "Kultur"[94] (einschließlich "Blutmärchen"-Matze und hat diese sogar thematisiert und Antisemitismus nicht nur in "Jesuitismus" offen bekämpft. Auf Martin Bubers Bitte hatte Iwan Franko über die galizischen Juden geschrieben,[95] und – wie es in "Meine jüdischen Bekannten" heißt, auch "weil ich in meinen Erzählungen und Gedichten sehr oft jüdische Typen und jüdische Melodien angestimmt[96] hatte und dafür seitens einiger Juden Vorwürfe des Antisemitismus und seitens einiger meiner Landsleute Vorwürfe des Philosemitismus eingeheimst habe."

Zu seinem Werk 'Boa constrictor' bemerkt Iwan Franko selbst: "Was darin für die ruthenische Literatur Neues war, das war eben die Tatsache, dass der Held der Erzählung ein Jude war, und dass dieser Jude 'ganz wie ein Mensch gezeichnet wurde' (!!! - ERW), ohne eine Spur der in der bisherigen ruthenischen (und auch polnischen) Litera-

---

[93] Bogdan Chmelnitzki, Kosaken-Hetman, 1648 Anführer des Aufstands der Kosaken gegen polnische Landbesitzer und Juden, in dessen Verlauf über 700 jüdische Gemeinden vernichtet und viele Tausende Menschen ermordet wurden, ist in Form vieler Denkmäler in der Ukraine bis heute völlig selbstverständlich präsent. – Nadiya Medvedovska verdanke ich den Hinweis, dass Iwan Franko 1911 den Aufsatz "Jüdische Pogrome im Sommer 1648" publiziert hat, und zwar in der Zeitschrift der wissenschaftlichen Schewtschenko-Gesellschaft (Band CVI für 1911), der seither nicht mehr gedruckt wurde. - In Iwan Frankos Poem "Der Gesang vom Frieden des Chmel'nyćkyj in Belaja Cerkov und von dem Kosakenkriege" kommen Juden nicht vor; siehe Iwan Franko, Beiträge zur Geschichte und Kultur der Ukraine. Berlin 1963, S. 164 ff. – Nadiya Medvedovska weist darauf hin, dass es sich hier allerdings auch nicht um ein originales Poem Frankos, sondern um seine Verdeutschung eines ukrainisches Volksliedes aus dem 17. Jahrhundert handelt. (Iwan Franko, Beiträge zur Geschichte und Kultur der Ukraine. Berlin 1963, S. 164 ff.)

[94] Siehe dazu Vilém Flusser, "Dostojewski (1821-1881, ERW) und das Judentum", in: Vilém Flusser, Jude sein. Mannheim 1995, S. 107 ff.

[95] Siehe Martin Bubers Briefe in: Iwan Franko, Beiträge zur Geschichte und Kultur der Ukraine. Herausgegeben von E. Winter u. P. Kirchner. Akademie Verlag Berlin 1963, S. 503, 504, 508.

[96] In der genannten Franko-Ausgabe von E. Winter u. P. Kirchner heißt es hier in einer Fußnote: "In einem Werk, welches eben diesen Titel 'Shydiwski melodiji' trägt, führt Franko deutlich das Elend, in dem die jüdische Dorfarmut in Galizien lebt, vor Augen."

tur üblichen Karikierung (oder Idealisierung, was auch eine Karikierung in entgegengesetzter Richtung ist)." Juden als Menschen zu betrachten, war bekanntlich weder zu Iwan Frankos Zeiten selbstverständlich noch später noch ist dies heute immer und überall der Fall. *Mose in der Ukraine* war und ist nun Iwan Frankos darüber hinausgehende, wirklich ebenso originelle wie aktuell gebliebene Idee, die es in sich hat.

"Mit unzweifelhaft, obwohl tief geheimer Projektion in die Gegenwart ist auch das Poem 'Mose' geschrieben", so Maxim Rylski 1948 (!), das mit Recht als einer der Gipfel von Iwan Frankos Werk betrachtet wird. 'Als Grundthema wähle ich den Tod des Moses als des von seinem Volk nicht anerkannten Propheten.[97] Das Thema ist in solchem Hinblick nicht ein biblisches, sondern mein eigenes, obwohl ich es auf der biblischen Erzählung gegründet habe', erklärt der Autor zu seinem Poem. Es ist jedoch unbestreitbar, dass in den Betrachtungen über die Schicksale des jüdischen Volkes und über die persönliche Tragödie Moses, des von seinem Volk nicht anerkannten 'Propheten', zu hören sind die Nachklänge des Dichters über die Schicksale des ukrainischen Volkes und über sein eigenes Schicksal. Der Prolog des Poems ist eine überzeugende Bestätigung dieses Gedankens."[98]

Am Beispiel Iwan Frankos soll hier also nichts weniger gezeigt werden als das, was man als eine wichtige alte geistige Facette der neuen ukrainischen Identität bezeichnen könnte, und dass diese Facette in ihrem Kern natürlich biblische Wert-Orientierungen enthält, wie sie durch das Judentum direkt und durch das Christentum indirekt in die europäische Kultur und Identität und dadurch auch in die Weltkultur eingegangen sind.[99] Damit soll zugleich der Blick weiter dafür geschärft werden, dass mit der sich hoffentlich weiter erneuernden Ukraine im neuen Europa etwas zusammenkommt, was eigentlich schon immer zusammengehört hat.

---

[97] Diese absurde Bemerkung (selbstverständlich trotz Sigmund Freuds Moses-Interpretation!) kann und soll hier nicht kommentiert werden; was den Bezug zu Moses Tod betrifft, so ist nochmals daran zu erinnern, daß Theodor Herzl 1904 verstorben ist.

[98] Zit. nach Erich Weinert, a.a.O., S. 641; siehe auch S. 572.

[99] Erhard Roy Wiehn, "Unvergleichlich faszinierend", in: Sami Scharon, Hebräer – Juden – Israelis. Zur Entwicklung eines Volkes. Konstanz 2003, S. 11 ff.

Im übrigen möchte diese die vorliegende Sammlung noch als etwas verspäteter Beitrag zum 150. Geburtsjahr und 90. Todesjahr des großen ukrainisches Dichters Iwan Franko (1856[100]-1916) gelten dürfen. Der beziehungsreiche Titel dieser Ausgabe *'Zum Licht sich gesehnt'* ist seiner Erzählung "Zum Licht" entnommen.[101] "Man sollte die Klassiker vor ein Tribunal von Schiffbrüchigen stellen, so José Ortega y Gasset, "und sie gewisse Urfragen des echten Lebens beantworten lassen."[102] Was würde Iwan Franko heute zu sagen haben? Klassiker werden ja bekanntlich vor allem dadurch zu Klassikern, dass sie späteren Generationen noch etwas zu sagen haben und ihre Ideen immer wieder neue Funken sprühen können. Leider kann man nicht wissen, was Iwan Franko zu heutigen Ukraine sagen würde, die Avantgarde der ukrainischen Gegenwartsliteratur könnte ihm aber durchaus gefallen, nicht weil sie sich in seiner Manier auffällig biblischer Metaphern bedient, sondern weil sie mit ebenso intelligenter wie erfrischender Chuzpe auch seine politischen Ziele verfolgt.

"Sollen sie die Freiheit haben, sich in den Abgrund der Inkompetenz zu stürzen", heiß es in der lesenswerten Rezension von Juri Andruchowytschs 'Moscoviada':[103] "Wenn sie erst einmal eine Weile sich selbst überlassen waren, wird Rückkehrsehnsucht die Folge sein… (was wiederum sehr an das Murren der Kinder Israels in der Wüste erinnert, ERW) Die amputierten Glieder des Reichs werden wieder zusammenwachsen; ein neues, wunderbares Zeitalter der Deportationen wird kommen. … und wenn man an die Verklärung der kommunistischen Epoche im neoautoritären Russland denkt, mag einem dabei mulmig zumute werden."

---

[100] Geburtsjahr von Sigmund Freud u. George Bernard Shaw, Todesjahr von Heinrich Heine.

[101] Die "Licht"-Metapher spielt bekanntlich in der hebräischen Bibel sowie in den Psalmen eine große Rolle, und viele Gemeinden im liberalen Judentum nennen sich "Or Chadasch – Neues Licht"; markant formuliert bei Jesaja 42,6: "Ich, der Herr, habe dich … zum Licht der Heiden" (gemacht, 49,6;) nicht zuletzt kann man hier auch an Goethes letzte Worte denken: "Mehr Licht…"; dazu Jose Ortega y Gasset, Meditationen über 'Don Quijote'. Stuttgart 1959, S. 12;

[102] José Ortega y Gasset, "Um einen Goethe von innen bittend", in: Gesammelte Werke, Band III. Stuttgart 1978, S. 270.

[103] Wolfgang Schneider, "Mit Bubabu wird alles gut – Juri Andruchowytsch feiert die Trunkenheit als Weltzustand", in: Frankfurter Allgemeine Zeitung, Nr. 228, 30.9.2006, S. 52

Ukrainische Literatur sei neuerdings ein Gütesiegel: "Was der Türkei ein Orhan Pamuk, ist der Ukraine ein Juri Andruchowytsch: eine höchst westkompatible, charmant-kluge Vermittlerfigur", schriebt Wolfgang Schneider in seiner Rezension von Askold Melnyczuks Roman: 'Mindestens tausend Verwandte" (Wien 2006) "Dann gibt es junge Autoren wie Ljubko Deresch, die so frisch und radikal wirken, dass die auf wohltemperiertes Mittelmaß geschulten Abkömmlinge deutscher Schreiberakademien dagegen alt aussehen."[104] Und "Nie ist Patriotismus sympathischer als im Aufbruchsstadium – die westlichen Kategorien von 'progressiv' und 'reaktionär' greifen hier nicht."[105]

Frisch und radikal wirkt zweifellos auch Mykola Rjabtschuk, wenn er in seinem soziopolitischen Essay 'Die reale und die imaginierte Ukraine schreibt: "Letztendlich erhob aber die ukrainische 'orange Revolution' nicht wirtschaftliche, sondern moralisch-ethische Forderungen; ihre treibende Kraft war nicht die Armut, sondern die verletzte Würde von Menschen, die sich als Bürger, nicht als Untertanen verstanden und es wagten, ihre Bürgerrechte zu verteidigen. – Der Majdan wurde zu einem wichtigen Faktor des politischen Lebens in der Ukraine, zu einer Initialzündung der Bürgergesellschaft." Ein Problem bleibe jedoch die Identität, und "die Ukrainer werden sich wohl nicht zufriedengeben, bis sie von den Europäern die offizielle Anerkennung ihrer 'europäischen', also 'nicht russischen' Identität bekommen haben, zumindest in Form der 'Beitrittsperspektive' die ihnen wichtiger zu sein scheint als die eventuelle Mitgliedschaft."[106]

"Es ist ein Sieg der europäischen Werte", so Juri Andruchowytsch, und er zitiert seinen polnischen Freund Andrzej Stasiuk, mit dem er im Herbst 2004 das Buch *'Mein Europa'* veröffentlichte: "Im Osten tun sich große Dinge. Die Ukraine hat sich von den Knien erhoben. In diesen letzten kalten und verschneiten Novembertagen schlägt das

---

[104] Wolfgang Schneider, "Karpaten-Paten – Lebensfülle: Askold Melnyczuk erzählt eine kurze Geschichte des Brühwürfels auf ukrainisch", in: Frankfurter Allgemeine Zeitung, Nr. 286, 8.12.2006, S. 25; dazu auch Maria Lewyka, 'Kurze Geschichte des Traktors auf ukrainisch'. Roman. München 2006; Oksana Sabuschko, 'Feldstudien über ukrainischen Sex'. Roman. Graz-Wien 2006.

[105] Wolfgang Schneider, "Mit Bubabu wird alles gut", a.a.O.

[106] Mykola Rjabtschuk, Die reale und die imaginierte Ukraine. Frankfurt/M. 2005, S. 162 u. 150; dazu auch Juri Andruchowytsch, Andrzej Stasiuk, Mein Europa. Frankfurt/M. 2004.

Herz Europas genau dort, in Kiew, auf dem Platz – wörtlich – der Unabhängigkeit. In Kiew kulminiert der Kampf um die europäischen Werte, die man im Westen Europas schon behandelt, als wären sie selbstverständlich, für immer geschenkt."[107]

Herzlich zu danken ist Dr. Nadiya Medvedovska (Nationale Taras Schewtschenko Universität Kiew) für die Idee zu dieser Publikation und für ihre kompetenten Übertragungen aus dem Ukrainischen und dem Akademieverlag Berlin für die freundliche Genehmigung zum Abdruck einiger Franko-Texte. – Was aufgeschrieben, veröffentlicht und in einigen Bibliotheken der Welt aufgehoben ist, wird vielleicht nicht so schnell wieder vergessen.

Löscht ja das heilige Feuer nicht,
Dass, wenn er ruft seine Streiter,
Aus tiefem Herzen ihr sagen könnt:
"Sieh her, ich bin bereit, Herr!"[108]
Iwan Franko, "Mose". – 10.04.2004 – 08.10.2007

9. Deutsch-ukrainischer Brückenbau von Europa nach Europa 2009*

Eingedenk der Vergangenheit und aus Begeisterung wie auch Sorge angesichts des gewaltigen politischen, ökonomischen und sozialen Wandels der letzten Jahrzehnte erwuchs schon früh mein Interesse an Osteuropa und die Motivation, einen eigenen Beitrag zu leisten. Ich gehöre zu der Generation in Westeuropa, die erleben durfte, dass Deutschland sich aus Trümmern nicht nur zu einer der ersten Wirtschaftsmächte der Welt emporgearbeitet hat, sondern auch versuchte, aus seiner Geschichte zu lernen und ein friedliches Mitglied der Völkerfamilie zu werden. Gleichzeitig hat meine Generation die Entstehung der Europäischen Gemeinschaft auf dem Weg zur Europäischen

---

[107] Frankfurter Allgemeine Zeitung, Nr. 294, 16.12.2004, S. 33.

[108] Zit. nach Erich Weinert, a.a.O., S. 677.

* In: Erhard Roy Wiehn, Deutsch-ukrainische Aktivitäten – Universitärer, humanitärer, publizistischer und menschlicher Brückenbau von Europa nach Europa 1989-2009. Konstant 2009, S. 97 ff.

Union und zum Euro erlebt, ein Prozess, der noch lange nicht abgeschlossen ist und bis jetzt zwar nicht das Paradies gebracht hat, aber doch 50 Jahre Friede in ganz Europa (von bösen Brandherden wie vor Jahren im ehemaligen Jugoslawien und Nordirland etc. einmal abgesehen) und einen vergleichsweise nie gekannten Wohlstand für viele, trotz der bestürzenden Finanz- und Wirtschaftskrise des Jahres 2009.

Ich war und bin zutiefst überzeugt, dass auch die Menschen in Osteuropa unbedingt bessere Lebenschancen verdienen und sich tatsächlich auch erarbeiten können, dass das neue europäische Haus *die* Völker Osteuropas einschließen muss, die dies wollen, und erst dann Europa in friedlicher Konkurrenz zu Amerika und Asien bestehen kann. Deshalb war ich schon mit Beginn der sogenannten "Perestroika" in der alten Sowjetunion überzeugt, dass wir jetzt zusammenkommen müssen, dass wir jetzt alles versuchen müssen, durch wissenschaftliche Zusammenarbeit zwischen unseren Universitäten und den Austausch unserer jungen Menschen, der künftigen Elite unserer Länder, die Weichen für eine bessere, gemeinsame, friedliche Zukunft zu stellen.

Das war die Zeit des Brückenbaus. Wir haben unsere Kontakte 1986/87 angebahnt und sind uns im Frühjahr und Herbst 1989 in Konstanz und Kiew erstmals persönlich begegnet: Prorektor Prof. Anatoly I. Smyslov und Rektor Prof. Anatoly F. Pawlenko, frühe intensive Begegnungen, die unvergesslich bleiben: Der erste Brückenschlag bestand dank dem Folklore-Ensemble EKO in Musik und Tanz! Schon am 13. April 1990 haben wir in Kiew eine Vereinbarung über wissenschaftliche Zusammenarbeit unterzeichnet, und wir freuen uns natürlich im Nachhinein um so mehr, dass wir tatsächlich die ersten waren. Wir haben mit nichts als mit einer Vision begonnen, die uns zunächst ziemlich schwer auf der Seele lag, denn es war ganz unklar, wieviel davon sich überhaupt verwirklichen ließe.

Wir gingen an die Arbeit, und wir haben in 20 Jahren etwas geschafft, was sich sehen lassen kann, vor allem in den Chancen, die wir vielen jungen Menschen bieten konnten und bieten, und zwar nicht nur denen der Kiewer Nationalen Wirtschaftsuniversität, sondern auch denen der Nationalen Taras Schewtschenko Universität und darüber hinaus. Wir haben ein ganzes Netzwerk von Beziehungen geschaffen, die sogar die Medizin betrifft, weit über Kiew hinausreicht und auch humanitäre Aktivitäten einschließt. Das alles ist nicht vom Himmel gefallen, sondern musste erarbeitet werden; wir haben jedoch die Arbeit nicht gescheut, und ich denke, sie hat sich allein bis jetzt schon mehr als gelohnt. Für mich war diese deutsch-ukrainische Zusammenarbeit eine große Bereicherung, und im übrigen war es wie die Wiederentdeckung eines Teils der Verwandtschaft, von der man lange Jahre getrennt war und die man nun wiederentdecken durfte.

Wir stehen noch immer am Anfang dessen, was wir uns vorgenommen haben, und wir dürfen uns keinesfalls auf dem Erreichten ausruhen. Der Weiterbau und die Vollendung unserer Brücke wie des neuen europäischen Hauses bleiben große, faszinierende Aufgaben und Herausforderungen, die niemanden ängstigen dürfen, sondern uns alle anspornen sollen. Denn dieses große, neue, gemeinsame europäische Haus kann bessere Lösungsmöglichkeiten für gesamteuropäische und weltweite ökonomische, ökologische und politische Probleme bieten, kann für die jungen und kommenden Generationen neue Lebenschancen schaffen. Ich persönlich setze dabei auf die jungen Menschen, die aus der Ukraine zu uns kommen und auch auf unsere Jugend, die in die Ukraine geht! Ihnen möchten wir unsere Lebenserfahrung weitergeben: Ja, lernt und arbeitet, so gut ihr irgend könnt! Ersinnt euch Visionen, sucht euch lebenswerte Leitbilder! Die eigene Familie, das eigene Land nicht vergessen, aber dabei Europa und die Welt im Sinn behalten! Freude haben an Leistung, aber nicht auf Kosten anderer! Erfahrungen sammeln durch Verantwortung, lebenslang lernen! In Bereitschaft bleiben, sich selbst zu übertreffen.

Im Unterschied zur großen Politik können wir nur im Rahmen unserer begrenzten Möglichkeiten am deutsch-ukrainischen Brückenbau weiterarbeiten, aber wenn wir die uns gegebenen Möglichkeiten weiterhin optimal nutzen, dann ist das schon viel. Symbolisch für unsere deutsch-ukrainischen Aktivitäten der letzten 20 Jahre scheint mir nicht nur, dass die erste Brücke zwischen Kiew und Konstanz eine musikalische Brücke war, der universitäre, humanitäre, publizistische und vor allem menschliche Dimensionen folgten. Symbolisch erscheint mir auch die Kiewer Kastanie – das darf zum Schluss wohl wiederholt werden -, die wir 1993 mit den Freunden Nationalen Wirtschaftsuniversität Kiew auf dem Konstanzer Universitäts-Campus pflanzten, ein Bäumchen von ca. 30 cm Größe und der Dicke eines kleinen Fingers, das jetzt schon einen ansehnlichen Stamm aufweist, sich etwa einen Meter über der Erde in zwei Stämme gabelt, symbolisch für unsere beiden Universitätspartnerschaften, schon fast 10 m hoch gewachsen ist, bis 2008 schon zweimal blühte und die ersten Kiewer Kastanien in Konstanz hervorgebracht hat (siehe Umschlag-Rückseite!). Vor allem ist während des Sommers längst möglich, was uns bei seiner Anpflanzung vorschwebte, nämlich mit Kiewer Gästen, Freundinnen und Freunden unter den Blättern unserer "Kiewer Friedenskastanie" einen guten ukrainischen Horilka, ein ukrainisches Bierchen, einen trockenen Krim-Wein oder auch einen schönen Bodenseewein von nebenan zu genießen.

Auch in universitären Partnerschaften kann man sich nicht oft genug sehen. Zu meinem 60. Besuch in Kiew und der Ukraine habe ich am 13. Juli 2008 einen kleinen Kreis von Freundinnen und Freunden zu einem Essen eingeladen. Es war ein recht heiterer Abend in einem Restaurant namens "Buffalo" jenseits des Dnipro in einem neuen Hochhausviertel, wo wir schon öfter gefeiert hatten, diesmal sogar mit Tanz. Dieser Besuch erfolgte eigentlich zum 60. Geburtstag unseres Freundes Prof. Wolodymyr Yevtukh am 14. Juli 2008 im neuen Hotel "Hayatt" am wiederaufgebauten St.-Michaels-Kloster. Da kam plötzlich ein Mann an meinen Tisch, stellte sich als Michael Gretzki vom ARD-Büro Kiew vor, sagte mir, dass er bei meiner Babij-Jar-Buchvorstellung im August 1991 in Kiew dabei gewesen sei und mich um ein Interview zum bevorstehenden Besuch der deutschen Kanzlerin Dr. Angela Merkel in Kiew am 21. Juli 2008 bitte. Dieses Interview fand am 15. Juli 2008 im Schewtschenko-Park gegenüber der roten Universität statt,[109] und ich habe darin vor allem für eine mutigere Politik der offenen Tür gegenüber der Ukraine plädiert; der Bundeskanzlerin hatte ich als Erinnerung an ihren Besuch in Kiew mein Babij-Jar-Buch von 2001 geschickt, eine Reaktion ist bis jetzt mitnichten erfolgt.

Ohne Arroganz dürfen wir wohl feststellen, dass wir der Politik durchaus voraus waren und sind, was ja Universitäten gewiss gut ansteht. Besonders erfreut und befriedigt mich, dass durch unsere Universitätspartnerschaften und durch vielfältige weitere Beziehungen, die sich daraus entwickelt haben, vielen jungen Menschen in ihrer

---

[109] Und ich konnte es in Ausschnitten zufällig am frühen Vormittag (6:40 Uhr) des 21. Juli 2008 im Deutschlandfunk hören, als ich zu Hause gerade unter der Dusche stand.

Bildung und Ausbildung weitergeholfen werden konnte, aber auch viele Kolleginnen und Kollegen für ihre Weiterbildung profitierten. In einigen Fällen habe ich über längere Zeit auch ganz persönliche Entwicklungen fördern können.

Um dieses unvollständige Resümee etwas aufgeheitert ausklingen zu lassen: Was wir bis jetzt leider nicht geschafft haben, obwohl ich seit Jahren dafür geworben habe, das ist die Pflanzung eines zweiten Kiewer Baumes für die Nationale Taras Schewtschenko Universität vor der Universität Konstanz. Eine Kiewer Pappel könnte die Kastanie der Kiewer Nationalen Wirtschaftsuniversität vielleicht noch einholen. Was nicht ist, kann ja noch werden.

Meine alte Idee eines ukrainischen Kultur-Restaurants "Kiew" in Konstanz (als Anfang einer Kette in Deutschland und der Schweiz!) habe ich im Laufe der Jahre immer wieder angepriesen, jedoch bis jetzt ohne Erfolg. Dabei könnte ein solches Restaurant nicht nur der kulinarischen und künstlerischen Kulturvermittlung dienen, sondern auch Arbeitsplätze für Studierende schaffen. Also wo bleibt ein engagierter und weitsichtiger Investor?

Was die Partnerschaften und Freundschaften in Kiew betrifft, so habe ich bei manchen Toasts gerne Winston Churchills berühmte (freilich im Kontext des Zweiten Weltkriegs gesprochenen) Worte zitiert: "Dies ist nicht das Ende. nicht einmal der Anfang vom Ende, aber – vielleicht – das Ende vom Anfang!"

Europa braucht die Ukraine, und die Ukraine gehört natürlich zu Europa. Möge daher zusammenwachsen, was zusammengehört! Dabei bin ich ganz unbefangen von David Ben Gurions legendärer Weisheit überzeugt: "Wer nicht an Wunder glaubt, ist kein Realist!"

Den deutsch-ukrainischen Aktivitäten im allgemeinen sowie dem universitären, humanitären, publizistischen und menschlichen Brückenbau zwischen Kiew und Konstanz im besonderen und also von Europa nach Europa wünschen wir auch in Zukunft: Vivat, crescat, floreat!

10. 20 Jahre Kiew-Konstanzer Partnerschaft und Freundschaft (2009)*

* Ansprache in der Nationalen Wirtschaftsuniversität Kiew am 14. Mai 2009.

Ljubi drusi!

Es ist schon 20 Jahre her und doch wie gestern: Wir hatten unsere ersten Kontakte bereits seit 1987 angebahnt und sind uns im April und September 1989 in Konstanz und Kiew erstmals persönlich begegnet: Prorektor Prof. Anatoly Smyslov und Rektor Prof. Anatoly Pawlenko, es waren intensive und nachhaltige Begegnungen mit erstaunlichen Folgen und ungeahnten Nebenwirkungen: Der erste, begeisternde Brückenschlag nach Konstanz bestand dank des Folklore-Ensembles EKO in Musik und Tanz, vor allem aber in intensiven persönlichen Gesprächen. Schon am 13. April 1990 und noch zur Zeit der Sowjetunion haben unsere Rektoren Prof. Pawlenko und Prof. Sund in Kiew unsere Vereinbarung über wissenschaftliche Zusammenarbeit unterzeichnet.

Wir gingen sofort an die Arbeit, bald kamen die ersten Kiewer Kolleginnen und Kollegen sowie Studentinnen und Studenten nach Konstanz, unsere Professoren begannen, in Kiew zu dozieren, früh gab es einen ersten Sportaustausch – den unser Vizekanzler Helmut Hengstler in den letzten Jahren dankenswerterweise engagiert wieder aufleben ließ! –, unser Universitätschor gastierte erstmals in Kiew, wir konnten mit Geräten und Büchern helfen. Bereits im Herbst 1990 organisierten wir hier das zukunftsweisende Symposium "Umwelt in Europa – Umweltprobleme kennen keine Grenzen", stark motiviert durch das Reaktor-Unglück von Tschernobyl 1986, von dem auch unsere Bodenseeregion betroffen war. Darauf folgten zusammen mit unserer interessierten Industrie- und Handelskammer Hochrhein-Bodensee Wirtschaftssymposien in Kiew und Konstanz, unter Kiewer Beteiligung auch unser internationales Konstanzer Symposium "Zur Rolle der Universitäten beim Bau des neuen europäischen Hauses".

Auf der Basis unserer Zusammenarbeit entstanden seit 1990 die fruchtbare Partnerschaft mit der Nationalen Taras Schewtschenko Universität, die lebensrettende Kooperation zwischen dem Kiewer Institut für Kardiologie und dem Konstanzer Herzzentrum, unsere Beratung der Kiewer Psychiatrischen Pawlow-Klinik sowie der Medizinischen Universität Chernivzi. Seit Anfang der 1990er Jahre wurden überdies etliche große humanitäre Hilfskonvois organisiert, später eine bedeutende Kinderhilfsaktion in Chernivzi, fast von Anfang an gab und gibt es unser nun 19-jähriges Engagement für das Waiseninternat in Goródnja. Nicht zuletzt sind zahlreiche Buchpublikationen entstanden, die erste beinhaltet unser Umweltsymposium von 1990, meine ca. 30 eigenen Schriften befassen sich vor allem mit der dunklen deutsch-ukrainischen Geschichte, mit der deutschen Okkupation und dem Holocaust in der Ukraine, aber auch mit der Dichtung von Iwan Franko und Lesja Ukrainka.

Partnerschaften hängen im Kontext historischer Konstellationen von konkreten Menschen ab. Hier möchte ich zuerst an Dr. Iwan Potrawnij erinnern, dem ich als erstem Kollegen der damaligen Kiewer Wirtschaftshochschule Anfang 1987 in Konstanz begegnet bin, wodurch die Initialzündung zu unserer folgenden Partnerschaft ausgelöst wurde. Sodann gedenken wir unseres Freundes Walery Woloschanówitsch, der sich als begnadeter Dolmetscher über viele Jahre verdient gemacht hatte, uns aber leider viel zu früh verlassen musste, was auch für Dmitry Wischnepólski gilt, den energischen Leiter des damaligen Folklore-Ensembles EKO. Krankheitsbedingt wurde alsdann der zweite, engagierte und verdiente Konstanzer Beauftragte für unsere Zusammenarbeit, unser Freund Eberhard Zgraja, ganz plötzlich aus seinem Amt gerissen. – Um so mehr bin ich beglückt, dass die aktiven "jungen Pioniere" von damals heute alle hier anwesend sind, nämlich Rektor Anatoly Pawlenko, unser damaliger Rektor Prof. Horst Sund, Prorektor Prof. Anatoly Smyslov und ich als erster Konstanzer Beauftragter, schon einige Zeit im munteren Unruhestand.

Wir stehen eigentlich erst kurz hinter dem Anfang dessen, was wir uns vorgenommen haben und dürfen auf dem Erreichten keinesfalls ausruhen. Zum 20-jährigen Jubiläum unserer ersten Kontakte wünsche ich unserer Partnerschaft deshalb eine kräftige Auffrischung im Geist unserer Pionierzeit: Es ist gewiss sehr gut, dass es inzwischen eine langjährige Routine gibt, jedoch scheint mir diese nicht genug: Es wäre an der Zeit zu prüfen, wie die studentischen Studienaufenthalte noch effektiver organisiert werden könnten, Zeit für neue substantielle Symposien, Zeit für eine weitere Intensivierung und Vertiefung unserer Partnerschaft, Zeit für einen Konstanz-Kiewer Alumni-Verein. Zeit für eine Vernetzung gemeinsamer Partnerschaften, also Zeit für neue Ideen und Visionen.

Wir haben in den vergangenen 20 Jahren viel Glück gehabt mit relativ günstigen politischen Entwicklungen und Konstellationen. Deutschland ist seit 19 Jahren wiedervereinigt, die Ukraine seit 18 Jahren eine unabhängige Republik. Europa hat sich beträchtlich weiterentwickelt, ist aber immer noch eine riesige Baustelle. Der Weiterbau unserer partnerschaftlichen Brücke von Europa nach Europa wie des neuen europäischen Hauses bleiben große Herausforderungen, insbesondere in einer weltweiten Finanz- und Wirtschaftskrise. Lasst uns deshalb im Rahmen unserer Möglichkeiten unbedingt weiterhin beherzt daran mitarbeiten! – Symbolisch für unsere partnerschaftlichen Aktivitäten scheint mir die Kiewer Kastanie, die wir 1993 gemeinsam vor der Universität Konstanz pflanzten, die inzwischen ein prächtiges Teenager-Bäumchen geworden ist, im Mai 2009 zum dritten Mal blüht und unter dessen schattigem Blätterdach sich zweifellos schon ein Gläschen Horílka der Freundschaft trinken lässt. Den Kiewer Freundinnen und Freunden entbiete ich meinen sehr herzlichen Dank für 20 Jahre fruchtbarer Partnerschaft und Freundschaft zum Wohl unserer Studierenden und der Wissenschaft! Unserer Partnerschaft wünsche ich auch als Ehrendoktor der Kiewer Nationalen Wirtschaftsuniversität von Herzen: Vivat, crescat, floreat!

Meine und unsere Jubiläumsgabe besteht an dieser Stelle in einer Schrift, an der viele Anwesende teils direkt, teils indirekt mitgewirkt haben, worin im übrigen all das steht, was ich in meiner kurzen Ansprache nicht habe sagen können – hier ist sie, unsere Jubiläumsschrift: *Deutsch-ukrainischen Aktivitäten – Universitärer, humanitärer, publizistischer und menschlicher Brückenbau von Europa nach Europa 1989–2009* – mit Vorworten von Prof. Smyslov, Dr. Ivanov, Prof. Kowalenko und Helmut Hengstler – zunächst in deutscher Sprache, hoffentlich bald vielleicht auch in ukrainischer Sprache: Dusche dakujem – besonders auch Dr. Michael Gawrisch fürs Übersetzen!

11. Dokumentation deutsch-ukrainischen Brückenbaus (2009)*

Pani ta Panove, dorogi Drusi!

Es ist schon gut 20 Jahre her und doch wie gestern: Wir hatten unsere ersten Kontakte von Konstanz nach Kiew bereits 1987 angebahnt und sind uns im April und September 1989 in Konstanz und Kiew erstmals

---

* Ansprache anlässlich der Vorstellung der ukrainischen Ausgabe meiner Schrift *Deutsch-ukrainische Aktivitäten* im Gelben Gebäude der Nationalen Taras Schewtschenko Universität Kiew am 13. Oktober 2009.

persönlich begegnet: Prorektor Prof. Anatoly Iwanowitsch Smyslov und Rektor Prof. Anatoly Pawlenko von der Kiewer Wirtschaftsuniversität, es waren intensive und nachhaltige Begegnungen mit erstaunlichen Folgen und ungeahnten Nebenwirkungen. Schon am 13. April 1990 und noch zur Zeit der Sowjetunion haben unsere Rektoren eine Vereinbarung über wissenschaftliche Zusammenarbeit unterzeichnet.

Auf der Basis dieser Zusammenarbeit mit der Kiewer Wirtschaftsuniversität entstanden seit 1990 bzw. 1992 die fruchtbare Partnerschaft mit der Nationalen Taras Schewtschenko Universität Kiew, die lebensrettende Kooperation zwischen dem Kiewer Institut für Kardiologie und dem Konstanzer Herzzentrum, unsere Aktivitäten mit der Kiewer Psychiatrischen Pawlow-Klinik sowie mit zwei Universitäten in Chernivzi. Seit Anfang der 1990er Jahre wurden überdies zahlreiche große humanitäre Hilfskonvois organisiert, fast von Anfang an gab und gibt es unser nun bald 20-jähriges Engagement für das Waiseninternat in Goródnja in der Nordukraine. Nicht zuletzt sind zahlreiche Buchpublikationen entstanden, die erste beinhaltet unser Umweltsymposium von 1990, die ca. 30 von mir herausgegebenen Schriften befassen sich vor allem mit der dunklen deutsch-ukrainischen Geschichte, mit der deutschen Okkupation und dem Holocaust in der Ukraine, aber auch mit der Dichtung von Iwan Franko und Lesja Ukrainka.

Dies und manches andere mehr habe ich in meiner Schrift *Deutsch-ukrainische Aktivitäten – Universitärer, humanitärer, publizistischer und menschlicher Brückenbau von Europa nach Europa* festzuhalten versucht: Auf dem Umschlag sieht man viel Symbolik, nämlich vorn die Kiewer Südbrücke, über die wir zueinander kommen, hinten unsere blühende Kiewer Kastanie auf dem Campus der Universität Konstanz! Diese Dokumentation haben wir in ihrer deutschen Version bereits am 14. Mai 2009 in der Kiewer Wirtschaftsuniversität vorgestellt. Natürlich bin ich sehr glücklich, dass wir heute – am Vor-Vorabend der großen Geburtstagsfeier des 175-jährigen Bestehens der Nationalen Taras Schewtschenko Universität – die ukrainische Ausgabe unserer Schrift hier (im Gelben Gebäude der Roten Universität!) vorstellen und feiern können: Es ist das dankenswerte Gemeinschaftswerk der Nationalen Kiewer Wirtschaftsuniversität und der Nationalen Taras Schewtschenko Universität in Kiew: Ganz herzlichen Dank allen Freunden für ihre substantiellen Vorworte, sodann allen Übersetzerinnen und Übersetzern und ganz besonders unserem Freund Dr. Michael Gawrisch für die arbeitsreiche Endredaktion. Diese Schrift ist mit Herzblut geschrieben und nicht wenige hier Anwesende kommen darin vor, sie enthält viele Daten und Fakten, mancherlei Ernstes und Heiteres, mancherlei Anregungen und Hoffnungen, aber auch einiges zwischen den Zeilen für jene, die es zu lesen verstehen.

"Ein Buch ist etwas anderes und Haltbareres als Zeitungspapier", schrieb einmal eine weise Autorin meiner Edition (Alice Schwarz-Gardos 2009, S. 9): "Es ist an sich ein Stück Lebensverlängerung, ein kleines bisschen Medizin gegen die Endlichkeit. Beinahe ein wenig Unsterblichkeit." Auch in diesem Sinne bin ich beglückt, dass mit dieser Schrift in ukrainischer Sprache in der Ukraine heute und noch lange nach uns nachlesbar bleibt, was wir in den 20 Jahren von 1989 bis 2009 gearbeitet, gedacht, gehofft, gefeiert und erträumt haben! Von Herzen hoffe ich heute vor allem, dass unsere Träume von einem friedlichen, wohlhabenden, größeren Europa mit der Ukraine von jüngeren Generationen nicht nur weitergeträumt, sondern mit neuem Elan umgesetzt werden: Denn über unsere Träume entscheiden vor allem unsere Taten! Der Weiterbau unserer partnerschaftlichen Brücke von Europa nach Europa wie des neuen europäischen Hauses bleiben große Herausforderungen, insbesondere in einer weltweiten Finanz- und Wirtschaftskrise, die aber gewiss nicht ewig dauern werden. Lasst uns deshalb im Rahmen unserer Möglichkeiten unbedingt weiterhin mit Kopf und Herz und ganzer Kraft – und wie bisher der Politik ein gutes Stück voraus – gemeinsam an dieser deutsch-ukrainischen Europabrücke weiterbauen!

Allen Kiewer Freundinnen und Freunden entbiete ich meinen sehr herzlichen Dank für 20 Jahre fruchtbarer Zusammenarbeit zum Wohle unserer Studierenden, der Wissenschaft und unserer Länder! Ich danke nochmals allen an diesem *Brückenbuch* Beteiligten für das große Geschenk dieser Übersetzung und Publikation. Herzlichst danke ich allen, die diese vielen guten Erinnerungen überhaupt möglich machten, für die langen Jahre beispielhafter Partnerschaften und für alle wunderbaren Freundschaften. Unseren offiziellen und persönlichen Partnerschaften wünsche ich weiterhin und von Herzen: Vivat, crescat, floreat! – Ich danke allen Anwesenden sehr herzlich, dass Sie gekommen sind und wünsche noch einen angenehmen Abend: Dusche djakujem! (13.10.2009)

12. Ivan Franko (1856–1916) immer noch aktuell* (2012)

Anfang des Jahres 2008 hatte ich im Zusammenhang meiner jahrelangen Aktivitäten in deutsch-ukrainischen Universitäts-Kooperationen[110] wie auch meiner jüdischen Interessen in meiner Edition Schoáh & Judaica von Ivan Franko *Zum Licht sich gesehnt – "Mose" und andere ausgewählte Judaica* (Hartung-Gorre Verlag Konstanz) als eine Art Kostproben-Liebhaber-Dokumentation herausgeben können, wobei die meisten Beiträge von Dr. Nadiya Medvedovska (damals Nationale Taras-Schewtschenko-Universität Kiew) erstmals aus dem Ukrainischen ins Deutsche übertragen worden waren. Als Prof. Dr. Roman Mnich (Universität Siedlce, Polen) mir im November 2011 sein Publikations-Projekt *Ivan Franko im Kontext mit Theodor Herzl und Martin Buber – Antisemitismus und Philosemitismus in Ostgalizien 1886–1916* anbot, habe ich sogleich erfreut zugesagt und bin nun beglückt, dass diese Schrift nach kurzer, aber heftiger Editions-arbeit hiermit bereits vorliegt.

Unsere erste Publikation mit Ivan Frankos Judaica-Beiträgen stand noch unter dem Eindruck der bekannten großen Hoffnungen nicht weniger Menschen in der Ukraine und im übrigen Europa, welche die sogenannte "Orange-Revolution" in der Ukraine im Herbst des Jahres 2004 ausgelöst hatten. Dies galt um so mehr für unsere erste einschlägige Veröffentlichung von Anfang 2005, die im "Orange"-Jahr 2004 entstanden war, nämlich Lesja Ukrainkas *Judaica – Babylonische Gefangenschaft und andere Gedichte* (aus dem Ukrainischen ebenfalls von Dr. Nadiya Medvedovska übertragen und kommentiert; Hartung-Gorre Verlag). Dass biblische Stoffe und Gestalten von vielen Dichtern und Schriftstellern in aller Welt seit jeher in ihren persönlichen und historischen Kontexten für ihre eigenen Werke benutzt und verar-

---

* In: Roman Mnich, Ivan Franko Roman Mnich, Ivan Franko im Kontext mit Theodor Herzl und Martin Buber. Herausgegeben von Erhard Roy Wiehn. Konstanz 2012, S. 127 ff.

[110] Erhard Roy Wiehn, Deutsch-ukrainische Aktivitäten – Universitärer, humanitärer, publizistischer und menschlicher Brückenbau von Europa nach Europa 1989–2009. Konstanz 2009 (ukrainische Ausgabe c/o Kiewer Nationale Universität für Wirtschaft (KNEU) 2009).

beitet wurden und werden, ist eine ebenso bekannte wie gleichwohl bemerkenswert bleibende Tatsache an sich. Die *Judaica* Lesja Ukrainkas (Laryssa Petriwna Kosatsch, 1871–1913) und Ivan Frankos (1856–1916) – neben dem Nationaldichter Taras Schewtschenko (1814–1861) zwei der bedeutendsten klassischen Literaten der Ukraine überhaupt – sind jedoch im Westen und nicht zuletzt auch in Deutschland noch immer fast völlig unbekannt.

Daher ist es besonders verdienstvoll, dass sich Roman Mnich in drei substantiellen Kapiteln der vorliegenden Veröffentlichung mit Ivan Frankos Schriften gerade im Hinblick auf Theodor Herzl (1860 – 1904) und Martin Buber (1878–1965) in akribisch-wissenschaftlicher Weise vertieft befasst, durch einem gewichtigen Anhang mit fünf Original-Beiträgen Ivan Frankos und sieben weiteren Beiträgen zeitgenössischer jüdischer wie nichtjüdischer Autoren vorzüglich ergänzt. Hierbei kommt der Autor gewissen spannenden Parallelen und Zusammenhängen von jüdischem und ukrainischem Nationalbewusstsein auf die Spur, entlarvt die gern geglaubte Legende von Frankos angeblicher Begegnung mit Herzl als erstaunliche Erfindung und leistet insgesamt einen wertvollen Beitrag zum Thema *Antisemitismus und Philosemitismus in Ostgalizien 1886–1916*, der in mancher Hinsicht durchaus ganz aktuell erscheint.

Besonders interessant sind in Ivan Frankos Werken die positiven, ja engagierten, wenn auch zum Teil kuriosen Bezüge zu wichtigen jüdischen Gestalten wie Mose (die 40-jährige Wüstenwanderung ist dabei ein interessantes Thema sui generis, das einmal hinsichtlich der neueren ukrainischen Geschichte und Erfahrungen bedacht werden sollte!), David, Barkochba und Theodor Herzl, zur jüdischen Tradition der Freiheit und zum überragenden biblischen Wert der Gerechtigkeit, wodurch dieser ukrainische Dichter und politische Schriftsteller die meisten seiner damaligen ukrainischen Zeitgenossen weit überragt, obgleich auch er von antijüdischen Ressentiments keineswegs ganz frei war. Immerhin konnte er sich selbst damit rühmen, dass in seiner Erzählung "Boa constrictor" der Protagonist ein Jude ist, "und dass dieser Jude 'ganz wie ein Mensch gezeichnet wurde', ohne eine Spur der in der bisherigen ruthenischen [ukrainischen, ERW] (und auch polnischen) Literatur üblichen Karikierung (oder Idealisierung, was auch eine Karikierung in entgegengesetzter Richtung ist)."[111] Cha-

[111] In: "Meine jüdischen Bekannten", hier S. 72 ff.

peau! Denn Juden als Menschen zu betrachten ist bekanntlich auch heute noch mitnichten überall selbstverständlich.

"Am Beispiel Ivan Frankos soll hier also nichts Geringeres ge-zeigt werden als das", schrieb ich in meinem früheren Franko-Vor-wort "'Mose' in der Ukraine" von 2008 schon fast wie für die hier vorliegende Publikation, "was man als eine wichtige alte geistige Facette der (möglichen) neuen ukrainischen Identität bezeichnen könne, und dass diese in ihrem Kern natürlich biblische Wertorientierungen enthält, wie sie durch das Judentum direkt und durch das Christentum indirekt in die europäische Kultur und Identität und dadurch auch in die Weltkultur eingegangen sind.[112] Damit soll zu-gleich der Blick dafür geschärft werden, dass mit der sich hoffentlich (trotz aller Widerstände und Rückschläge) weiter erneuernden Ukraine im (künftigen) neuen Europa (endlich) etwas zusammenkommt, was eigentlich schon immer zusammengehört."[113] Also: "Wer nicht an Wunder glaubt", so David Ben-Gurion (1886–1973), "ist kein Realist."

Leider kann man nicht wissen, was Ivan Franko zum Zustand der heutigen Ukraine gesagt hätte, die Avantgarde der ukrainischen Gegenwartsliteratur dürfte ihm aber durchaus gefallen haben, nicht etwa weil sie sich in seiner Manier besonders auffällig biblischer Metaphern bedient,[114] sondern weil sie mit ebenso intelligenter wie erfrischender Chuzpe vielleicht teilweise auch seine alten politischen Ziele verfolgt, wenn man an Autoren wie Juri Andruchowytsch, Oksana Sabuschko, Mykola Rjabtschuk und andere denkt:[115] "Letzt-endlich er-

---

[112] Dazu Erhard Roy Wiehn, Judentum und Christentum – Gemeinsames und Trennendes im kurzen Überblick. Versuch einer vergleichenden Betrachtung als aktueller Denkanstoß. Konstanz 2010.

[113] In: Ivan Franko, Zum Licht sich gesehnt. Konstanz 2008, S. 21 f.

[114] Zur deutsch-jüdisch-ukrainischen Kulturvermittlung leistet inzwischen insbesondere Prof. Dr. Peter Rychlo (Universität Chernivtsi/Czernowitz) unschätzbare Arbeit, etwa mit seiner bibliophilen deutsch-ukrainischen Ausgabe *Die verlorene Harfe – Eine Anthologie deutsch-sprachiger Lyrik aus der Bukowina.* Chernivtsi 2002, und *Europa erlesen.* Klagenfurt 2004; erinnert sei hier auch an Prof. Dr. Maria Kłanska (Universität Krakau), *Problemfeld Galizien in deutschsprachiger Prosa 1846–1914.* Wien 1991, und *Aus dem Schtetl in die Welt 1772–1938. Ostjüdische Autobiographien in deutscher Sprache.* Wien 1994.

[115] Juri Andruchowytsch, *Engel und Dämonen der Peripherie.* Frankfurt/Main 2007; Juri Andruchowytsch u. Andrzej Stasiuk, *Mein Europa.* Frankfurt/M. 2004; Anna-Halja Horbatsch, *Die Ukraine im Spiegel ihrer Literatur.* 2. erweit. Aufl. Erbach/Odenwald 2002; Marina Lewycka, *Kurze Geschichte des Traktors auf Ukrainisch.* München 2007; Mykola Rjabtschuk, *Die reale und die imagi-*

hob aber die ukrainische 'orange Revolution' nicht wirtschaftliche, sondern moralisch-ethische Forderungen; ihre treibende Kraft war nicht die Armut, sondern die verletzte Würde von Menschen, die sich als Bürger, nicht als Untertanen verstanden und es wagten, ihre Bürgerrechte zu verteidigen. – Der Majdan (zentraler Demo-Platz in Kiew, ERW) wurde zu einem wichtigen Faktor des politischen Lebens in der Ukraine, zu einer Initialzündung der Bürgergesellschaft."[116] Auch wenn deren vielleicht utopische oder verfrühte Blütenträume bislang noch nicht zu reifen vermochten.

Wegen seiner utopisch scheinenden politischen Ziele hat mich Theodor Herzl stets interessiert und fasziniert, und ich habe immer wieder gerne seine Audienz bei Großherzog Friedrich I. (1826–1907) am 2. September 1898 auf der Insel Mainau (unterhalb der Universität Konstanz gelegen) erwähnt, wo es um die Begegnung Herzl mit Kaiser Wilhelm II. (1859–1942) auf dessen damals bevorstehender Reise ins Heilige Land ging und Herzl den Kaiser überzeugen wollte, dass dieser den türkischen Sultan Abdülhamid II. (1842–1918) von der politisch höchst brisanten Idee überzeuge – die der unsägliche deutsche Kaiser anscheinend weder begriff und auch nicht unbegriffen aufgriff –, im damals türkischen Palästina unter deutschem Protektorat eine jüdische Heimstätte zu gestatten.[117] Was der Welt-geschichte seit 1900 einen völlig anderen Verlauf hätte geben können. "Wenn ihr wollt, ist es kein Märchen", lautete Theodor Herzls berühmtes, unbeirrtes Motto, und der "Judenstaat" von 1896, den er auf dem 1. Zionisten-Kongress 1897 in Basel proklamiert hatte, konnte ziemlich genau 50 Jahre danach mit der Gründung des Staates Israel am 14. Mai 1948 tatsächlich verwirklicht werden, wenngleich dieser mehr als 60 Jahre später noch immer ohne Frieden geblieben ist.

---

nierte Ukraine. Frankfurt/M. 2005; Mykola Rjabtschuk, "Acht Juden auf der Suche nach ihrem Großvater", in: Karin Warter u. Alois Woldan (Hg.), *Zweiter Anlauf – Ukrainische Literatur heute. Passau* 2004, S. 169 ff.; Oksana Sabuschko, *Feldstudien über ukrainischen Sex.* Wien 2006.

[116] Mykola Rjabtschuk, *Die reale und die imaginierte Ukraine*. Frankfurt am Main 2005, S. 162 u. 150.

[117] Theodor Herzl, *Theodor Herzls Tagebücher.* Zweiter Band. Berlin 1923, S. 106 f. u. 110 f.; dazu Erhard Roy Wiehn, *Dajenu II – Eine denkwürdige Dienstreise nach Israel.* Konstanz 1988, S. 66 f. u. 132 ff.

Friede lag nun dem jüdischen Religions- und Sozialphilosophen Martin Buber besonders am Herzen, der mich in meinem Leben auf verschiedene Weise über Jahrzehnte begleitete, wie in meinem Vorwort "Martin Buber nicht nur als Soziologe" geschildert.[118] Seine folgenden, aus biblischem Geist inspirierten Worte sind als unverwechselbarer Buber-Hinweis höchst aktuell geblieben und erscheinen auch für die vorliegende Schrift durchaus noch gültig: "Eintracht und nicht Zwietracht ist das Ziel der Schöpfung. Unser Ziel ist der Bau des großen Friedens. Die Menschenwelt ist bestimmt, ein einziger Leib zu werden und dies durch das Tun und Lassen der Menschen selber." Und: "Die Hoffnung für diese Stunde ist auf die Hoffnung selber, auf uns selber gestellt..."[119]

Nicht zuletzt sei Roman Mnich für seine vorliegende Arbeit wie auch für die kollegiale Zusammenarbeit herzlich gedankt, womit die Hoffnung verbunden sei, dass er dieser ebenso spannend aktuellen wie zukunftsträchtigen Thematik und Problematik verbunden bleibe: Möge ihm jedenfalls sein diesbezügliches Engagement zum Segen sein!

15. Januar 2012

13. Ein jüdischer Junge überlebt als ukrainischer "Ostarbeiter"[*] (2011)

Demütigung, Erniedrigung, Verfolgung und Ermordung von Juden hatten schon bald nach der "Machtergreifung" Adolf Hitlers und der Nationalsozialisten am 30. Januar 1933 begonnen, sich über die sogenannten "Nürnberger Gesetze" vom 15. September 1935 weiter gesteigert, mit dem Reichspogrom vom 9./10. November 1939[120] und der Deportation der südwestdeutschen Juden am 22. Oktober 1940

---

[118] Erhard Roy Wiehn, *Martin Buber als Soziolog – Juden in der Soziologie.* Konstanz 2008, S. 7 ff.

[119] Ebenda S. 14.

[*] In: Karl Josifowitsch Epstein, Weihnachten 1942 – Ein jüdischer Junge überlebt deutsche Massaker in der Ukraine und erlebt als "Ostarbeiter" eine deutsche Weinacht in Berlin. Aus dem Russischen v. Gabriele Pässler. Konstanz 2011.

[120] Erhard Roy Wiehn, Zum Reichspogrom 1938 – Die Ereignisse in Konstanz 70 Jahre danach zum Gedenken. Konstanz 2008.

nach Gurs/Südwestfrankreich[121] erste schaurige Höhepunkte erreicht. Mit dem deutschen Überfall auf Polen am 1. September 1939 hatte dann nicht nur der Zweite Weltkrieg begonnen, sondern auch das, was später Chúrban, Holocaust, Schoáh genannt wurde.[122]

Der Überfall der deutschen Wehrmacht auf die Sowjetunion am 22. Juni 1941 – 2011 vor 70 Jahren – führte dann zur Schoáh, zur Katastrophe, für die jüdische Bevölkerung in allen deutschbesetzten sowjetischen Territorien.[123] Den kämpfenden deutschen Truppen auf dem Fuße folgten damals die *Einsatzgruppen*[124] der Sicherheitspolizei und des SD: Einsatzgruppe A im Baltikum, Einsatzgruppe B in Weißrussland, Einsatzgruppe C (mit den *Sonderkommandos* 4a und 4b sowie den *Einsatzkommandos* 5 und 6) für die Ukraine und Ein-satzgruppe D für Bessarabien, die Südukraine, die Krim und Kaukasien. Die Aufgabe dieser Einsatzgruppen mit einer Stärke von ins-gesamt ca. 3.000 Mann bestand in der mehr oder weniger sofortigen oder jedenfalls baldigen Liquidierung der jüdischen Bevölkerung direkt vor Ort.[125]

Die Tötung der Juden wurde in den sogenannten "Ereignismeldungen UdSSR" von den Einsatzgruppen selbst dokumentiert: Nr. 1 ist am 23. Juni 1941 datiert, die letzte ist Nr. 195 vom 23. April 1942.[126] Allein in den ersten drei Wochen nach dem 22. Juni 1942 wurden z.B. in Lwiw (Lwow, Lemberg 3.000,[127] Chernivtsi (Czer-

---

[121] Erhard Roy Wiehn (hg.), Camp de Gurs – Zur Deportation der Juden aus Südwestdeutschland 1940. Konstanz 2010.

[122] Erhard Roy Wiehn (Hg.), Totengebet – 60 Jahre Beginn des Zweiten Weltkriegs und der Schoáh in Polen. Konstanz 1999.

[123] Zum jüdischen Leben und Leiden in der Sowjetunion siehe auch: Erhard Roy Wiehn, "Jüdische Geschichte und jüdisches Schicksal", in: Elke Bredereck, Menschen jüdischer Herkunft – Selbstbilder aus St. Petersburg, Vilnius und Berlin. Konstanz 2004, S. 9–16; auch in ders., Bleibende Warnungen II – Schriften zur Schoáh und Judaica. Konstanz 2004, S. 160 ff.

[124] Zusammengestellt aus Gestapo, Kriminalpolizei, Ordnungspolizei, ausländischer Hilfspolizei und Waffen-SS.

[125] Dazu: Erhard Roy Wiehn, Kiew Babij Jar – Ein fast vergessenes Verbrechen 1941. (Deutsch, englisch, ukrainisch) Konstanz 2011, S. 19 ff.

[126] Y. Arad, S. Krakowski, S. Spector (Eds.), The Einsatzgruppen-Reports – Selection from the Dispatches of the Nazi Death Squards Campaign Against the Jews July 1941 – January 1943. Jerusalem u. New York 1989.

[127] Dazu Jakob Honigsman, Juden in der Westukraine – Jüdisches Leben und Leiden in Ostgalizien, der Bukowina und Transkarpatien 1933–1945. Konstanz

nowitz) 2.400, Kamenez-Podilskij 14.000 Menschen ermordet. Das Sonderkommando 4a der Einsatzgruppe C hatte allein bis zum 6. September 1941 insgesamt 11.328 Juden liquidiert. Grausiger Höhe-punkt war das Massaker von Kiew Babij Jar, wo am 29. und 30. September 1941 33.771 Juden erschossen wurden, Männer, Frauen und Kinder.[128] Man schätzt, dass 1941 bis 1944 ca. 1,4 der rund 2 Millionen Juden auf ukrainischem Territorium ermordet wurden. Insgesamt dürften über 2,2 Millionen, d.h. fast die Hälfte der auf sowjetischem Territorium lebenden ca. 4,7 Millionen Juden den Deutschen und ihren Verbündeten zum Opfer gefallen sein, davon vom Sommer 1941 bis Frühjahr 1942 etwa ein Drittel, d.h. ca. 700.000.[129] Überdies wurden allein aus der Ukraine und angrenzenden Gebieten bis 30. Juni 1944 fast 2.200.000 Menschen als "Ostarbeiterinnen" und "Ostarbeiter" auf deutsches Reichsgebiet verbracht. – Das sind nur einige wenige Daten zum Kontext der folgenden außergewöhnlichen Überlebens- und Nichtüberlebensgeschichte aus der Ukraine.

*

Die Deutschen besetzen die südwestukrainische Kleinstadt Dunajewtsi (Dunaivsti), die Stadt seiner Familie mit ca. 5.000 Juden, am 11. Juli 1941.[130] Wie durch mehrere Wunder gleichzeitig überlebt der jüdische Junge Karl Iosifowitsch Epstein den ersten grausamen Pogrom am 8. Mai 1942, während dessen ca. 2.500 Juden in einer Phosphat-Mine bei lebendigem Leibe begraben werden. Er übersteht anschließend das unmenschliche Leben und Leiden im Getto von Dunajewzi, um vor dem zweiten Pogrom am gleichen Ort am 18. Ok-tober 1942[131] die Flucht vor dem sicheren Tod zu riskieren, was ihm unter wahnwitzigen Umständen und mit schier unglaublichem Glück tatsächlich gelingt.

Karl Iosifowitsch Epstein, geboren 1930 in Krementschug südöstlich von Kiew, fährt dann im Herbst 1942 als Wladimir Pawlowitsch

---

2001; Nava Ruda, Zum ewigen Andenken – Erinnerungen eines Mädchens aus dem Ghetto Lwow. Jüdische Familiengeschichte 1899–1999. Konstanz 2000.

[128] Erhard Roy Wiehn, Kiew Babij Jar. Konstanz 2011.

[129] Ebenda, S. 53.

[130] Guy Miron & Shlomit Shulhani (Eds.), The Yad Vashem Encyclopedia of the Ghettos during the Holocaust. Jerusalem 2009, vol. 1, p. 184/85.

[131] Siehe dazu Fußnote 21, S. 16.

Sabotjuk, "geboren 1928 in Donbass", vermeintlich also im geforderten Mindestalter von 14 Jahren (obwohl er erst 12 war!), mit ukrainischen Jungen und Mädchen als künftiger "Ostarbeiter" nach Deutschland. Er kommt im Herbst 1942 in die chemischen Riedel-Werke nach Berlin, kann sich mit deutschen Arbeitern anfreunden, wird von "seinem Deutschen" (Arbeits-"Kollegen") neu eingekleidet und vom Weihnachtsabend des 24. Dezember 1942 bis zum ersten Weihnachtstag nach Hause eingeladen. Karl darf für kurze Zeit wieder Kind sein, wird sehr freundlich behandelt, darf staunend deutsche Familien-Weihnacht mitfeiern, sogar mit einem deutschen Wehrmachtsoffizier, dem Schwiegersohn der Gastgeber, – für den jüdischen Jungen ein wahrlich märchenhaftes Erlebnis.

Karl alias Wladimir hatte gewiss nur mit viel Klugheit, Mut und noch mehr Glück überlebt (wobei er die Zeit bis 1945 in seinem vorliegenden Bericht am Ende des Buches leider nur kurz erwähnt), vor allem aber auch deshalb, weil ihn sein Vater (der unter den Stalinschen "Säuberungen" 1937 zu leiden hatte[132]) nicht beschneiden ließ (und überdies den Vornamen des verehrten Karl Liebknecht gab) und weil er felsenfest an seinen Talisman glaubte, "ein Stückchen Pergament mit einer hebräischen Aufschrift",[133] den ihm seine Mutter oder Großmutter in den Mantelsaum genäht hatte.

Während der Fahrt nach Deutschland geht ihm all das Schreckliche wieder und wieder durch den Kopf: der Massenmord in Mínkowzi (ukrainisch Mynkivtsi), den seine Großmutter durch Zufall überlebte, vor allem aber der entsetzliche Pogrom vom 8. Mai 1942 in Dunajewzi: *"Wenn Mama uns so von Onkel Borja erzählte, ... hörte seine vierjährige Tochter Schenja schweigend zu. Seit dem Tod ihrer Mama und ihrer Schwester redete sie nicht mehr. Mit ihren vier Jährchen war ihr schon damals klar, dass sie uns alle ermorden würden.*

[132] Dazu in der *Edition Schoáh und Judaica*: Marcel Pauker, Ein Lebenslauf – Jüdisches Schicksal in Rumänien 1896–1938. Herausgegeben von William Totok u. Erhard Roy Wiehn. Konstanz 1999; Matei Gall, Finsternis – Durch Gefängnisse, KZ Wapniarka, Massaker und Kommunismus. Konstanz 1999; Eduard Goldstücker, Die russische Revolution – Hoffnung und Enttäuschung. Konstanz 2001.

[133] Angeblich ein Stückchen einer Thorarolle, vermutlich handelte es sich aber um die kleine Pergamentrolle einer "Mesuse", wie sie am rechten Außenpfosten der Türen jüdischer Häuser befestigt ist, und zwar mit dem jüdischen Grundbekenntnis: "Schma Israel, Adonáj elohénu, Adonáj echád! – Höre, Israel, der Ewige, unser Gott, der Ewige ist einzig!" (5 Mose 6,4–9)

Wie alle jüdischen Kinder, so wussten auch Schenja und ich, dass sie uns umbringen würden, und zwar bald. Nur konnten wir nicht begreifen, warum *und* wofür *diese großen deutschen "Onkel" und die ukrainischen Polizisten uns ermorden wollten. Wahrscheinlich konnten auch die Erwachsenen das nicht verstehen."* Karl flieht ohne Abschied von seinen Lieben in der Nacht vor dem zweiten Pogrom am 18. Oktober 1942: *"Die ganze Nacht hindurch flüsterte ich ein Gebet, das ich mir damals selbst ausgedacht hatte: 'Ich bitte dich, Gott, lass meine Mama leben, meine Schwester und das kleine Schwesterchen!' Über ein Jahr lang sprach ich dieses Gebet immer wieder, und ich habe es nie vergessen. Ich hoffte auf ein Wunder, aber vergeblich. Alle meine Angehörigen waren beim zweiten Juden-pogrom, bei der Liquidierung des Gettos von Dunajewzi, ermordet worden. Auch jetzt noch erinnere ich mich an die Umgekommenen, an die Ermordeten. Meine Mama hatte 35 Jahre gelebt, meine Schwester Rosa 15 Jahre und Schwesterchen Schenja insgesamt nur vier Jährchen. Wie konnte man Kinder nur so grausam vernichten! Frauen, Alte, jeden, der jüdischer Herkunft war. Warum? Wofür? Wozu? So wie meine Verwandten wurden sechs Millionen Juden ermordet. Warum nur?"*[*134]

*

Karl Iosifowitsch Epstein ist für diese außergewöhnliche und wichtige, ebenso schreckliche wie berührende Erinnerungsarbeit sehr herzlich zu danken, die das schwarze Ukraine-Mosaik unserer Edition Schoáh & Judaica ergänzt und bereichert.[**135] – Besonderer Dank gebührt Mr. Mark Shraberman, Reference & Information Services, Yad

[*] Ebenda, S. 47.

[134] Diese Verbrechen wurden von der SS-Einsatzgruppe C (bei der Heeresgruppe Süd) verübt, deren Stab ab 18. Juli 1941 seinen Standort zeitweilig in Schitomir hatte, also nordöstlich des betroffenen Chmelnitzkij-Gebietes; dazu Gerd Ueberschär u. Wolfram Wetter (Hg.), Der deutsche Überfall auf die Sowjetunion – "Unternehmen Barbarossa" 1941. (1984) Frankfurt am Main 1991, S. 185 ff., 191 ff., 194 ff.; Helmut Krausnick, Hitlers Einsatzgruppen. (1981) Frankfurt/Main 1985, S. 164f.; Erhard Roy Wiehn (Hg.), Die Schoáh von Babij Jar. Konstanz 1991, S. 73 u. 447 ff.

[**] In: Karl Josifowitsch Epstein, Weihnachten 1942. Konstanz 2011, S. 76 ff.

[135] In unserer Edition haben wir bisher nur ein einziges ähnliches jüdisches Überlebens-Schicksal veröffentlichen können: Jerzy Czarnecki, *Mein Leben als "Arier" – Jüdische Familiengeschichte in Polen zur Zeit der Schoáh und als Zwangsarbeiter in Deutschland.* Konstanz 2002, 2. Auflage 2007, englische Ausgabe 2007.

Vashem, Jerusalem, der mit seinem Hinweis auf *Guy Miron & Shlomit Shulhani (Eds.), The Yad Vashem Encyclopedia of the Ghettos during the Holocaust* (Jerusalem 2009) dazu beigetragen hat, die hier relevanten Pogromdaten zu bestätigen. – Dankbar bin ich auch meinem Freund Oleksij (Aljoscha) Mogutov (Kiew) für seine Schoáh –Recherchen in Dunaivtsi (Dunajewski). – Sehr herzlich zu danken ist nicht zuletzt Gabriele Pässler (Görwihl) für ihre einfühlsame Übertragung aus dem Russischen, für ihr Durchhaltevermögen auf der Suche nach einem Verlag, für ihre informative Kommunikation mit dem Autor und für ihre engagierte Mitwirkung an den Editionsarbeiten bis zur Endredaktion in der Universität Konstanz am 21. Mai 2011. – Die Zwischentitel stammen vom Herausgeber, der sich auf eine baldige Begegnung mit Karl Epstein in Úman sehr freut (sein vierter Besuch in dieser Stadt). - 22. Mai 2011

14. 25 Jahre Zusammenarbeit mit der Nationalen Taras-Schewtschenko-Universität Kyiv[*136] (2017)

Wie schnell die Zeit vergeht: 25 Jahre – wo sind sie geblieben? – Hier muss und möchte und will ich ganz einfach wiederholen, was ich in meinem Vorwort zum 20-jährigen universitären deutsch-ukrainischen Brückenbau im Jahre 2009 geschrieben hatte: Nie werde ich die erstaunte Einsicht meines ersten Besuchs in Kiew – ukrainisch *Kyiw*[137] – an einem herrlichen spätsommerlichen Tag goldgelber Kastanienbäume im September 1989 vergessen: Ja, auch hier ist Europa! Die lange Zeit des Kalten Krieges hatte die "gefühlte" politische Geographie verschoben, und manche im Westen mögen damals vielleicht vermutet haben, dass Kiew irgendwo in Sibirien liegt, und im Osten scheinen manche heute noch Kiew für eine Vorstadt von Moskau halten.[138]

---

[*] Vorwort in: Erhard Roy Wiehn: Von Europa nach Europa – 25 Jahre Zusammenarbeit der Universität Konstanz und der Nationalen Taras Schewtschenko Universität Kiew, Erinnerungen. Konstanz 2017, S. 7 ff.

[136] https://de.wikipedia.org/wiki/Nationale_Taras-Schewtschenko-Universität_Kiew

[137] Trotzdem verwende ich hier das russische Wort *Kiew*, weil es im deutschsprachigen Raum bekannter ist, was sich aber vielleicht einmal ändern könnte.

[138] Diese Zeilen aus dem Jahre 2008/09 haben sich seit 2014 brutal bewahrheitet.

Als wir vor 30 Jahren Anfang 1987 unsere allerersten Kontakte knüpften, war Kiew wie seit 1934 noch Hauptstadt der Sowjetrepublik Ukraine (seit 1922 war dies zunächst Charkov, ukrainisch: Charkiv), und diese Sowjet-Ukraine besaß innerhalb ihrer Grenzen zwar eine gewisse politische Identität, die jedoch von außen kaum wahrgenommen wurde, obwohl die Ukraine 1918 schon einmal ihre Unabhängigkeit versucht hatte und 1945 Gründungsmitglied der UNO war. Diese lange begrenzte Wahrnehmbarkeit hat ihre historischen Gründe, wenn man bedenkt, dass die West-Ukraine mit Lviv (Lvov, Lemberg) ebenso wie die Nord-Bukowina mit Chernivtsi (Czernowitz) durch die k.u.k. Donau-Monarchie, die Ost-Ukraine hingegen durch das Zarenreich und die Krim durch das Osmanische Reich[139] und das Zarenreich geprägt waren. In Kiew jedoch hatte sich nach dem Jahre 860 die "Kiewer Rus" als erstes ostslawisches Staats-wesen formiert und im 11. und 12. Jahrhundert seine Blütezeit erlebt, die im "Mongolensturm" anno 1240 ein jähes Ende fand.

Für mich waren vor allem Kiew und die West-Südwest-Ukraine und natürlich Czernowitz (Chernivtsi) ein gewisser Begriff, und zwar einerseits durch die reiche jüdische Geschichte und Literatur nicht nur der chassidischen Volksfrömmigkeits-Bewegung seit dem 18. Jahrhundert, andererseits vor allem durch die barbarischen deutschen Massaker an der ukrainisch-jüdischen Bevölkerung zwischen 1941 und 1943, wobei die Massenerschießungen von Kiew-Babij-Jar (ukrainisch: Babyn Jar) ein ganz besonderes und unvorstellbar grausames Ereignis darstellen. Zu den Unmenschlichkeiten jener Zeit gehört aber auch die Massenverschleppung ukrainischer "Ostarbeiterinnen" und "Ostarbeiter" auf deutsches Reichsgebiet, wo sie in der deutschen Rüstungsindustrie und Landwirtschaft als Arbeitssklavinnen und Arbeitssklaven Zwangsarbeit leisten mussten, wenn auch durchaus mit Überlebenschancen.

Nach Mitte der 1980er Jahre hatte mit KPdSU-Generalsekretär Michail Sergejewitsch Gorbatschows "Glasnost und Perestrojka" etwas begonnen, dessen Folgen man zunächst überhaupt nicht abschätzen konnte, was viele – wie auch mich – jedoch in besonderem Maße für den Osten politisch weiter sensibilisierte. Durch die sogenannte "Neue

---

[139] Ein spezifisches kulinarisches Erbe sind die wunderbaren Tschebureki (gefüllte Teigtaschen), die mit trockenem Weißwein besonders köstlich munden.

(Bonner) Ostpolitik" der Regierung Brandt/Scheel[140] hatten nicht wenige in der Bundesrepublik Deutschland schon seit Beginn der 1970er Jahre auf ein Ende des absolut ungemütlichen Kalten Krieges gehofft.

Mit einer Mischung aus Neugier und Vorsicht ergab sich bereits Anfang des Jahres 1987 durch den jungen Kiewer Wirtschaftswissenschaftler Dr. Iwan Potrawnij[141] eine erste Kontaktmöglichkeit seitens der Universität Konstanz, die im April und September 1989 zu ersten persönlichen Begegnungen in Konstanz und Kiew führte, und zwar zuerst mit Prorektor Prof. Dr. Anatoly Iwanowitsch Smyslow (in Konstanz) und bald Rektor Prof. Dr. Anatoly Fedorowitsch Pawlenko (in Kiew)[142] von der damaligen Kiewer Wirtschaftshochschule und baldigen Kiewer Nationalen Wirtschaftsuniversität (KNEU). Von Rektor Prof. Dr. Anatoly F. Pawlenko und dem damaligen Konstanzer Rektor Prof. Dr. Horst Sund konnte bereits am 13. April 1990 in Kiew ein Kooperationsvertrag unterzeichnet werden, für dessen Umsetzung ich viele Jahre als Konstanzer Beauftragter engagiert war.

Nach ersten Kontaktversuchen[143] im Herbst 1990 in der Nationalen Taras-Schewtschenko-Universität zu Kiew, der unbestritten führenden klassischen Universität der Ukraine, wurde am 3. Oktober 1992 vom Konstanzer Rektor Prof. Dr. Bernd Rüthers und dem Ersten Prorektor Prof. Dr. Oleg Tretjak (in Vertretung von Rektor Prof. Dr. Viktor Skopenko) in Kiew ein weiterer Partnerschaftsvertrag unterzeichnet,[*] für dessen Realisierung ich auf Konstanzer Seite dann 15 Jahre verantwortlich war.

---

[140] 1967–1982 war ich aktives Mitglied der sozialliberalen FDP, die durch Außenminister Walter Scheel eben diese "neue Ostpolitik" engagiert vertrat.

[141] Inzwischen längst Professor für Umweltökonomie an der Russischen Plechanow Wirtschaftsuniversität in Moskau.

[142] Beide sind leider inzwischen verstorben.

[143] Zusammen mit Professor Dr. Werner Maihofer (1918–2009), früherer Innenminister der Bundesrepublik Deutschland und damals Honorarprofessor an der Universität Konstanz.

[*] Eine schöne Koinzidenz: In einer gemeinsamen Erklärung des deutschen Außenministers Frank-Walter Steinmeier und des ukrainischen Außenministers Pawlo Klimkin heißt es unter dem Titel "25 Jahre diplomatische Beziehungen zwischen Deutschland und der Ukraine" u.a.: "Dass zwischen Deutschen und Ukrainern aus Krieg und Feindschaft, aus Gewalt und Barbarei wieder eine Partnerschaft und sogar Freundschaft wachsen konnte, war alles andere als selbstverständlich. Das war beiden Seiten bewusst, als wir am 17. Januar 1992

Im Rahmen dieser Partnerschaft und in Zusammenarbeit mit dem Direktor des International Office und heutigen Prorektors für Internationale Beziehungen der Nationalen Taras-Schewtschenko-Universität Kiew, Prof. Dr. Petro Bekh, kamen während meiner Amtszeit zahlreiche Studierende, Wissenschaftlerinnen und Wissenschaftler nach Konstanz, und überdies konnten erfreulicherweise auch einige kooperative wissenschaftliche Projekte begonnen werden. Unvergessen bleiben verschiedene große Konzerte des Kiewer Universitätschors "Dnipro" unter Leitung von Prof. Iwan Pawlenko in Konstanz, Singen, Ulm und Stuttgart sowie des Konstanzer Universitätschors und Universitätsorchesters unter Leitung von Universitätsmusikdirektor Peter Bauer in Kiew.

Auf der Basis der beiden Kiew-Konstanzer Universitätspartnerschaften gab es zeitweise auch eine enge Zusammenarbeit mit einschlägigen Projekten der deutschen und der ukrainischen Rektorenkonferenz, vor allem aber wurde im Laufe der Jahre ein ganzes Netzwerk weiterer Aktivitäten entwickelt, das weit über Kiew hinausging und bis nach Chernivtsi (Czernowitz) im Südwesten und Gorodnja bei Tschernigiv im Nordosten reichte, und zwar seit Beginn der 1990er Jahre im Bereich humanitärer und medizinischer Hilfsaktionen sowie im Hinblick auf zahlreiche (zeitweise sogar in Kiew gedruckte) Publikationen des Verfassers, insbesondere zur deutsch-ukrainisch-jüdischen Geschichte während der deutschen Besatzungszeit in der Ukraine 1941–1943.

Aus meiner Sicht und Überzeugung waren diese Aktivitäten im Rahmen unserer bescheidenen Möglichkeiten das mindeste, was der Ukraine gegenüber geschehen musste, um aus dem schwarzen Schatten der Vergangenheit der ersten Hälfte des 20. Jahrhunderts herauszukommen[144] und am Bau einer friedlichen Zukunft für nachkommende Ge-

---

diplomatische Beziehungen aufnahmen. Die ersten Kontakte hatten durchaus noch etwas Pionierhaftes: Nachdem 1989 ein deutsches Generalkonsulat in Kiew eingerichtet wurde – zunächst nur mit dem sprichwörtlichen Tisch und ein paar Stühlen –, eröffnete Deutschland schon am 7. Februar 1992 als erstes Land überhaupt eine Botschaft in der Ukraine. Im März 1992 folgte die Eröffnung der ukrainischen Botschaft in Bonn." (Homepage der Deutschen Botschaft Kiew 2017).

[144] In den Jahren 1987/89 war zumindest meine Generation eben noch viel näher an 1941/43, und es gab damals keine mir bekannte Familie in der Ukraine, die nicht unmittelbare Kriegs- oder Terror-Verluste durch Deutsche beklagte.

nerationen mitzuwirken. Insofern waren die Universitäten und alle am beziehungsreichen deutsch-ukrainischen Netzwerk Beteiligten damals der Politik oder jedenfalls vielen Politikern weit voraus. Wir haben immer gesagt, dass unsere Bestrebungen vor allem das Ziel haben, der Ukraine auf dem Weg von Europa nach Europa weiterzuhelfen,[145] damit die Menschen in der Ukraine eines Tages ihren ureigenen Platz im großen neuen europäischen Haus einnehmen können, wenn sie wollen, um hoffentlich einmal dasselbe Europa im Kopf und im Herzen und vielleicht sogar den gemeinsamen Euro in der Tasche zu haben.

Wir begannen unsere deutsch-ukrainischen Aktivitäten noch zur Zeit der alten Sowjetunion – als Lenin noch von vielen Denkmälern und Dienstzimmer-Gemälden grüßte und noch die Flagge der Sowjet-Ukraine wehte –, und wir hätten uns kaum vorstellen können, dass die Ukraine so rasch und so relativ reibungslos ihre Selbständigkeit erlangen könnte, obwohl unsere neuen Kiewer Freunde schon fest daran glaubten. Gewiss gab es zunächst und immer wieder riesige ökonomische Probleme, die damals damit zusammenhingen, dass die hocharbeitsteilige sowjetische Planwirtschaft der Ukraine nach allen gekappten alten Verbindungen zu den nicht mehr existierenden anderen Sowjetrepubliken auf eigene, mehr oder weniger marktwirtschaftliche Beine kommen musste, während die Probleme der Jahre ab 2009 mit der desaströsen Weltfinanz- und Weltwirtschaftskrise zusammenhingen, die gewiss nicht in der Ukraine verursacht wurden. Auf jeden Fall hat die selbständige Ukraine seit 1991 unglaublich viel geleistet, die "Orangene Revolution" von 2004/05 ist trotz betrüblicher Rückschläge irreversibel geblieben, nach menschlichem Ermessen hat die junge Generation hoffentlich die Chance, die Probleme zu meistern und das Land entscheidend voran zu bringen, allen derzeitigen enormen wirtschaftlichen und politischen Problemen zum Trotz.

Allerdings habe ich mir wie die allermeisten engagierten Beobachter und Freunde der Ukraine nicht entfernt vorstellen können, dass Russland so aggressiv, brutal und blutig in die Ukraine eingreifen könnte, die Krim völkerrechtswidrig annektieren und in der Ostukra-

---

[145] Immerhin ist im Jahre 2017 endlich die (9-Monats-) EU-Visumsfreiheit für ukrainische Staatsbürgerinnen und Staatsbürger in Kraft getreten, die seitens der Ukraine für EU-Bürgerinnen und EU-Bürger schon seit einigen Jahren gilt.

ine einen Dauerkleinkrieg anzetteln würde, der bis heute Tausende von Toten und Verletzten gekostet, Tausende zu Flüchtlingen gemacht, enorme Sachschäden angerichtet und riesige Vermögen gekostet hat. – Die "'Ukraine' als Grenzland" des Zarenreiches und der Sowjetunion nach Westen – "so östlich und gleichzeitig so zentral" (Juri Andruchowytsch 2005) – könnte einmal die "Ukraine der Europäischen Union" werden, eine florierende West-Ost- und Ost-West-Brücke nach Russland und Weißrussland. Kiew erscheint mir jedenfalls schon längst als eine Art faszinierendes "Paris des europäischen Ostens".

Meine Amtszeit als Beauftragter der Universität Konstanz für die Zusammenarbeit mit der Nationalen Taras-Schewtschenko-Universität Kyiv endete im Mai 2007 (schon vor 10 Jahren also), doch die Ukraine bleibt eine Art *anderer* Heimat, Freundschaften und Gastfreundschaft vor allem in Kiew, aber auch in Chernivtsi (Czernowitz), gehören zu den besten und schönsten Erfahrungen meines Lebens. Zu den überraschenden Folgen und Nebenwirkungen dieser Partnerschaften gehört nicht zuletzt auch, dass ich manche Konstanzer Kolleginnen und Kollegen erst "durch Kiew" in Kiew kennenlernen konnte, und diesbezüglich war die Zusammenarbeit mit dem langjährigen Finanzchef und zuletzt überdies Vizekanzler der Universität Konstanz, Helmut Hengstler, eine ebenso erfreuliche wie nachhaltige Erfahrung.

In Kiew war ich bis zum Ende meiner Amtszeit fünf Jahre nach meiner Emeritierung im März 2009 rund 60 Mal angekommen und abgeflogen. Im September 1989 war Kiew-Borispol (inzwischen ukrainisch: Borispil) noch eher eine Art primitiver Feldflugplatz, wo das Gepäck auf Rollwagen aufgetürmt ziemlich gewöhnungsbedürftig ausgeliefert wurde, kaum eine benutzbare Toilette zu finden war und wo ich einmal wegen Überbuchung freitags nicht mitfliegen konnte und bis Montag warten musste bzw. durfte.

Die Ankunft in Kiew war während meiner gesamten Amtszeit wohl immer einzigartig (nicht nur wegen des gelegentlichen sehr angenehmen VIP-Service), weil ich seit Jahren von Vertretern zweier Partneruniversitäten sowie von Freundinnen und Freunden begrüßt wurde: Heimat ist, wo man Freunde hat! – Die Begrüßungszeremonie in einem Wäldchen neben der Flughafen-Autobahn habe ich in allen vier (oder mehr) Jahreszeiten erlebt und auch zu verschiedenen Tageszeiten, zum Beispiel morgens um 6 Uhr, und zwar meist mit "Salz und Brot" und Horilka (ukrainischem Wodka), wobei "Salz und Brot" hier nur symbolisch gemeint ist, denn tatsächlich handelt es sich um ein Sortiment von Brot, Fisch, Fleisch, Gurken und Obst, sodass sich der rustikale hölzerne Vespertisch im Autobahn-Wäldchen nicht selten zu biegen schien. Unvergesslich bleibt mir ein winterlicher Umtrunk bei etwa 25° minus, während dessen das Brot in wenigen Minuten hart gefroren war – nicht jedoch der *Horilka*, weshalb ich erstmals richtig verstand, warum Wodka seit jeher das ukrainische Nationalgetränk darstellt.

Der Ankunfts-Umtrunk versetzte mich stets in eine besonders unternehmungslustige Euphorie, weil ich eben die ganzen Besuchstage noch vor mir hatte. Den Abschiedsumtrunk versuchte ich mir nicht nur damit zu erleichtern, dass ich stets dankbar auf einen gelungenen Arbeitsbesuch (mit Freizeiteinlagen) zurückschauen konnte, sondern auch deshalb kurz und herzlich einfach toaste: "Ljúbi drúsi, liebe Freunde, einmal mehr ganz herzlichen Dank für eure phantastische Gastfreundschaft – möge sie euch zum Segen sein! Und im übrigen: Danach ist davor!"[146] – Was aber traurigerweise schon seit einiger Zeit nicht mehr gilt, weil etliche der frühen Freunde und alten Pioniere sich leider von dieser Welt schon verabschiedet haben.

Wie man sich leicht vorstellen kann, wäre zu unserem deutsch-ukrainischen Brückenbau noch viel mehr zu sagen, als in den drei Abschnitten des folgenden Textes möglich war. Ich betrachte die vorliegende Schrift samt ihrem ergänzenden Anhang (und der Publikationsliste!) – der einen kleinen Ausschnitt diverser, mit den Kiewer Partnerschaften zusammenhängender Aktivitäten darstellt – als bescheidene persönliche Bilanz meiner 15 Jahre von 25 Jahren Zusammenarbeit zwischen der Universität Konstanz und der Nationalen Taras-Schewtschenko-Universität Kiew, eine Art Skizze unseres diesbezüglichen bisherigen deutsch-ukrainischen Brückenbaus von Europa nach Europa .[147] – 22. Mai u. 26. Juni 2017

---

[146] Seit September 1989 und bis Anfang Dezember 2016 habe ich 75 Mal Kiew und die Ukraine besucht, Chernivtsi (Czernowitz) und die Krim je viermal.

[147] Meine Erfahrungen in Kiew und in der Ukraine habe ich mehrfach dokumentiert, so in: Deutsch-ukrainische Aktivitäten Universitärer, humanitärer, publizistischer und menschlicher Brückenbau von Europa nach Europa 1989–2009 (ukrainische Ausgabe: c/o Kiewer Nationale Wirtschaftsuniversität (KNEU). Kon-

15 30 Jahre Partnerschaft mit der Kiewer Nationalen Ökonomischen Universität (KHEY/KNEU) und der Universität Konstanz 1989-2019*

"Denn die großen Ideen gehören nicht uns, sondern wir sind ihr Fang."
(José Ortega y Gasset)[148]

Dóbre ránkou – guten Morgen – gestatten Sie mir bitte folgende Vorbemerkung: Geschichte ist nicht alles, aber ohne Geschichte ist alles nichts: 30 Jahre in 20 Minuten zu pressen, ist eigentlich eine Zumutung, die ich nun aber als Herausforderung aufzufassen versuche!**

1. Einsicht. – Frau Rektorin, *Pan* Rektor, *Pan* Prorektor, meine sehr verehrten Damen und Herren, *Ljúbi drúsi!* – Nie werde ich die staunende Einsicht meines ersten Besuchs in Kiew an einem herrlichen spätsommerlichen Tag goldgelber Kastanienbäume im September 1989 vergessen: Ja, auch hier ist Europa! Die lange Zeit des Kalten Krieges hatte die "gefühlte" politische Geographie verschoben, und manche im Westen mögen damals vielleicht vermutet haben, dass Kiew irgendwo in Sibirien liegt, und im Osten mögen manche Kiew womöglich heute noch für eine Vorstadt von Moskau halten.

2. Geschichte. – Als wir vor mehr als 32 Jahren (etwas mehr als 40 Jahre nach dem Ende des Zweiten Weltkriegs!) anno 1987 zwischen Konstanz und Kiew ersten Kontakte knüpften, war Kiew noch Hauptstadt der Sowjetrepublik Ukraine. Mir waren Kiew und die West-Südwest-Ukraine sowie selbstverständlich Czernowitz (Chernivtsi) in der Bukowina durch die Literatur bekannt, und zwar einerseits wegen

---

stanz 2009; MenschWerden – Dem Leben seinen Sinn geben. Erinnerungen 1937–2012. Konstanz 2002; NachLese – Aus geschenkter Zeit. Eine Art Tagebuch 2012–2014 mit einem Anhang diverser Texte verschiedener Lebensbereiche seit 1954. Konstanz 2015; SpätLese – Ein Tagebucharchiv aus geschenkter Zeit 2014–2017. Konstanz 2017.

* Ansprache während der Feier zum 30-jährigen Jubiläum der Universitäts-Partnerschaft im Senatssaal der Universität Konstanz am 3. Dezember 2019; zuerst in: **Erhard Roy Wiehn, SchlussPunkte – Jahrestagebucharchiv 1919/20: Konstanz 2020, S. 497 ff.**

148 José Ortega y Gasset (1883-1955), Betrachtungen über die Technik – Der Intellektuelle und der Andere (1942) Stuttgart 1949, S. 132.

** Wobei mir unser genialer Übersetzer und Freund, Dr. Michael Gawrisch, dadurch geholfen hat, dass er nicht konsekutiv, sondern simultan übersetzte.

der reichen ukrainisch-jüdischen Geschichte, andererseits durch die barbarischen deutschen Massaker an der ukrainisch-jüdischen Bevölkerung zwischen 1941 und 1943, wobei die Massenerschießung von Kiew-Babij-Jar – bei der am 29. und 30. September 1941 innerhalb von 36 Stunden laut SS-Statistik 33.771 Jüdinnen und Juden erschossen wurden, Männer, Frauen, Kinder, Alte, Kranke, Babys[149] – ein unvorstellbar grausames Ereignis der deutsch-ukrainischen Geschichte bleiben wird. Zu den Unmenschlichkeiten jener Zeit gehört aber auch die Massenverschleppung ukrainischer "Ostarbeiterinnen" und "Ostarbeiter" auf deutsches Reichsgebiet, wo sie in der deutschen Rüstungsindustrie und in der Landwirtschaft als Arbeitssklaven Zwangsarbeit leisten mussten und viele zu Tode kamen (in der Stadt Singen unweit Konstanz gibt es einen ukrainischen Deportierten-Friedhof). Neben Polen, Weißrussland, dem Baltikum und Nordgriechenland hat die Ukraine während des Dritten Reiches wohl am meisten unter den deutschen Besatzern gelitten.

3. Anfänge. – Mit einer Mischung aus Neugier und Risikobereitschaft ergab sich für mich bereits Anfang des Jahres 1987 durch den jungen Kiewer Wirtschaftswissenschaftler Dr. Iwan Potrawnij, der an der Universität Konstanz Umweltökonomie studierte, eine erste Kontaktmöglichkeit zur Kiewer Hochschule für Wirtschaftswissenschaft, die im April und September 1989 zu ersten persönlichen Begegnungen in Konstanz und Kiew führte, und zwar mit Prorektor Prof. Dr. Anatoly Iwanowitsch Smyslow (und 49 Personen[150] in Konstanz!) und mit Rektor Prof. Dr. Anatoly Fedorówitsch Pawlenko (in Kiew) von der

---

[149] Erhard Roy Wiehn (Hg.), Die Schoah von Babij Jar – Das Massaker deutscher Sonderkommandos an der jüdischen Bevölkerung von Kiew 1941 fünfzig Jahre danach zum Gedenken. Mit einer Dokumentation. Konstanz 1991; Erhard Roy Wiehn (Hg.) Babij Jar 1941 – Das Massaker an der jüdischen Bevölkerung von Kiew 60 Jahre danach zum Gedenken. Konstanz 2001; Erhard Roy Wiehn (Hg.)Kiew Babij Jar – Ein fest vergessenes Verbrechen (deutsch, englisch, ukrainisch. Konstanz 2011.

[150] Es handelte sich um das Folklore-Ensemble EKO der damaligen Kiewer Wirtschaftshochschule und 10 Mann Begleitung (darunter wohl auch "Aufpasser"); denn wir wollten mit einer musikalischen Brücke beginnen, weil etwas anderes in der damaligen späten Sowjetzeit gar nicht möglich war.

damaligen Wirtschaftshochschule und baldigen Kiewer Nationalen Wirtschaftsuniversität.[151]

Schon am 13. April 1990 konnten Rektor Prof. Anatoly Pawlenko und der damalige Konstanzer Rektor Prof. Dr. Horst Sund in Kiew einen Kooperationsvertrag unterzeichnen, für dessen Umsetzung ich etliche Jahre als Konstanzer Beauftragter verantwortlich war. Im Rahmen dieser Partnerschaft kamen im Laufe der Zeit zahlreiche Studierende und Lehrende zu kürzeren oder längeren Studienaufenthalten nach Konstanz, damals reisten aber auch Konstanzer Professoren zu Vorlesungen nach Kiew, und der damalige Konstanzer Vizekanzler und Leiter der Haushaltsabteilung, Helmut Hengstler, engagierte sich (nebst anderem) besonders für die Intensivierung des deutsch-ukrainischen Sport-Aus-tauschs.

Bereits im Herbst 1990 organisierten wir in Kiew das zukunftsweisende Symposium "Umwelt in Europa – Umweltprobleme kennen keine Grenzen",[152] stark motiviert durch die Reaktor-Katastrophe von Tschernobyl 1986, von der auch die Bodenseeregion betroffen war. Darauf folgten gemeinsam mit der Industrie- und Handelskammer Hochrhein-Bodensee (Dr. Haro Eden) Wirtschaftssymposien in Kiew und Konstanz. Am internationalen Konstanzer Symposium "Zur Rolle der Universitäten beim Bau des neuen europäischen Hauses" im Juni 1991 beteiligten sich der Kiewer Prorektor Prof. Vladimir Savtschuk, Dozent Juri Jantschenko und Prof. Anatoly Golowatsch.

4. Netzwerke. – Auf der Basis unserer Zusammenarbeit entstanden seit 1990/92 in meiner Verantwortlichkeit auch die Partnerschaft mit der Kiewer Nationalen Taras Schewtschenko Universität,[153] die lebenrettende Kooperation zwischen dem Kiewer Institut für Kardiologie

---

[151] Erhard Roy Wiehn, Deutsch-ukrainische Aktivitäten – Universitärer, humanitärer, publizistischer und menschlicher Brückenbau von Europa nach Europa 1989-2009. Vorworte von Anatoly I. Smyslov, Alexander F. Ivanov, Vladimir N. Kowalenko und Helmut Hengstler. Konstanz 2009. (Ukrainische Ausgabe Kiew 2009)

[152] Anatoly F. Pawlenko u. Horst Sund (Hg.), Umwelt in Europa – Umweltprobleme kennen keine Grenzen. 2. Umweltsymposium 1990. (Universitätsverlag) Konstanz 1991.

[153] Erhard Roy Wiehn, Von Europa nach Europa – 25 Jahre Zusammenarbeit der Universität Konstanz und der Nationalen Taras Schewtschenko Universität Kiew. Erinnerungen. (Deutsch u. ukrainisch) Konstanz 2017.

und dem Konstanzer Herz-Zentrum, unsere Beratung der Kiewer Psychiatrischen Pawlow-Klinik sowie der Medizinischen Universität Chernivzi (Czernowitz). Auf der Basis der beiden Universitätspartnerschaften gab es zeitweise auch eine enge Zusammenarbeit mit der deutschen und der ukrainischen Rektorenkonferenz sowie gemeinsame Konferenzen in Bonn und Simferopol (ich gehörte eine Weile der Deutsch-ukrainischen Expertenkommission an). Doch das war noch nicht alles.

Seit Anfang der 1990er Jahre wurden zusammen mit dem Deutschen Roten Kreuz der Stadt und des Landkreises Konstanz etliche große humanitäre Hilfskonvois organisiert (1993 war ich bei einem Konvoi in Rot-Kreuz-Uniform dabei), später eine bedeutende Kinderhilfsaktion in Chernivzi (Czernowitz), fast von Anfang an und bis 2009 gab es (zusammen mit der Konstanzer Kreuz-Pfarrei) unser Engagement für das Waiseninternat in Goródnja bei Chernigiv (Nordukraine). Nicht zuletzt sind zahlreiche Buchpublikationen entstanden, die erste beinhaltet unser Umweltsymposium von 1990, zahlreiche meiner eigenen Schriften befassen sich vor allem mit der dunklen deutsch-ukrainischen Geschichte, mit der deutschen Okkupation und dem Holocaust in der Ukraine, aber auch mit der Dichtung von Iwan Franko und Lesja Ukrainka.[154]

Unvergessen bleiben verschiedene große Konzerte in Konstanz, Singen, Ulm und in der Schweiz zunächst mit dem Folklore-Ensemble EKO der Kiewer Wirtschaftsuniversität unter Leitung von Dmitry Wischnepolski, alsdann mit dem Universitätschor "Dnipro" der Taras Schewtschenko Universität unter Leitung von Prof. Iwan Pawlenko (später Iryna Dusheyko) in Konstanz, Singen und Stuttgart sowie des Konstanzer Universitätschors und Universitätsorchesters unter Leitung von Universitätsmusikdirektor Peter Bauer in Kiew: Höhepunkte in Konstanz und Kiew waren Carl Orffs *Carmina Burana* und Georg Friedrich Händels *Messias* in der berühmten Kiewer Philharmonie.

5. Brücken. – Aus meiner Sicht waren diese Aktivitäten das mindeste, was von deutscher Seite der Ukraine gegenüber geschehen musste, um

---

[154] Iwan Franko, Zum Licht sich gesehnt – 'Mose' und andere ausgewählte Judaica. Aus dem Ukrainischen von Nadiya Medvedovska. Konstanz 2008; Lesja Ukrainka – Babylonische Gefangenschaft. Konstanz 2005. und andere Gedichte. Aus dem Ukrainischen von Nadiya Medvedovska

aus dem schwarzen Schatten der Vergangenheit der ersten Hälfte des 20. Jahrhunderts herauszukommen und am Bau einer friedlichen Zukunft für die nachkommenden Generationen mitzuwirken. – Wir begannen unsere deutsch-ukrainischen Aktivitäten noch zur Zeit der Sowjetunion und hätten uns kaum vorstellen können, dass die Ukraine damals so rasch und so friedlich ihre Selbständigkeit erlangen könnte. Auf jeden Fall hat die selbständige Ukraine seit 1991 unglaublich viel gelei-stet und geschafft, die "Orangene Revolution" von 2004/05 ist trotz betrüblicher Rückschläge irreversibel geblieben, und wir hoffen sehr, dass die junge Generation die Chance haben und nutzen wird, die anstehenden enormen Probleme zu meistern und das Land entscheidend nach vorn zu bringen.

Nach Friedrich Schillers (1759-1805) Wilhelm Tell aber "kann der Frömmste nicht in Frieden leben, wenn es dem bösen Nachbar nicht gefällt."(IV, 3) Die völkerrechtswidrige Annexion der ukrainischen Krim sowie die Besetzung und Verwüstung weiter Gebiete der Ostukraine seitens der Armee der Russischen Föderation hat Tausende von Menschenleben gefordert und der Ukraine bis zum heutigen Tag schweren Schaden zugefügt. Doch die Geschichte der Ukraine geht weiter, und unsere Hoffnung auf eine friedliche Zukunft bleibt stark.

6. Erfahrungen. – Meine letzten universitären Verantwortlichkeiten für unsere Partnerschaften in Kiew habe ich zwar bereits im Mai 2007 abgegeben, nach 76 Besuchen seit 1989 und bis 2017 in der Ukraine bleibt diese jedoch eine meiner Heimaten, die Freundschaften in Kiew, aber auch andernorts in der Ukraine, gehören zu den großen Erfahrungen meines Lebens. Zu den überraschenden Nebenwirkungen dieser Partnerschaften gehört nicht zuletzt auch, dass ich manche Konstanzer Kolleginnen und Kollegen erst durch Kiew und in Kiew kennenlernte.

Leider sind viele der frühen Brückenbauer schon nicht mehr unter uns: Der damalige Chefdolmetscher Walery Woloschanówitsch (Foto S. 19) und der EKO-Dirigent Dmitry Wischnepólski haben uns als erste verlassen. Eberhard Zgraja, mein Nachfolger als Konstanzer Beauftragter für die Kiewer Wirtschaftsuniversität, wurde viel zu früh aus seiner engagierten Zusammenarbeit gerissen. Ebenso haben uns die weitsichtigen "jungen Pioniere" Prorektor Prof. Anatatoly Iwanowitsch Smyslov und Rektor Prof. Anatoly Fedorówitsch Pawlenko vor wenigen Jahren verlassen.[155] (Ich bitte Sie, sich zum Gedenken von Ihren Plätzen zu erheben – danke!)

Doch gibt es erfreuliche Kontinuität, und dem schon fast "ewigen" Konstanzer Kooperations-Beauftragten Prof. Dr. Thomas Deissinger ist einmal mehr auch heute für sein langjähriges Engagement zu danken, die Kiewer Partneruniversität hat dies mit dem Doctor honoris causa auf noble Weise getan.

7. Zukunft. – Der Weiterbau unserer partnerschaftlichen Brücke von Europa nach Europa wie auch des Neuen Europäischen Hauses bleiben große Herausforderungen. Lassen Sie uns im Rahmen unserer Möglichkeiten (die vielleicht sogar noch ausgeweitet werden könnten) unbedingt beherzt daran weiterarbeiten! – Symbolisch für unsere partnerschaftlichen Aktivitäten erscheint mir die Kiewer Kastanie, die wir 1993 gemeinsam mit der Kiewer Wirtschaftsuniversität an der Universität Konstanz pflanzten (cover back), die inzwischen zu einem stattlichen Baum von 26 Jahren herangewachsen ist, im Mai 2019 wieder herrlich blühte und unter dessen schattigem Blätterdach sich schon ein Gläschen Horílka der Freundschaft trinken lässt (hier schenke ich den drei Kiewer Gästen je eine Kastanie des Kiewer Kastanienbaums).

Meine Damen und Herren, gegen Ende meiner komprimierten Geschichte darf ich in aller Bescheidenheit feststellen: Ohne mich als Initiator bzw. Vater der Partnerschaft zwischen der Universität Konstanz und der Kiewer Wirtschaftsuniversität gäbe es diesen heutigen Festakt nicht: Also weiterhin frohes Fest!

Den Kiewer Freunden entbiete ich meinen herzlichsten Dank für 30 Jahre fruchtbarer Partnerschaft und Freundschaft zum Wohl unserer Studierenden, der Wissenschaft und der Völkerverständigung! Unserer Universitäts-Partnerschaft wünsche ich – auch als Ehrendoktor der Kiewer Nationalen Wirtschaftsuniversität – von Herzen: Vivat, crescat, floreat!!

Unserem Freund Dr. Michael Gawrisch ganz herzlichen Dank für seine geniale Simultan-Übersetzung!

---

[155] Dazu auch Erhard Roy Wiehn, MenschWerden – Dem Leben seinen Sinn geben. Erinnerungen 1937-2012. Konstanz 2012, S. 334 ff., u. 374 ff.

III. Nachrufe

Prof. Dr. Anatoly Iwanowitsch Smyslov (?-2013)

Statt eines Nachrufs sein Vorwort:[156] Zwanzig Jahre Kooperation

In der zweiten Aprilhälfte 1989 besuchten insgesamt 50 Studierende und Dozenten der damaligen Kiewer Hochschule für Volkswirtschaft unter meiner Leitung erstmals auf offizielle Einladung die am Bodenseeufer des Landes Baden-Württemberg gelegene Universität Konstanz. Teilnehmer unserer Delegation waren das Folklore-Ensemble "EKO" unter Leitung von Dmitry Wischnepolski sowie Professoren und Leiter verschiedener Abteilungen der Kiewer Hochschule.

Initiator und Organisator des Besuchs unserer Delegation war Prof. Roy Wiehn, der uns in Stuttgart begrüßte und uns ein interessantes, mit vielen aufschlussreichen Begegnungen gefülltes Programm für unseren Aufenthalt in diesem wunderbaren Winkel Süddeutschlands vorbereitet hatte. Es gab informative Begegnungen mit dem damaligen Konstanzer Rektor Prof. Dr. Horst Sund, mit Professoren und Studierenden wie auch mit Oberbürgermeister Dr. Horst Eickmeyer. Mit großem Erfolg ist unser Studentenensemble in Konstanz, Singen und Ulm aufgetreten.

Während dieses Besuchs führten die Vertreter der Kiewer Wirtschaftshochschule mit der Leitung der Universität Konstanz erste intensive Gespräche über eine mögliche wissenschaftliche Kooperation. Danach wurde sehr bald ein Kooperationsvertrag ausgearbeitet, von den zuständigen Gremien beider Hochschulen verabschiedet und im April 1990 von den Rektoren Prof. Horst Sund und Prof. Anatoly F. Pawlenko in Kiew unterzeichnet. Die geplante Zusammenarbeit bezog sich auf den Austausch von Professoren und Mitarbeitern der Universitäten, Studienaufenthalte von Lehrern, Doktoranden und Studierenden. Außerdem wurde die Förderung gemeinsamer kultureller und sportlicher Aktivitäten vereinbart.

---

[156] In: Erhard Roy Wiehn, Deutsch-ukrainische Aktivitäten – Universitärer, humanitärer und menschlicher Brückenbau von Europa nach Europa. Konstanz 2009, S. 7 ff.; ins Deutsche übertragen von Juri Schatton (Konstanz).

Im Hinblick auf diese Ziele leisteten und leisten beide Universitäten in den 20 Jahren ihrer Kooperation einen großen und wichtigen Beitrag. Dank des aktiven Einsatzes von Prof. Roy Wiehn, des ersten Beauftragten des Rektors der Universität Konstanz für die Zusammenarbeit mit der Kiewer Wirtschaftshochschule und späteren Nationalen Wirtschaftsuniversität, durch die weiterführende Arbeit seiner Nachfolger Dipl.-Volkswirt Eberhard Zgraja und Prof. Dr. Thomas Deissinger sowie durch die Initiativen von Vizekanzler Helmut Hengstler und dank der permanenten Unterstützung durch die Leitungen beider Universitäten wurden etliche wissenschaftliche wie auch praxisorientierte Konferenzen und Symposien in Deutschland und in der Ukraine durchgeführt. Diese waren zunächst aktuellen Umweltproblemen, dann aber auch Problemen der Marktwirtschaft beider Ländern gewidmet, wobei sich Wissenschaftler, Vertreter von Banken und Unternehmen, aber auch Studierende beteiligten.

Ein außerordentlich wichtiges Ziel unserer Kooperation während der letzten 20 Jahre war der Austausch von Professoren und Dozenten beider Universitäten. Bis Anfang des Jahres 2009 kamen an die Nationale Wirtschaftsuniversität Kiew 34 Konstanzer Professoren und Vertreter der Wirtschaft, die mit unseren Wissenschaftlern und Studierenden gearbeitet haben. Vorlesungen hielten: Nikolaus Assfalg, Prof. Dr. Horst Baier, Prof. Dr. Thomas Deissinger, Prof. Dr. Werner Ebke, Dr. Haro Eden, Prof. Dr. Rüdiger Klimecki, Prof. Dr. Werner Maihofer, Prof. Dr. Ludwig Pack, Juri Schatton, Dr. Hans Schlemper, Prof. Dr. Horst Sund, Prof. Roy Wiehn, Prof. Dr. J. Wulf, Dipl.-Volkswirt Eberhard Zgraja und andere. Interessante Beiträge auf Konferenzen und Symposien haben Vertreter von Banken, der Industrie- und Handelskammer und Unternehmer aus Deutschland geliefert. Insgesamt haben bislang 14 deutsche Studierende bei uns studiert.

In den vergangenen 20 Jahren hat die Universität Konstanz zu wissenschaftlichen Studien 79 Professoren und Dozenten unserer Universität für zweiwöchige bis zu zweimonatigen Aufenthalten eingeladen und ihnen Stipendien zur Verfügung gestellt. Für ein- bis zweisemestrige Studienaufenthalte waren 249 Kiewer Studierende für ein integriertes Studium gemäß vereinbarter Bachelor- und Magisterprogramme eingeladen. Für die meisten Studierenden wurden Stipendien der Universität Konstanz und des DAAD bereitgestellt. Mehrere Studierende haben den fünfjährigen vollen Studiengang an der Universität Konstanz absolviert und ein deutsches Diplom erworben.

Alle Studierende, Dozentinnen, Dozenten und das Rektorat unserer Universität sind zutiefst dankbar für die optimale Organisation ihres Aufenthaltes in Konstanz und die freundschaftliche Betreuung. Unser Dank gilt den Rektoren Prof. Horst Sund, Prof. Bernd Rüthers und Prof. Gerhart von Graevenitz, aber auch Prof. Erhard Roy Wiehn, Eberhard Zgraja, Prof. Thomas Deissinger, Dr. Gerhild Framhein als langjähriger Leiterin des Auslandsreferats und allen Angehörigen der Universität Konstanz, die sich für die Kiewer Gäste engagiert haben. Im Namen des Rektorates der Nationalen Wirtschaftsuniversität Kiew danke ich sehr herzlich auch Vizekanzler Helmut Hengstler, der eine wichtige Rolle für die Vertiefung von Freundschaft und Zusammenarbeit unter der Jugend unserer Universitäten spielt, und zwar insbesondere für die Organisation des Austauschs studentischer Sportdelegationen.

Auf Initiative von Prof. Erhard Roy Wiehn wurden seit Anfang der 1990er Jahre mit Unterstützung von Oberbürgermeister Dr. Horst Eickmeyer sowie des Stadt- und Kreisverbandes Konstanz des Deutschen Roten Kreuzes mehrere humanitäre Hilfsaktionen für Studierende der Kiewer Wirtschaftsuniversität, für Bürgerinnen und Bürger der Stadt Kiew, für Menschen im Altenheim des Kreises Kiew in Borodjanka (Gebiet Kiew), für Menschen in Kobeljaki (Gebiet Poltawa, seitens der Stadt Singen) sowie für die Waiseninternate in Butscha (Gebiet Kiew) und Gorodnja (ukrainisch *Horodnja*, Gebiet Tschernigiv) durchgeführt. Die humanitäre Hilfe für das Waisenhaus Gorodnja wird noch immer Jahr für Jahr von Prof. Erhard Roy Wiehn und Helmut Hengstler durch Sammelaktionen in der Universität Konstanz und in Konstanzer Schulen fortgeführt.

Eine wichtige Rolle für die Entwicklung unserer Zusammenarbeit haben anfangs auch der Generalkonsul der Bundesrepublik Deutschland, Graf Henecke von Bassewitz, und später insbesondere Botschafter Dr. Eberhard Heyken gespielt, die unsere Initiativen zum Ausbau und zur Vertiefung unserer Beziehungen unserer Universitäten aktiv förderten.

Von ukrainischer Seite ist die aktive Teilnahme an Organisation und Verwirklichung der Kooperation von Rektor Prof. Anatoly F. Pawlenko, den Professoren bzw. wissenschaftlichen Mitarbeiterinnen und Mitarbeitern V.M. Fedosow, C.W. Stepanenko, A.M. Kolot, D.G. Lukjanenko, A.P. Naliwajko, M.I. Wakulenko, M.M. Gawrisch, V.K. Chliwni, V.F. Opryschko, W.W. Woloschanówitsch, K.A. Nuschnenko, A.W. Kapusch, A.W. Sotow und vielen anderen Mitarbeitern der Universität hervorzuheben.

In Anbetracht ihrer Tätigkeit und Verdienste für die Nationale Wirtschaftsuniversität Kiew hat der Wissenschaftliche Rat der Kiewer Nationalen Wirtschaftsuniversität Prof. Horst Sund und Prof. Roy Wiehn im Jahre 1995 die Ehrendoktorwürde verliehen, das Ministerium für Bildung und Wissenschaft der Ukraine ehrte Eberhard Zgraja für "Verdienste um die Bildung in der Ukraine".

Kiew, im März 2009

*

Statt eines Nachrufs hier Auszüge aus meinem Tagebuch:* "**9. Januar 2013 (Mittwoch)** Seit vorgestern, 7. Januar 2013, kann ich fast an nichts anderes denken als an den Tod meines lieben Freundes Anatoly Iwanowitsch Smyslov in Kiew: Nach einer Zeremonie in der Kiewer Nationalen Universität für Wirtschaft um 11 Uhr wurde er bereits beigesetzt, der Arme...

Die Universität Konstanz war ja seit Nachmittag, 21. Dezember 2012 und bis 2. Januar 2013 geschlossen, am 3. Januar 2013 fand ich am Morgen folgende Email von der Leiterin des International Office unserer Kiewer Partner-Universität:

Dear Roy, thank you for your 1st letter in 2013! (...) But the reason I'm writing to you now is the following: Anatolii Ivanovich is in the hospital in very bad condition (((((He was there for annual examination, before New year for the weekend he backed home and at home he had myocardial infarction. His wife, Antonina, called me on the 31st of December and told it. About 1 day he was in coma, now he was backed to the condition, but he is very weak... Our rector knows about it too of course. So this is bad news I have unfortunately. From time to time I'll keep you informed of course.
Warm hugs, yours Katya

Am 7. Januar 2013 (Montag) dann gleich morgens die Nachricht:

---

* In: Erhard Roy Wiehn, Nachlese - aus geschenkter Zeit. Eine Art Tagebuch 2012-2014. Konstanz 2015. S. 71 ff.

Dear Friends, today is Holyday in Ukraine as you know – Christmas! I was waken up by phone call early in the morning ... bad news(((Today at 3 a.m. our Anatolii Ivanovych Smyslov died (((((((((((Let's pray for his soul... My grandmother says that when people die on Easter or Christmas these people are saint and go to the Heaven at once... I believe in it! How and when will be funeral I don't know yet. Will keep you informed... Warm hugs, Yours Katya

Mirjam schrieb mir am 7. Januar:

Mein Lieber, das ist einerseits eine sehr traurige Nachricht, andererseits scheint der Tod vielleicht die Erlösung für Anatolij gewesen zu sein. Wir werden es nicht wissen. Jedenfalls könnt ihr beide auf eine fruchtbare und lange Zusammenarbeit zurückblicken, in der ihr jeder auf seine Weise fast nicht vorhandene Möglichkeiten nutztet, um ein unglaubliches Werk zum Wohle anderer über Jahrzehnte hinweg zu geschaffen. Euch entstand dadurch eine wunderbare, beglückende und einzigartige Freundschaft. Gesegnet wart ihr beide. Bis später, Mirjam

Anatoly Iwanowitschs Beerdigung sollte heute, am 9. Januar 2013 sein, zuvor wird er zum letzten Mal zur seiner Universität gebracht worden sein. Leider war es mir zeitlich unmöglich, dabei zu sein; später kam dann wieder Post von Katya:

Dear Roy, it was terrible day... I am just back to office, can't understand what to do first... I guess I'll write you reply... On the 15th of January (on the 9th day after the death) there will be organized a dinner kind a memory day... Looking forward to hear from you, warm hugs... missed you sooo much(((Yours Katya

Ich habe sofort Flugtickets gekauft und werde dann also von Sonntag abend, 13. Januar bis Donnerstag morgen, 17. Januar 2013 in Kiew sein, es wird meine Kiew-Reise Nr. 73 sein, die erste, absolut traurige Reise. Ich habe die Ehre, die Universität Konstanz zu vertreten und kann auf diese Weise meinem lieben Freund Anatoly die letzte Ehre erweisen, mein Nachruf ist fertig. Noch immer will ich nicht glauben, dass er nicht mehr da ist. (09.01.2013)

19. Januar 2013 (Samstag) Heute ist Schabbat, Samstag; vom 13. bis 17. Januar 2013 war ich zu meinem Kondolenzbesuch im Auftrag der Universität Konstanz in Kiew, es war mein Besuch Nr. 73 und bestimmt der erste traurige Besuch. Ankunft im sehr winterlichen Kiew Sonntag abend pünktlich gegen 17 Uhr, Katerina Nuschnenko, Leiterin der International Office der Kiewer Nationalen Wirtschaftsuniversität (KNEU) holt mich am Airport Borispil ab und bringt mich zum Gästehaus, das mir schon gut bekannt ist, wo ich mich diesmal ab 18 Uhr aber allein zurechtfinden muss: Koffer ins Appartement, nur ca. 17/18 Grad, leerer Kühlschrank, nichts weiter geplant. Da lade ich einfach Aljoscha zum Abendessen ein, Absolvent der KNEU, Student in Konstanz, seit einiger Zeit im Ukrainischen Patentamt tätig. Ich hatte ihn schon über meine Ankunft informiert, er kommt um 19 Uhr, wir gehen in ein passables Selbstbedienungsrestaurant an der Metrostation ca. 15 min. vom Gästehaus entfernt, essen und trinken nicht schlecht und unterhalten uns gut: Arbeit, die neue und ewig unfertige Wohnung, nichts Bestimmtes in der Liebe.

Am Montag morgen, 14. Januar 2013, 8.30 Uhr, Frühstück mit Katerina Nuschnenko und einem weiteren ausländischen Gast in einem der kleinen Cafés der KNEU. Um 10 Uhr kommt Prof. Dr. med. Vladimir Nikolajawitsch Kowalenko, Direktor des Kardiologischen Instituts, mit dem ich in den Jahren 1999 und 2000 die beiden Operationen für unseren Freund Anatoly Iwanowitsch im Konstanzer Herz-Zentrum erfolgreich organisierte[157] und mit dem sich eine nun schon langjährige Freundschaft entwickelte, auch weil seine Tochter Oksana etliche Jahre an der Universität Konstanz studierte und hier ihr Diplom in Wirtschaftswissenschaft erwarb. Vladimir entführt mich im Toyota Geländewagen mit Chauffeur zu einem Picknick in den wirklich märchenhaften ukrainischen Winterwald und lädt mich anschließend zum einem noblen Essen in "unser" traditionelles Klosterrestaurant nahe des Dnipro, wo wir schon öfter in der Weihnachtszeit speisten. Abends besucht mich im Gästehaus Dr. Michael Gawrisch, Lehrstuhlleiter Germanistik und ein guter Freund, genauer gesagt, eigentlich der einzige, der in der KNEU verblieben ist.

---

[157] Zur Vorbereitung meiner Polen-Gedenkreise Mitte April 2013 las ich wieder einmal Hanna Kralls *Schneller als der liebe Gott* (Frankfurt am Main 1980) und fand darin die Passage von Dr. Marek Edelman, Herzchirurg und der letzte überlebende der Anführer des jüdischen Aufstands im Warschauer Ghetto am 19. April 1943: "Natürlich endet jedes Leben ohnehin. Entscheidend ist aber die Vertagung des Urteils um acht oder zehn oder fünfzehn Jahre. Das ist durchaus nicht wenig." (S. 108) Genau so war das auch bei und für Anatoly Iwanowitsch, denke ich mir. (08.05.2013)

Am Dienstag morgen, 15. Januar 2013, 10 Uhr Abfahrt an der KNEU mit Minibus zu Anatoly Iwanowitschs Grab auf einem Friedhof ziemlich weit draußen vor der Stadt (ca. 1 Stunde Fahrt); am durch Blumenarrangements hoch aufgetürmten Grab versammeln sich ca. 20 Personen, Prorektoren und Dekane sowie die Witwe Antonina Ivanovna Smyslova mit Familienangehörigen. Ich begrüße Tonia, die ich seit knapp 24 Jahren kenne, nehme sie in den Arm, und wir weinen beide. Nach ukrainischer Sitte wird dann ein Gläschen Wodka auf den Verstorbenen getrunken (ohne "anzustoßen"!), und diesem wird auch ein Gläschen ans Grab gestellt; die Umstehenden essen dazu sogar ein Häppchen, wonach mir aber überhaupt nicht zumute ist. Jedenfalls ist es ziemlich kalt, sodass ich ein zweites Gläschen nicht ablehne.

Um etwa 13 Uhr gibt es in einem KNEU-Restaurant ein Essen zu Ehren des Verstorbenen, woran der genannte Personenkreis teilnimmt. Nach einer kleinen Gedenkansprache von Rektor Prof. Anatoly Fedorowitsch Pawlenko gibt er mir das Wort für meinen Nachruf, der durch Dr. Michael Gawrisch bereits ins Ukrainische übersetzt war; Ich lese den ersten Absatz auf Deutsch, dann verliest Katja den Text, ich trage den letzten Absatz wieder auf Deutsch vor, dann übersetzt Katya ins Ukrainische. Nach mir spricht der Prorektor für Internationale Beziehungen der Nationalen Taras Schewtschenko Universität, unser Freund Prof. Petro Bekh, danach Antonina Smyslova; nach jeder Ansprache gibt es natürlich ein Schlückchen Wodka. Beim Essen will sich leider kein Appetit einstellen, einer fehlt eben schmerzlich, wenn auch vielleicht nicht unbedingt allen Anwesenden.

Nach einer Siesta verlasse ich nochmals das Gästehaus, um an der Metrostation Geld zu tauschen, stürze unversehens auf Glatteis, verliere das Bewusstsein und wache erst wieder im Krankenwagen an einer Neurologischen Klinik auf, von Katya begleitet: Studenten hatten mich fallen sehen, Katya und eine Ambulanz verständigt, das war mein Glück. Durch eine Gehirntomographie wird festgestellt, da es keine inneren Verletzungen gibt, sondern nur einige äußerliche Blessuren und eine zerdrückte Brille. Inzwischen ist auch mein Freund Prof. Vladimir Kowalenko in der Klinik eingetroffen, verordnet mir sofortige Bettruhe und Alkoholverbot, was ich natürlich brav befolgte. Tatsächlich hatte ich ein Riesenglück, denn mein Sturz hätte schlimme Folgen haben können. Barúch HaSchém!

Am Mittwoch morgen, 16. Januar 2013, fühlte mich wieder einigermaßen fit, trank meinen Tee im Gästehaus und wurde um 10 Uhr zur Nationalen Taras Schewtschenko Universität abgeholt. Dort begrüßte mich Prorektor Prof. Petro Bekh schon an der Straße und zeigte mir als erstes auf dem Flur zum Rektorat die neue Wanddekoration in Form der Namen aller Ehrendoktoren, meiner unter der Nr. 38: Eine hübsche Überraschung, über die ich mich natürlich freue. Dann wurde ich im Empfangssaal freundschaftlich begrüßt, wobei zwei alte Freunde anwesend waren, nämlich Prof. Vladimir Zaslawski (Kybernetik) und Prof. Volodymyr Yevtuch (Direktor des Instituts für Soziologie der Kiewer Dagománov Universität für Pädagogik), außerdem eine ebenso charmante wie kompetente Dolmetscherin namens Yana. Für diesen freundschaftlichen Empfang konnte ich mich mit meinem Memoiren-Band *MenschWerden* für die Bibliothek des Instituts für Germanische Philologie bedanken, wo sich alle Anwesenden auch auf Fotos wiederfinden können.

Anschließend wurde ich von Freund Prof. Vladimir Zaslawski zur Fakultät für Soziologie gebracht, die aus dem Roten Gebäude ziemlich weit nach draußen in der Nähe des Gästehauses in der Wasilkivska "umgezogen wurde". Dort begrüßten mich die alten Bekannten Prof. Wolowitsch als Gründer der Fakultät und Prof. Gorbatschik als dessen Nach-Nachfolger. Der Grund für dieses Treffen und ein längeres Gespräch bestand in einer gewissen Überraschung: Da die Nationale Taras Schewtschenko Universität sich "internationalisieren" will, möchte die Fakultät für Soziologie dies dergestalt realisieren, dass sie ausländische Professoren einzuladen gedenkt, die in Kiew Basis-Soziologie in englischer Sprache lehren: Als erster bin ich eingeladen, möglichst bald mit Vorlesungen in Kiew zu beginnen, – was ich durchaus als Ehre empfinde. Aber trotz hoher Erwartungen meiner Kiewer Kollegen und nicht nur wegen zahlreicher ungeklärter Details eines solchen Unternehmens, sondern auch wegen persönlicher Vorbehalte konnte ich mich zu einer definitiven Zusage nicht durchringen. Ich habe ernsthaftes Nachdenken zugesagt und meinen Versuch, an der Universität Konstanz andere Kollegen für Kiew zu gewinnen. Ein solches neues Engagement in Kiew würde mich viel Zeit kosten, die meiner Buchproduktion zwangsläufig abginge; Warum sollte ich mir das – bei aller Liebe – in meinem Alter und meiner Situation noch antun?

Dann war schon der letzte Abend gekommen, zu dem ich nochmals Aljoscha und Michael Gawrisch in das Metro-Restaurant einlud, wo ich mir zwei Tage nach meiner unsanften Bodenlandung wieder ein Bierchen mit Wodka gönnte.

Donnerstag, 17. Januar 2013, kurz nach 6 Uhr Aufstehen. Punkt 7 Uhr Abholung durch einen KNEU-Chauffeur, am Stadtrand von Kiew steigt Katya zu, leistet mir Gesellschaft bis zum Airport, wir sind zu früh, sie lädt mich zum einem Tee ein, und wir haben Zeit, nochmals die vergangenen Tage Revue passieren zu lassen, aber auch über die Zukunft zu sprechen, die nach Prof. Smyslovs Tod angesichts eines neuen Prorektors für Internationale Beziehungen für Katya einige Unwägbarkeiten enthält; ich versprach ihr, die Daumen zu halten und zu helfen, wo ich kann.

An diesem Vormittag herrscht am Airport ziemlich dichter Nebel, die Maschine startet statt 9.55 Uhr ca. 40 min später, wir kommen verspätet nach Zürich, wohin der Winter zurückgekehrt ist, und ich bin schließlich 1½ Stunden später wieder in Konstanz, – und entsprechend verspätet wieder in meinem Büro. Dort gibt es viele Emails, aber nicht Dramatisches; erste Dankes-Mails nach Kiew werden sofort auf den Weg gebracht.

Zum Gedenken an Rektor Prof. Dr. Anatoly Fedorówitsch Pawlenko (?-2016)

5. Dezember 2016 (Montag) 8 Uhr Treffen der Konstanzer Delegation im Gästehaus zum Frühstück mit Spiegeleiern. Ca. 9.15 Uhr Abholung der Delegation zur Nationalen Taras Schewtschenko Universität, wo wir gegen 10 Uhr in den bereits vollbesetzten Senatssaal geführt werden. Nach einer kurzen Ansprache des Kiewer Rektors Prof. Dr. Leonid Huberskij wird der Konstanzer Rektor Prof. Ulrich Rüdiger als Ehrendoktor mit Talar und Doktorhut "eingekleidet", erhält seine Urkunde und hält dann seine nicht allzu lange Dankansprache, worin erstaunlicherweise die Geschichte unserer Partnerschaft nicht vorkommt. In ca. 30 Minuten ist die Feier vorbei, vor dem Senatssaal werden Fotos gemacht, und ich kann dem Kiewer Rektor meine *InnenAnsichten der Universität Konstanz 1966–2016* überreichen.[158]

---

[158] Diesen Band habe ich später mit Glückwunsch-Widmung per Hauspost auch dem neuen Ehrendoktor übersandt – ohne jede Reaktion seinerseits. (21.01 .2017)

Drei Angehörige unserer Delegation treffen sich anschließend mit Kiewer Studierenden, ich fahre mit dem Konstanzer Rektor zur Kiewer Universität für Handel und Wirtschaft (KNEU, nicht ohne unterwegs noch ein Trauergebinde mit beschrifteter Schleife zu erstehen), wo im Senatssaal bereits seit 10 Uhr die Trauerfeier für den am 2. Dezember 2016 verstorbenen Rektor Prof. Dr. Anatoly Fedorowitsch Pawlenko im Gange ist. Wir werden nach vorne geführt und Rektor Rüdiger alsbald zu einer Ansprache gebeten; anschließend fuhrt sofort zur Konstanzer Delegation in die Taras Schewtschenko Universität zu-rück.

Ich blieb, um im weiteren Verlauf des Trauertages die Universität Konstanz zu vertreten. Nach dem Ende der Trauerfeier im Senatssaal wurde der tote Rektor im offenen Sarg von Soldaten aus seiner Universität getragen und durch ein Spalier von Soldaten unter den Klängen des Trauermarsches, der in der Sowjetzeit in Moskau gespielt wurde. Mit etlichen Bussen wurden die zahlreichen Trauergäste zum Zentralfriedhof gefahren, wo der tote Rektor von einer Ehrenformation der ukrainischen Armee mit der ukrainischen Nationalhymne und einem Ehrensalut begraben wurde: Als letzte Ehre auch von mir eine handvoll Erde auf seinen Sarg. Ich war sehr froh, dass mein alter Freund Dr. Michael Gawrisch, Lehrstuhlleiter Germanistik der KNEU, die ganze Zeit an meiner Seite war. Nach der Beerdigung fuhren wir zur KNEU zurück, wo der Senatssaal inzwischen umgerüstet war und zahlreiche Trauergäste (200–300?) zu einem Imbiss erwartet wurden. Hier konnte ich der Witwe Nadja sowie Tochter Ira, die ich beide seit 1989 kannte, persönlich mein Mitgefühl aussprechen. Ca. 16.15 Uhr fuhr ich mit einem Taxi zum Gästehaus zurück.

(…)

6. Dezember 2016 (Dienstag) Von Petro Bekh nach Kiew ins Gästehaus zurückgebracht, wurde ich dort ca. 10 Uhr von meinem Freund Michael Gawrisch zur Kiewer Universität für Handel und Wirtschaft abgeholt, das Gastgeschenk hatte ich meine *InnenAnsichten der Universität Konstanz 1966–2016* dabei. Es gab vieles zu besprechen, eigentlich war an diesem Tag für mich ein Mittagessen mit Rektor Pawlenko vorgesehen, das uns jedoch nicht vergönnt war. Stattdessen fand das Essen nun mit Prorektor Prof. Lukjanenko statt, den ich seit den Anfängen kenne, mit dem neuen Prorektor für Internationale Beziehungen sowie mit Prof. Porutschnik, einem der allerersten Kiewer Wissenschaftler bereits 1990 in Konstanz, selbstverständlich war auch

Michael Gawrisch dabei. Es herrschte ein freundschaftliche Atmosphäre, jedoch immer noch unter dem Eindruck des plötzlichen Todes des Rektors und seiner gestrigen Beerdigung. Anschließend gab es noch ein Teegespräch mit dem Prorektor für Internationale Beziehungen, wobei ich einige Anregungen für die künftige Zusammenarbeit zwischen Kiew und Konstanz loswerden konnte.

15.30 Uhr wurde ich mit einem Taxi zum Gelben Gebäude der Taras Schewtschenko Universität gebracht, wo mein Freund Dr. Iwan Sojko auf mich wartete – und ca. 20 Deutsch-Studierende, denen ich knapp zwei Stunden lang über 50 Jahre Universität Konstanz und über die Geschichte unserer Partnerschaft berichten konnte. Als Gastgeschenk gab es für alle je eine Kastanie der diesjährigen Ernte des Kiewer Kastanienbaums auf dem Konstanzer Campus und für das Institut für Germanistik meine *InnenAnsichten der Universität Konstanz 1966–2016.*

Um 18 Uhr wartete der Fahrer meines Freundes Prof. Dr. Kowalenko am Gelben Gebäude auf mich und brachte mich zum ukrainischen Restaurant mit der Windmühle (hier hatten wir öfter mit dem leider verstorbenen Prorektor Prof. Smyslow, meinem guten Freund Anatoly Iwanowitsch, gegessen), wo Vladimir Nikolajewitsch (langjähriger Chef des Kiewer Instituts für Kardiologie) mit der liebenswürdigen Lena bereits auf mich wartete, mit dem ich seit vielen Jahren gut bekannt bin. Wir hatten eine kleine Hütte im ukrainischen Bauernstil für uns, ich wurde großzügig bewirtet, es war eine Art familiärer Abend. Anschließend Verabschiedung von Aljoscha im Gästehaus.

7. ***Dezember 2016 (Mittwoch)*** bereits um 6.30 Uhr wurde ich von einem netten Fahrer am Gästehaus abgeholt und zum Flughafen gebracht – bei minus 10 Grad: 10.10 Uhr Abflug, 11.30 Uhr Zürich, ca. 14 Uhr Konstanz, später Kurzbesuch in meinem Uni-Büro; rechtes Bein schon leicht geschwollen.

Diese 75. Reise nach Kiew hatte ich mir etwas anders vorgestellt, und sie hatte es in sich: In der einen Partneruniversität der Ehrendoktor für den Konstanzer Rektor, in der anderen Partneruniversität Begräbnis des toten Rektors, den ich seit 1989 kannte und mit dem ein Treffen verabredet war. (…)

Am 8. Dezember 2016 entsprechend nette Post aus Kiew:

Lieber Roy,
für mich waren dies auch besondere, unvergessliche Tage. Die Kommunikation mit Dir ist immer eine große Bereicherung!
Mir ist heute Anatoli Porutschnyk (war beim Mittagessen mit dabei) begegnet,
er lässt Dich herzlich grüßen und hat Dich zitiert mit der Vertiefung des
Lebens. – Herzlichste Grüße, Dein Michael

Lieber Roy,
vielen Dank für Deine Mail und die guten Worte! Es hat mich auch sehr gefreut, Dich wieder einmal in Kyiv zu sehen. Nochmals herzlichen Dank für das interessante Gespräch mit den Studierenden, es hat ihnen sehr gut gefallen (kein Wunder auch - Du bist ja ein unübertroffener Erzähler!). Im Moment gibt es noch keine Bilder. Sobald ich aber einige bekomme, schicke ich sie Dir. Ich hoffe, dass Du keine Schmerzen mehr am Bein hast, was ich Dir von Herzen wünsche! – Mit herzlichen Grüßen und den besten Wünschen, Dein Iwan (Sojko)

Nachruf auf Dr. Iwan Sojko (1947-2021)

Am 8. Februar 2021 erfuhr ich aus Kiew, dass unser Kollege und Freund Dr. Iwan Sojko verstorben ist. Er war viele Jahre Leiter des Lehrstuhls Germanistik im Gelben Gebäude der Nationalen Taras Schewtschenko Universität in Kiew, mit der die Universität Konstanz seit 1992 eine Partnerschaft verbindet, für die ich als Beauftragter von Konstanzer Seite 15 Jahre verantwortlich war.

Iwan und ich haben uns oft gesehen, er war ein exzellenter Übersetzer, er sprach ein wunderbares Deutsch, und gelegentlich fand ich im Sinne höchsten Lobes: Iwan übersetzt *fast zu schön!* Er hatte einen feinen Humor, konnte herzhaft lachen, und in seiner ruhigen, souveränen, immer überaus freundlichen, respektvollen Art war er bei uns sehr beliebt: Iwan war eine Seele von Mensch!

Da Universitätspartnerschaften wie alle Partnerschaften stets so gut sind wie die Menschen, die sie leben und tragen, darf man sagen, dass Dr. Iwan Sojko von Anfang an ein wichtiger Pfeiler unserer universitären Partnerschaftsbrücke war, seinen Studierenden die deutsche Sprache bestens beigebracht und dadurch in die Lage versetzt hat, an der Universität Konstanz erfolgreich zu studieren.

Im Laufe der Jahre hat er mich mehrfach in seine Seminare eingeladen, um über die Geschichte unserer Universitätspartnerschaft zu sprechen und für sie zu werben, zuletzt am 6. Dezember 2016. Dank seines Engagements konnte ich auch mehrere meiner Bücher seinen Studentinnen und Studenten vorstellen, zuletzt am 22. November 2017.

Iwan hatte überdies eine wichtige Stimme im Chor 'Dnipro' seiner Universität und war mit diesem Chor mehrfach zu Konzerten an der Universität Konstanz und andernorts in Deutschland und der Schweiz zu Gast, zuletzt im Mai 2016 zum 50-jährigen Jubiläum der Universität Konstanz. Auch an geselligen Abenden wurde in Kiew und Konstanz oft gesungen, und mit ihm sang ich gern ein gefühlvolles ukrainisches Volkslied – zweistimmig.

Wir werden Dr. Iwan Sojko als Kollegen und Freund sehr vermissen, er hat sich um die Partnerschaft zwischen der Universität Konstanz und der Nationalen Taras Schewtschenko Universität Kiew* in besonderem Maße verdient gemacht, und wir werden diesen lieben Freund in allerbester Erinnerung behalten. – 10.02.2021

In memory of Prof. Dr. Petro O. Bekh (1949-2021)
Ein internationaler ukrainischer Brückenbauer

Als am heutigen späten Vormittag von meinem Kiewer Freund und Universitätskollegen Prof. Dr. Vladimir Zaslavskiy die schockierende Email-Nachricht eintraf, dass unser Freund Petro Bekh heute morgen verstorben ist, mochte ich das zunächst nicht glauben. Warum?

Unsere erste Kiewer Universitäts-Partnerschaft mit der Nationalen Universität für Wirtschaft wurde bereits am 13. April 1990 besiegelt, und schon im Herbst 1990 habe ich Kontakte zur führenden klassischen Nationalen Taras Schewtschenko Universität gesucht und gefunden, mit der die Universität Konstanz alsdann am 3. Oktober 1992 ein Kooperationsvertrag unterzeichnen konnte.

---

* Dazu: Erhard Roy Wiehn, Von Europa nach Europa – 25 Jahre Zusammenarbeit der Universität Konstanz und der Nationalen Taras Schewtschenko Universität Kyiv. Vorworte Helmut Hengstler, Peter Kroth, Erhard Roy Wiehn (deutsch u. ukrainisch). Konstanz 2017, Fotos S. 76 u. 80.

Unter dem bald ernannten neuen Direktor des International Office, dem Anglisten Prof. Dr. Petro O. Bekh, begann sich diese zweite Kiewer Universitätspartnerschaft rasch zu entwickeln, denn dieser Mann war von der Notwendigkeit unseres Brückenbaus von Europa nach Europa genauso überzeugt wie ich. Wir verstanden uns von Anfang an sehr gut und waren bald befreundet. Seit Herbst 2008 war Prof. Bekh schließlich Prorektor für Internationale Beziehungen seiner Universität, was eine beträchtliche Aufwertung des Internationalen Sektors und somit auch unserer Partnerschaft darstellte.

Prof. Bekh war absolut zuverlässig, sprach ein sehr gepflegtes Englisch, kannte weite Teile der Welt und auch Konstanz; er war ein gestandener, stattlicher Mann und für seine humorigen Toasts bekannt. Vor Jahren war ich einmal in seiner Familie zum orthodoxen Weihnachtsabend eingeladen, der mir als ebenso feierlich wie freundschaftlich in Erinnerung blieb. Die ganze Familie fastete bis Mitternacht, und erst dann wurde Weihnachten mit einem üppigen Essen gefeiert.

Während meiner bis jetzt mehr als 70 Besuche in Kiew haben wir uns fast immer gesehen, zum letzten Mal anlässlich der Verleihung des Dr. h.c. an den damaligen Konstanzer Rektor Prof. Dr. Ulrich Rüdiger am 5. Dezember 2016, wo die ganze Konstanzer Delegation zu einem fröhlichen Abend in Petros gastlicher Datscha weit außerhalb von Kiew eingeladen war. Niemand konnte damals ahnen, dass dies unsere allerletzte Begegnung war. Leider musste er sich nun heute infolge eines Schlaganfalls schon im Mai viel zu früh für immer verabschieden.

Prof. Petro Bekh hat sich um unsere fast 30 Jahre alte Universitätspartnerschaft wie auch um die ukrainisch-deutschen Beziehungen hochverdient gemacht. In meinen Schriften habe ich diesen langjährigen liebenswürdigen Freund mehrfach zu verewigen versucht,* seine Familie und seine Freunde werden ihn schmerzlich vermissen, in seinem Lebenswerk als internationaler ukrainischer Brückenbauer wird er weiterleben. – 9. August 2021

---

* MenschWerden – *Dem Leben seinen Sinn geben.* Erinnerungen 1937–2012. Konstanz 2012, S. 359 ff.; *InnenAnsichten der Universität Konstanz* – Erinnerungen, Beobachtungen, Einschätzungen und Mitteilungen 1966–2016; Konstanz 2016, S. 113 ff.; *Von Europa nach Europa* • *З Європи в Європу* – 25 Jahre Zusammenarbeit der Universität Konstanz und der Nationalen Taras Schewtschenko Universität Kyiv. Erinnerungen • 25 років партнерства між Університетом Констанц та Київським національним університетом імені Тараса Шевченка 1992–2017. Konstanz 2017.

Nachruf auf Altrektor Professor Dr. Horst Sund (1926-2021)

Nachdem Gründungsrektor Prof. Gerhard Hess im Konflikt mit der konservativen Obrigkeit in Stuttgart 1972 aus Protest zurückgetreten war,[159] wurde der ehemalige Oberbürgermeister der Stadt Singen am Hohentwiel und CDU-MdL in Stuttgart, Theopont Diez (1908–1993),[160] als *Landesbeauftragter* (im Uni-Volksmund "Staatskommissar" - "Stako" genannt) eingesetzt, um in der Universität Konstanz wieder für "Ruhe und Ordnung" zu sorgen.[161] Er amtierte von 1972 bis 1974 jedoch nicht erwartungsgemäß als verlängerter Arm des Ministeriums, was parteipolitisch nahegelegen hätte und auch vermutet, erwartet bzw. befürchtet worden war, sondern "fast wie einer von uns", was ihm große Sympathien seines neuen Wirkungsfeldes eintrug. Von seinem Habitus her passte er, gelinde gesagt, schwerlich in die akademische Welt, aber er war in dieser Phase der Universitätsentwicklung alles in allem zweifellos ein Glücksfall.[162]

Bei der ersten Neuwahl des Rektors 1974 gewann dann der junge Politologe Prof. Dr. Frieder Naschold (1940–1999),[163] der jedoch

---

[159] Dazu: Gerhard Hess, Sieben Jahre Universität Konstanz 1966–1972. Ein Rechenschaftsbericht. Konstanz 1973.

[160] Dazu: Theopont Diez, "Die gebremste Entwicklung – Anmerkungen zu einem historischen Ereignis", in: Horst Sund u. Manfred Timmermann (Hg.), Auf den Weg gebracht. Konstanz 1979, S. 29 ff.; ders., "'Auf dem Weg geblieben'", in: Rudolf Leibinger u. Horst Sund (Hg.), Zwischenbilanz. Konstanz 1988, S. 33 ff.; http://de. wikipedia.org/wiki/Theopont_Diez

[161] Der Konstanzer Landrat a.D. Dr. Robert Maus sagte mir am 23. November 2011, dass *er* Theopont Diez dem damaligen baden-württembergischen Ministerpräsidenten Kurt Georg Kiesinger für dieses Amt vorgeschlagen habe; dazu: Horst Sund, "Vorwort", in: Horst Sund u. Manfred Timmermann (Hg.), Auf den Weg gebracht. Konstanz 1979, S. XI; dazu auch Gerhard Hess, in: ebd. S. 69.

[162] Seine Ansprache anlässlich der Verleihung des Titels eines Ehrensenators in: Ehrenbürger und Ehrensenatoren der Universität Konstanz – Reden und Bilder. Beilage zu Konstanzer Blätter für Hochschulfragen. Konstanz 1976, 35 ff.; siehe auch: Theopont Diez, "'Auf dem Weg geblieben'", in: Rudolf Leibinger u. Horst Sund (Hg.), Zwischenbilanz – Festschrift für Lothar Späth – Anlässlich der Fertigstellung des Mischkreuzes der Universität Konstanz. Konstanz 1988, S. 33 ff.

[163] "Naschold übernahm das Rektorat – Professoren Kötz und Cohen zogen Rücktrittserklärungen zurück", in: Konstanzer Universitätszeitung und Hochschulnachrichten, Nr. 60, Januar 1974, S. 2; "Auftrag der Universität gefährdet? – Vor Beginn des Studienjahres hatte der Rektor der Universität Konstanz, Professor Dr. Frieder Naschold, Gelegenheit, die Situation der Universität vor Ab-

nach relativ kurzer Amtszeit 1976 als Rektor zurücktrat, Konstanz bald verließ und inzwischen längst und leider viel zu früh verstorben ist. - Zuvor und noch unter Rektor Nascholds Leitung fand die ebenso ambivalente wie turbulente 10-Jahresfeier der Universität Konstanz statt, und angeblich haben damals manche sogar schon das Totenglöcklein für die Bodensee-Universität läuten hören. Das ist wichtig zu wissen, um zu verstehen, was die kommende Ära Sund bedeutete; denn zum Glück kam es anders, und zwar so:

Nachdem also Prof. Frieder Naschold als Rektor zurückgetreten war, wurde der Chemiker und Biochemiker Prof. Horst Sund (geb. 1926) zum Rektor gewählt und bis 1991 mehrfach wiedergewählt.[164] Er war 1967 an die Universität Konstanz berufen worden (wo ich schon seit Anfang 1966 als Assistent Prof. Ralf Dahrendorfs arbeitete), war einer der Gründer und Dekan der Naturwissenschaftlichen Fakultät, Prorektor und im Laufe der Zeit Mitglied zahlreicher wissenschaftlicher Gremien im In- und Ausland.[165] Die ziemlich rauschende "Wahlsiegesfeier" fand im Hause von Prof. Peter Hemmerich statt (1929-1981; wo es Berge von hartgekochten Eiern zu essen gab), und die Zukunft der Universität konnte nun zum vierten Mal neu beginnen.

Prof. Sund übernahm die Leitung der Universität, als diese bei weitem noch nicht konsolidiert war. Die Rektoratsetage mit seiner langjährigen überaus freundlichen Sekretärin Lore Talla verkörperte damals die Atmosphäre, wie sie die ersten Pioniere der Universität Konstanz seit Anfang 1966 im Inselhotel erlebt hatten. Durch eine kluge Innen- wie Außenpolitik gelang es ihm, die Universität Konstanz auf Kurs und in Fahrt zu bringen, wobei er die Landesregierung in Stuttgart von der Notwendigkeit beachtlicher baulicher Maßnahmen überzeugen konnte, sodass die Bodensee-Universität unter seiner Leitung

---

geordneten der Region und Vertretern des öffentlichen Lebens zu erläutern", in: Konstanzer Universitätszeitung und Hochschulnachrichten, Nr. 67, Oktober 1974, S. 1; Frieder Naschold, "Geplante Weiterentwicklung – Entwicklungsplan der Universität Konstanz liegt vor", in: Konstanzer Universitätszeitung und Hochschulnachrichten, Nr. 71, April 1975, S. 2; http://de.wikipedia.org/wiki/Frieder_Naschold

[164] "Horst Sund als Rektor wiedergewählt – Ziel: Konsolidierung des Erreichten und Konzentration auf begonnene Aufgaben", in: Konstanzer Universitätszeitung und Hochschulnachrichten, Nr. 90, Januar 1980, S. 1/2.

[165] http://de.wikipedia.org/wiki/Horst_Sund

auch ihr äußeres Bild veränderte, um sich dem anzunähern, was man heute als imposantes Gesamtkunstwerk sieht (z.B. von Meersburg aus).[166]

Etwas eingeschränkt galt das (wenigsten *vor* den verschiedenen sogenannten Reformen[167] und Gegenreformen) auch nach innen: "Für die Universität Konstanz vorgesehen war ein neuer Hochschultyp, der die Fakultäts- und Fachgrenzen überwinden und die Kräfte konzentrieren sollte", schrieb Prof. Horst Sund als damaliger Rektor im Jahre 1979: "Nach dreizehn Jahren hat die Universität heute ein anderes Gesicht [wenn auch nicht ohne mancherlei Schmisse, ERW], als es sich die Gründungsväter einst vorgestellt hatten." Dennoch dürfe festgestellt werden, dass mit der Gründung der Universität Konstanz die Entwicklung des Hochschulwesens in Bund und Land nachhaltiger beeinflusst worden sei, als es auf den ersten Blick scheinen möge:[168] 169 "Von Konstanz sind entscheidende Impulse ausgegangen, die heute Allgemeingut im Hochschulbereich geworden sind."

Ich persönlich hatte dienstlich die längste Zeit mit Prof. Sund als Rektor zu tun, und zwar als Dekan wie auch in anderen Funktionen, und ich habe ihn in allen Sitzungen des Kleinen Senats und in anderen Gremien stets bestens vorbereitet erlebt. Er war immer pünktlich, und wenn etwa ein neu zusammengesetzter Senat um 8.15 Uhr noch nicht vollzählig versammelt war, dann konnte er schon mal die Sitzung auf den nächsten Tag vertagen, wo es dann mit der Pünktlichkeit klappte. Da es damals noch keine E-Mail gab, spielte das Telefon in der universitären Alltagskommunikation eine große Rolle, und ich erinnere mich, dass Rektor Sund fast immer direkt oder indirekt durch sein Büro erreichbar war, um zumeist dann selbst sehr bald zurückzurufen.

---

[166] Dazu: Horst Sund, Rektor der Universität Konstanz 1976–1991: Reden aus Anlass seiner Verabschiedung aus dem Amt. Konstanz 1992.

[167] Die Umbenennung der dessen, was seit Jahrhunderten und auch heute international noch "Fakultät" heißt in "Sektion", ist nur ein kleines aberwitziges Beispiel.

[168] Horst Sund, "Vorwort", in: Horst Sund u. Manfred Timmermann (Hg.), Auf den Weg gebracht – Idee und Wirklichkeit der Gründung der Universität Konstanz. Konstanz 1979, S. XIII.

[169] Horst Sund, "Vorwort", in: Horst Sund u. Manfred Timmermann (Hg.), Auf den Weg gebracht – Idee und Wirklichkeit der Gründung der Universität Konstanz. Konstanz 1979, S. XIII.

Da Prof. Sund auch an Israel interessiert war, gab es gleich erste Berührungspunkte zwischen uns (ich war seit 1974 Vorsitzender der Deutch-Israelischen Gesellschaft der Bodenseeregion, und zwar 18 Jahre lang), ich habe fast alle meine universitären Auslandsmissionen während seines langen Rektorats mit seinem Segen erfolgreich auf den Weg gebracht und war dann auch im Zusammenhang der *Stiftung Umwelt und Wohnen* oft mit ihm unterwegs. Zu seinem wackeren Fahrer Walter Jäger pflegte er auf langen Nachtheimfahrten ein fast freundschaftliches Verhältnis. Auf allen unseren dienstlichen Auslandsreisen war er der absolut richtige Rektor, und man hätte ihn erfinden müssen, wenn es ihn nicht schon gegeben hätte. Er war ein Gourmet von beachtlichem Format, und es war für manche eine Herausforderung, von ihm zum Essen eingeladen zu sein, weil kaum jemand auch nur entfernt mithalten konnte. In Osteuropa hat unser Rektor großen Eindruck gemacht, indem er sich den landesüblichen Trinksitten problemlos und mit einer Standhaftigkeit hingeben konnte, die alle unsere Gastgeber immer wieder in ungläubiges Erstaunen versetzte.

Wir waren bald "per Du" und hatten meines Wissens nur einen einzigen unangenehmen Konflikt, der jedoch damals unvermeidlich war. Irgendwann in den 1980er Jahren hielten es der Rektor und einige Kollegen für nötig, in der Universität einen "Faculty-Club", also eine Art "Offizierskasino" für Professoren und höhere Verwaltungsbeamte einzurichten, und als man davon hörte, war dieser kostspielige Clubraum schon fast bezugsfertig. Das musste natürlich zu einem vehementen Protest aller führen, die wenigstens noch Spuren des alten kollegialen Konstanzer Geistes erhalten sehen wollten. Es kam zu einer hitzigen Debatte im Kleinen Senat, außerdem ließ ich mir die Chance eines zeitlich gut platzierten Zeitungs-Interviews nicht entgehen.[170]

---

[170] Dazu: "Gestern war Eröffnung: Dank Stiftung an nichts gespart – Für eine Viertelmillion DM entstand in der Universität ein exklusiver Clubraum", in: Südkurier, Nr. 100, 30. April 1988, Lokalseite 1; "Aktion des Asta: Ungebetene Gäste im Club – Studenten speisten und diskutierten im Professoren-Treff", in: Südkurier, Nr. 109, 11. Mai 1988, S. 17; Werner Schwarzwälder, "Wenig Freude am Professoren-Club – Studenten blockieren Zugang – Uni erteilt Fernsehteam Hausverbot", in: Südkurier, Nr. 110, 13. Mai 1988, Seite Südwestdeutsche Umschau; "Rektor verteidigt Professoren-Club – Gespräch mit protestierenden Studenten angeboten – Hausverbot gebilligt", in: Südkurier, Nr. 111, 14. Mai 1988, S. Südwestdeutsche Umschau; Stefan Borkert, "Meinung von Professoren 'Quatsch'", in: Konstanzer Anzeiger, Nr. 20, 19. Mai 1988, S. 1/2; "Eindeutiges Ja zum Begegnungszentrum – Generalsekretär der Humboldt-Stiftung antwortet dem AStA – 'Keineswegs zu aufwendig'", in: Südkurier, Nr. 150, 2. Juli 1988, S.

Das Resultat war das Ende des "Faculty-Clubs" ganz kurz vor seiner Eröffnung sowie die persönliche Konsequenz, dass der Rektor "gefühlt" etwa ein Jahr lang nicht mehr mit mir sprach. Schließlich hatten wir uns wieder versöhnt, viele produktive Stunden im Dienste der Universität zusammen verbracht, und auf unserer letzten offiziellen Auslandsreise meinte er einmal zu später Stunde in Kiew: "Eigentlich könntest du mein Nachfolger werden!" Ob das halbwegs ernst gemeint war, weiß ich natürlich nicht, war auch nicht wichtig, aber gefreut hatte es mich schon. Tatsächlich habe ich dies dann ja auch versucht, allerdings –wahrscheinlich zum Glück – ohne Erfolg.[171]

Wo immer Prof. Sund auftrat, war er die unbestrittene Autorität, und zwar allein schon durch seine stattliche Erscheinung; hinzu kam noch sein selbstbewusstes rhetorisches Talent. Mit wichtigen lokalen und regionalen Universitätspartnern verstand er sich blendend, zum Beispiel mit Herbert Beeck (Landesbausparkasse Baden und Stiftung Umwelt und Wohnen an der Universität Konstanz), mit Oberbürgermeister Dr. Horst Eickmeyer oder mit Kurt Lion und Dago Schottländer (Lion Foundation u. Förderkreis Konstanz-Tel Aviv).

Während meines ersten Dekanats (1983/84) war ich zusammen mit dem damaligen Rektor Prof. Horst Sund und meinen Dekans-Kollegen einmal zu einem offiziellen Besuch auf der Insel Mainau eingeladen. Zunächst gab es eine Führung durch den bekannten langjährigen Mainau-Chef, Graf Lennart Bernadotte (1909–2004), der uns seine Insel gewissermaßen von hinten und unten zeigte. Es folgte ein stilvolles Abendessen mit Graf Lennart und Gräfin Sonja im gräflichen Speisezimmer und anschließend ein gemütliches Beisammensein im gräflichen Wohnzimmer, wo der Graf zu vorgerückter Stunde seine Gäste mit Anekdoten und Witzen unterhielt, die man wohl nicht alle als völlig stubenrein bezeichnen konnte.

Ein besonderes Ereignis war das schon Anfang Oktober 1990 mit der Stiftung Umwelt und Wohnen, der Sowjet-Ukrainischen Akademie der Wissenschaften und der LBS Baden mit deren Vorstandsvorsitzenden Dipl.-Kfm. Herbert Beeck in Kiew durchgeführte Symposi-

---

14. – Der Club-Raum wurde "Internationales Begegnungszentrum (IBZ) II" und für meine Buchvorstellungen oft und gern genutzt. (14.05./23.10.2015)

[171] Gegen Prof. Bernd Rüthers hatte ich natürlich keine Chance, verstand mich während seines Rektorat (1991-1996) und verstehe mich mit ihm bis heute sehr gut. (13.082021)

um "Umwelt in Europa – Umweltprobleme kennen keine Grenzen" (Universitätsverlag, Konstanz 1991). Wir waren aus Konstanz mit einer 12-köpfigen Fach-Delegation angereist, zu der neben Universitätsvertretern wie Rektor Prof. Horst Sund, Prof. Dr. Dieter Sauberzweig und Prof. Dr. Werner Maihofer auch Oberbürgermeister Dr. Horst Eickmeyer sowie die LBS-Direktoren Herbert Beeck und Dieter Merkle gehörten. In diesem Symposium ging es vor allem um die Nuklearkatastrophe in Tschernobyl vom 26. April 1986, wovon ja auch Konstanz und die Insel Reichenau betroffen waren. In Kiew damit öffentlich umzugehen, war seinerzeit durchaus eine Sensation und nicht ohne Risiko für die Kiewer Partner.

Nach seinen offiziellen Pflichten an der Universität Konstanz hat sich Prof. Sund insbesondere im Aufbau der Wissenschaften in China und anderwärts engagiert und zahlreiche Ehrungen und Auszeichnungen erhalten. Seinen wohl ersten Dr. h.c. hatte er (zusammen mit mir) von der Kiewer Wirtschaftsuniversität am 31. Oktober 1995 erhalten.

Es passte zu ihm, dass er hochmotiviert im sog. "Lenkungsausschuss"[172] an den Vorbereitungen zur 50-Jahrfeier der Universität Konstanz mitgearbeitet hat: 2016 wurde er immerhin 90 Jahre alt und dazu hatte er – großzügig wie immer – einen großen Kreis von Kollegen und Freunden zu einem zünftigen "Dünnele"-Essen in einen urigen Landgasthof eingeladen. Etwa ein dreiviertel Jahr lang war er zusammen mit dem amtierenden Rektor und mir als Herausgeber der Festschrift "50 Jahre Universität Konstanz" tätig und Horst Sund und ich wir hatten bereits viel Zeit in dieses Projekt investiert. Im Februar 2015 beschloss das Rektorat (in einer krassen Fehlentscheidung) dann einen sog. "Formatwechsel", d.h. von einer traditionellen Festschrift (überhaupt das einzige, was von solchen Jubiläen bleibt!) abzusehen und durch die Pressestelle der Universität zum Jubiläumsfest eine Art "Nichtfestschrift" bzw. ein Jubiläumsjournal im Internet vorbereiten zu lassen, wodurch Prof. Sund und ich nun ziemlich plötzlich, unerwartet und vorzeitig von unserer Editions-Arbeit entbunden waren. Horst Sund hat jedoch nicht aufgegeben[173] und bis zuletzt an den "Pionieren der

[172] Wo die damalige Pressesprecherin das Sagen zu haben schien und das damaligen Rektor ziemlich passiv wirkte.

[173] Ebenso wenig wie ich, denn ich hatte rechtzeitig begonnen, meinen eigenen Beitrag zum 50-Jahre-Jubiläum zu schreiben, der Anfang Februar 2016 als Buch vorlag: InnenAnsichten der Universität Konstanz – Erinnerungen, Beobachtun-

Universität Konstanz" gearbeitet, das umfangreiche Buch über die ersten 50 Jahre fertiggestellt und posthum verschicken lassen, sein letztes bleibendes Geschenk an seine und unsere Universität: Mein Autoren-Exemplar fand ich am 12. August 2021 (drei Tage nach seinem Tod!) in meinem Uni-Postfach – als eine Art Überraschungspost aus dem Jenseits![174]

"Ein Rektor als Erzieher", lautet der Titel eines Beitrags in der Rubrik Gedächtnis der Region des Konstanzer Südkurier: "Bei der Begrüßung des Festaktes zur Ehrenbürgerverleihung an Horst Sund im Jahre 1996 fand Prof. Rolf Knippers (1936-2017), damals Dekan der Fakultät für Biologie, ein passendes Sinnbild: Der Erzeuger der Universität sei Kurt Georg Kiesinger gewesen, Gerhard Hess der Geburtshelfer und Horst Sund der Erzieher, der das Kind durch die schwierigen Jahre der Pubertät gelenkt habe. (…) Später nannte Gerhart von Graevenitz (1944-2016), der von 2000 bis 2009 Rektor war, ihn den zweiten Gründungsrektor. – 'Der Ruf aus Konstanz war das Beste, was mir passieren konnte', resümiert Sund heute. 'Wann bekommt man schon einmal die Gelegenheit, eine Universität aufbauen zu dürfen?"[175] Recht hatte er.

Horst Sund war zur richtigen Zeit ein Glücksfall für die Universität Konstanz, ein Mann mit Charisma. Er war mit Weitsicht und Durchsetzungsvermögen gesegnet, konnte sehr ernst sein, konnte herzhaft lachen, und zwar nicht nur an Fasnacht. Und er hatte sein gewisses Lächeln. Er war ein harter Arbeiter, konnte aber auch richtig schön feiern. Allerdings konnte er auch mal eingeschnappt sein und sagte dies dann auch frank und frei: "Jetzt bin ich schon beleidigt!" Was er aber anscheinend sofort wieder vergaß. Horst Sund war vielen ein treuer Freund. Er liebte das Leben. Wie gern hätten wir ihm (trotz seines schon vorgerückten Alters) noch einige Jährchen gegönnt. Möge ihm die Erde leicht sein! (13./18./24.08.2021)

---

gen, Einschätzungen und Mitteilungen 1966-2016. Konstanz 2016, 315 Seiten, zahlreiche Fotos.

[174] Horst Sund (Hg.), Pioniere der Universität Konstanz – Zeitzeugen aus den Gründungsjahren. Hartung-Gorre Verlag, Konstanz 2021; über die leidige Vorgeschichte und auch meine anfängliche Mitarbeit an diesem Buch habe ich darin jedoch nichts gefunden.

[175] Ein Leben für die Universität Konstanz – Der ehemalige Rektor Horst Sund ist verstorben. Von 1976 bis 1991 stand der an der Spitze der Uni. Dabei bewährte er sich auch als Krisenmanager." In. Südkurier, Nr. 183, 11. August 2021, S. 18 (Konstanz).

Kolossalstatue "Mutter Heimat" von 62 m Höhe aus rostfreiem Stahl auf einem Sockel von 40 m Höhe am Ufer des Dnipro in Kiew in Abwehrbereitschaft Richtung Osten seit 1981

IV. Besuche und Partnerschaften in Moskau und am Baikalsee seit 1991*

Mein erster Kiewer Kontaktmann in Konstanz, Dr. Iwan Potrawnij, der 1987 von der Kiewer Universität für Wirtschaft (damals noch Wirtschaftshochschule) gekommen war, zog nach dem Reaktor-Unglück von Tschernobyl (1986) auf Drängen seiner Frau und wegen seines kleinen Sohnes mit ihnen nach Moskau, woher seine Frau stammte und wo er am Moskauer Plechanov-Institut (inzwischen Russische Plechanov Universität für Wirtschaft) eine Professur für Umwelt-Ökonomie erhielt. Wir hatten seit unseren ersten Begegnungen Anfang 1987 immer Kontakt gehalten, er war mehrfach in Konstanz und zusammen mit Dr. Jurij Vinogradov im September 1991 *an meiner ersten Einladung nach Moskau beteiligt*, wo man vor dem dortigen Weißen Haus noch Reste der Barrikaden sehen konnte.

Mein zweiter Besuch in Moskau erfolgt erst neun Jahre später, nämlich Mitte September 2002. Die Universität Konstanz unterhält dort auch eine Partnerschaft mit der Staatlichen Universität für Sozial- und Geisteswissenschaften (RGGU), wo ich offiziell für eine knappe Woche zu Vorträgen eingeladen war. Ich wurde von einem Studenten am Flughafen abgeholt, in einem Gästezimmer dieser Universität untergebracht und war dann völlig mir selbst überlassen. Niemand sagte mir, wo ich essen, einkaufen oder wenigstens Geld tauschen könnte. Immerhin wurde ich dreimal von diesem Studenten abgeholt, zu meinen Vorlesungen (einmal wurde ich samt studentischem Publikum noch vor Ende der Veranstaltung unfreundlich aus dem Saal gescheucht!) und am Ende wieder zum Flughafen gebracht, ohne dass ich im Verlauf der knappen Woche trotz meiner Bemühungen irgendeinen Kollegen oder gar jemand von der Universitätsleitung gesehen hätte: Kafkaesk! Das hatte ich noch nie erlebt, später einen entsprechenden Bericht geschrieben und mir geschworen, diese sogenannte Partneruniversität nie wieder zu betreten. Immerhin traf ich im Gästehaus zwei Kollegen aus Israel, mit denen ich am Schabbat die große Moskauer Synagoge besuchte, was mich für die unglaublichen Universitäts-Unfreundlichkeiten extern durchaus ein wenig entschädigte.

---

* In: Erhrd Roy Wiehn, MenschWerden – Dem Leben seinen Sinn geben. Erinnerungen. Konstanz 2012, S. 385 ff.

Da der damalige Referent des Fachbereichs Wirtschaftswissenschaft Eberhard Zgraja sich durch meine Vermittlung bereits in der Kiewer Nationalen Universität für Wirtschaft engagierte, brachte ich ihn mit Prof. Iwan Potrawnij in Verbindung, und so kam im Jahre 2003 die Partnerschaft zwischen der Universität Konstanz und der Russischen Plechanov Universität für Wirtschaft in Moskau zustande.

Im Kontext dieser Universitätspartnerschaft erfolgte *mein dritter Besuch in Moskau* als Transitbesuch, nämlich auf dem Flug nach Ulan Ude (Burjatien) zu einem Umwelt-Symposium, veranstaltet von der Plechanov-Universität Moskau Ende August 2003. Dabei ging es um den möglichen Beitrag der Universitäten zur Lösung obwaltender Umweltprobleme, ein gutes Thema für eine Tagung am herrlichen Baikalsee: In der Sektion "Ecological economics and education" referierte ich über "The duty of universities to provide environmental knowledge and responsibility, awareness and carefulness". Auf eine von mir vorgeschlagene Baikal-Resolution hat man sich leider nicht einigen können. Jenseits der Referate und Diskussionen gab es eine schöne Baikal-Schiffstour, wobei ich den schmackhaften Baikal-Fisch namens "Ómul" schätzen lernte. Nach Abschluss des Symposiums war ich in Ulan Ude (5.640 km östlich von Moskau!) zwei Tage Gast bei einer wunderbaren burjatischen Familie, deren Tochter Katya ich als Studentin 2003 in Konstanz betreut hatte.[176] Wir unternahmen eine Tagestour durch die herrliche Landschaft Burjatiens bis zur mongolischen Grenze, waren bei einem Schamanen zu Gast und besuchten das berühmte buddhistische Kloster *Iwolginsker Dazan.* Bei meinen liebenswürdigen Gastgebern lernte ich auch Milch-Wodka kennen, der aus Stutenmilch hergestellt wird und danach schmeckt.

Auf Einladung der Russischen Plechanov-Universität weilte ich zusammen mit Helmut Hengstler *zum vierten Mal Mitte Oktober 2004* in Moskau (damals noch im unrenovierten phantastischen Zuckerbäckerstil-Hotel "Ukraina"), um nämlich ein gemeinsames, von unserer *Stiftung Umwelt und Wohnen* mitfinanziertes Symposium zum Thema

[176] Die Eltern habe ich einmal in Kiew wiedergesehen; Katya weilte im Oktober und November 2014 zu einem Arbeitsaufenthalt wieder in Konstanz, und in der letzten November-Woche kamen auch ihre Eltern mit Katyas kleiner Tochter nach Konstanz, wo wir zwei gemütliche Abende zusammen verbringen konnten; auch durch etliche Autotouren zum Airport Zürich konnte ich der Familie behilflich sein. (13.12.2014/13.08.2015)

Umwelt – Wirtschaft – Ausbildung zu organisieren,[177] woran ich Mitte September 2005 und *während meines fünften Besuchs in Moskau* gerne teilnahm. In diesen Jahren habe ich mich übrigens auch um Moskauer Studierende in Konstanz gekümmert.

Mein sechster Moskau-Besuch fand Anfang Mai 2011 statt, und zwar wiederum auf Einladung der Russischen Plechanov-Universität für Wirtschaft, organisiert von meinem alten Freund Prof. Iwan Potrawnij. Dieses Besuchsdatum hatte ich erbeten, um mir einen alten Wunsch zu erfüllen, nämlich einmal am 9. Mai in Moskau zu sein. Nun war es zwar leider ganz unmöglich, die Parade zum Sieg über Nazi-Deutschland direkt auf dem Roten Platz zu erleben, doch vom anderen Ufer der Moskwa konnte ich zusammen mit Iwan zumindest die abmarschierenden 20.000 Soldaten sowie militärisches Gerät beobachten und später etliche ordensgeschmückte Veteranen auf dem "Hügel der Erinnerung" bestaunen.

An der Plechanov-Universität habe ich im Mai 2011 insgesamt fünf Vorträge gehalten, davon einen auf deutsch und vier auf englisch; meinen Vortrag über Wissenschaftstheorie ("Was tun wir, wenn wir Wissenschaft treiben?") musste ich auf Wunsch der Gastgeber sogar zweimal halten, alles in allem mit erstaunlicher Resonanz, wie mir schien. Gespräche mit dem Rektor und insbesondere mit Kollegen vom Lehrstuhl für Geschichte rundeten meinen Universitätsbesuch auf interessante Weise ab. Es ist leider stark zu bezweifeln, dass eine solche Vortragsreihe aus politischen Gründen im Jahre 2014/15 [oder 2022] noch möglich wäre oder dass ich überhaupt dazu eingeladen würde. Ohne mir dessen auch nur im geringsten bewusst gewesen zu sein, hatte ich wieder einmal ein offensichtlich begrenztes "Zeitfenster" erwischt und nutzen können.

Im übrigen konnte ich 2011 bei herrlichem Mai-Wetter viel von Moskau sehen bzw. wiedersehen, zumeist in Begleitung von zwei netten Studentinnen und einem Studenten (die beiden Studentinnen kamen zum Wintersemester 2011/12 an die Universität Konstanz, wo wir uns um sie kümmerten). Am Ende war ich mit meinen intellektuellen und sportlichen Marschleistungen in Moskau durchaus ziemlich zufrieden, nicht zuletzt weil durch meinen Besuch diese Universitätspartnerschaft hoffentlich neue Impulse erhielt, wie ich damals hof-

---

[177] Stiftung Umwelt und Wohnen an der Universität Konstanz (Hg.), Umwelt – Wirtschaft – Ausbildung. Konstanz 2005.

fen durfte. Das schien sich bei einem Besuch von Prorektor Prof. Anatoly Schischkin, Prof. Nikolai Tichomirov und Prof. Iwan Potrawnij Mitte November 2011 in Konstanz zu bestätigen, wo ich mich auf meine Weise einmal mehr um die Gäste zu kümmern versuchte. 2014/15 ist mir nun leider völlig unklar, was von der Partnerschaft wirklich geblieben ist und wie sie weitergeführt werden kann. Keine Frage, dass sie weitergeführt werden muss.

Während *meines siebten Besuchs in Moskau und Russland* Mitte Mai 2012 war ich Teilnehmer einer großen Delegation der Universität Konstanz, um an einem von der Plechanov-Universität[178] organisierten Wochenend-Workshop in Kostroma an der Wolga teilzunehmen. Wir flogen mit einem Nachtflug zunächst nach Moskau, wurden nach unserer Ankunft am frühen Morgen zu einem komfortablen Hotel gebracht und nach kurzer Pause zu einer Sightseeingtour durch Moskau gefahren. Anderntags fuhren wir per Bus zur ca. 300 km nordöstlich von Moskau gelegenen altrussischen Stadt Kostroma.

Das Thema lautete: "European-Russian Relations in Times of Global Challenges". In meiner Arbeitsgruppe hielt einer der Prorektoren unserer Moskauer Partneruniversität einen Vortrag, der mir den Eindruck vermittelte, dass er von einem Europa auf einem völlig anderen Planeten sprach, was ich auch seminaröffentlich bekundete, ohne damit die russische Seite im mindesten zu beeindrucken. Im Gegenteil: Alles, was wir gegen die unserer Meinung völlig aus den guten Fugen geratene russische Sicht der westlichen Welt vorbrachten, schien ihre absurden Thesen von einer "russlandfeindlichen Einkreisung seitens des Westens" nur zu bestätigen.[179] Damals habe ich nur ungläubig gestaunt, inzwischen muss ich sagen, dass damals von russischer Seite bereits jene erschreckende neoimperiale bzw. neosowjetisch-russische politische "Philosophie" vorgetragen wurde, wie wir sie als aggressive, listig-brutale Machtpolitik 2014/15 (16?) erleben [mit dem einst-

---

[178] "Ehrendoktorwürde für Ulrich Rüdiger – Rektor der Universität Konstanz erhält die Ehrendoktorwürde der Plechanov Wirtschaftsuniversität in Moskau", in: uni'kon 46/2012, S. 42.

[179] Ebenso scharfsinnig wie weitsichtig hatte Friedrich Dürrenmatt bereits 1980 darauf hingewiesen, dass die Sowjetunion immer wieder Feinde erfinden müsse "und die Sowjetregierung zu Hilfe eilen müsse: Ein Märchen, das vor allem seit dem Tode Stalins gern benutzt wird." In: Friedrich Dürrenmatt, Zusammenhänge – Nachgedanken. Zürich 1985, S. 209 f.

weiligen Gipfel der brutalen russischen Invasion in der Ukraine im Februar März 2022].

Ein trauriges Beispiel für die völlig veränderte Atmosphäre ist die Tatsache, dass meine persönlichen Kontakte nach Moskau fast gänzlich abgebrochen sind, dass zum Beispiel eine der Studentinnen, die noch 2011/12 schon fast zu unserer Familie gehörte, bei ihrem Studienaufenthalt in Konstanz 2014 und 2015 so gut wie keinerlei persönlichen Kontakt zu uns aufnahm und mich zunächst nicht einmal mehr grüßte. Traurig, aber wahr. Zum Jahreswechsel 2014/15 kam dann überraschend eine freundliche E-Mail an meine Frau, das war dann aber auch schon alles, wir haben nichts weiter von dieser Studentin gehört oder gesehen. Sehr, sehr bedauerlich.

Mitte Dezember 2014 hatten wir einen altbekannten Kollegen und eine Kollegin der Plechanov-Universität Moskau zu Hause zu einem Datscha-Essen zu Gast, und daraus wurde ein sehr unterhaltsamer, fast völlig entspannter Abend. Der russisch-ukrainische Krieg wurde seitens der Gäste nur einmal indirekt mit einer Frage angesprochen: "Haben Sie noch Beziehungen nach Kiew?" – "Ja, warum nicht?" – Zum Abschied dann die freundliche Einladung: "Kommen Sie doch auch wieder einmal nach Moskau, aber mit Ihrer Frau!" Warum nicht? Schauen wir mal… Doch wer könnte garantieren, dass wir nicht unversehens zur "Fünften Kolonne" gerechnet würden? – Dennoch darf der kollegiale Kontakt auf keinen Fall abreißen; denn die Zukunft muss auch hier unbedingt Kooperation und nicht Konfrontation heißen [*was für mich auch im Februar/März 2022 noch gilt!*].*

Слава Україні - Ehre der Ukraine

---

* Dazu Wolfgang Ischinger, "Deutschland, Rußland: Neubeginn nach dem Scheitern?" In: Frankfurter Allgemeine Zeitung. Nr.246, 23. Oktober 2015, S. 8.

Edition Schoáh & Judaica/Jewish Studies – seit/since 1984
von/by Prof. (em.) Erhard Roy Wiehn, Universität Konstanz
Hartung-Gorre Verlag/Publishers, Konstanz, Germany
3/2022 http://www.uni-konstanz.de/soziologie/judaica

Ukraine

Rachel Bernheim-Friedmann, Ohrringe im Keller – Von Transkarpatien durch Auschwitz-Birkenau nach Israel. Konstanz 2002, 170 Seiten. ISBN 3-89649-756-1

Dawid Budnik/Jakow Kaper, Nichts ist vergessen / Nothing is Forgotten – Jüdische Schicksale in Kiew / Jewish Fate in Kiev 1941–1943. (Deutsch, Englisch, Russisch) Kiew u. Konstanz 1993, 317 Seiten. ISBN 3-89191-666-3: **Vergriffen – Neuauflage der deutschen Texte 2018!**

Dawid Budnik & Jakow Kaper, Verpflichtet darüber zu berichten – Zwei jüdische Überlebensgeschichten der NS-Aktion 1005 in Kiew Babyn Jar 1943. Konstanz 2018. 138 Seiten, Fotos. ISBN 978-3-86628-605-4 und 3-86628-605-8

Mali Chaimowitsch-Hirsch, Kindheit und Jugend im Schatten der Schoáh – Jüdische Schicksale aus der Bukowina 1928–1990. Konstanz 1999, 61 Seiten. ISBN 3-89649-442-2

Karl Iosifowitsch Epstein, Weihnachten 1942 – Ein jüdischer Junge überlebt deutsche Massaker in der Ukraine und erlebt als ukrainischer "Ostarbeiter" eine deutsche Weihnacht in Berlin. Konstanz 2011, 78 Seiten, Fotos u. Dokumente. ISBN 978-3-86628-389-3 u. 3-86628-389-X

Jewgenija Finkel u. Markus Winkler, Juden aus Czernowitz – Ghetto, Deportation, Vernichtung 1941–1944. Überlebende berichten. Aus dem Russischen von Kateryna Stetsevych. Konstanz 2004, 124 Seiten. ISBN 3-89649-892-4

Iwan Franko, Zum Licht sich gesehnt – "Mose" und andere ausgewählte Judaica. Aus dem Ukrainischen von Nadiya Medvedovska. Konstanz 2008, 151 Seiten. ISBN 3-86628-177-3

Yosef Govrin, Im Schatten der Vernichtung – Erinnerungen an meine unbeschwerte Kindheit in Bessarabien und Czernowitz, die bittere Verbannung in Transnistrien und die illegale Einwanderung nach Eretz Israel 1930–1947. Konstanz 2018, 143 Seiten, Fotos. ISBN 978-3-86628-608-5 und 3-86628-608-2

Sylvia Hoişie-Korber & Mirjam Bercovici-Korber, Exkursion in die Vergangenheit – Tagebuchaufzeichnungen aus der Verbannung in Transnistrien 1941–1944 sowie eine Reise in diese Vergangenheit von Iaşi nach Czernowitz, Mohyliw, Scharhorod und Dschurin 2013. Vorwort von Andrei Corbea-Hoişie. Konstanz 2014, 158 Seiten, Fotos. ISBN 3-86628-496-9 u. 978-3-86628-496-8

Jakob Honigsman, Juden in der Westukraine – Jüdisches Leben und Leiden in Ostgalizien, Wolhynien, der Bukowina und Transkarpatien 1933–1945. Aus dem Russischen von Juri Schatton, herausgegeben von Raymond M. Guggenheim u. Erhard Roy Wiehn. Konstanz 2001, 380 Seiten. ISBN 3-89649-647-6

Bernhard u. Laura Horowitz mit Edith Pomeranz, Stimmen der Nacht – Gedichte aus der Deportation in Transnistrien 1941–1944. Vorwort Andrei Corbea-Hoişie u.a. Konstanz 2000, 84 Seiten. ISBN 3-89649-546-1

Sidi Kassner, Sibirische Erinnerungen – Von Czernowitz nach Sibirien deportiert und ein neues Leben in Israel. Konstanz 2008, 74 Seiten. ISBN 3-86628-199-4

Franka Kühn, Dr. Eduard Reiss – Der erste jüdische Bürgermeister von Czernowitz 1905–1907. Konstanz 2004, 81 Seiten. ISBN 3-89649-891-6

Zvi Harry Likwornik, Als Siebenjähriger im Holocaust – Nach den Ghettos von Czernowitz und Bérschad in Transnistrien ein neues Leben in Israel 1934–1948–2012. Konstanz 2012;

durchgesehene und durch Buchbesprechungen erweiterte Neuausgabe 2013, 218 Seiten, viele Fotos. ISBN 978-3-86628-426-5 u. 386628-426-8

Jacob Melzer, Jankos Reise – Von Czernowitz durch die transnistrische Verbannung nach Israel 1941–1946. Konstanz 2001, 222 Seiten. ISBN 3-89649-674-3

Iwan Franko, Zum Licht sich gesehnt – "Mose" und andere ausgewählte Judaica. Aus dem Ukrainischen von Nadiya Medvedovska. Konstanz 2008, 151 Seiten. ISBN 3-86628-177-3

Laura Notheisen, Zum Holocaust in der Ukraine – Babyn Jar und die Aktion 1005 im Spiegel von Vernehmungsberichten. Konstanz 2015, 58 Seiten, Fotos, ISBN 978-3-86628-554-5 u. 3-86628-554-X

Dmitry B. Peisakhov u. Erhard Roy Wiehn (Hg.), Jüdisches Leben in Kiew – Eine Fotodokumentation. (Einführung in Deutsch, Englisch u. Russisch) Konstanz 1992/93, 200 Seiten. ISBN 3-89191-551-9

Dmitry Peysakhov, Jüdische Gesichter – Jewish Faces. Historische Bilder aus der Ukraine – Historical photos from Ukraine. Konstanz 2016; 128 Seiten. ISBN 978-89191-798-5

Josef N. Rudel, Das waren noch Zeiten – Jüdische Geschichten aus Czernowitz und Bukarest. Konstanz 1997, 70 Seiten. ISBN 3-89649-138-5

Klara Schächter, Woss ich hob durchgelebt – Was ich durchgemacht habe. Brief einer Jüdin aus der Bukowina, verfaßt in Transnistrien 1943. Jiddisch und Deutsch. Aus dem Jiddischen und eingeleitet von Othmar Andrée. Konstanz 1996, 133 Seiten. ISBN 3-89649-078-8

Lili Chuwis Thau, Versuche zu überleben – Die Geschichte einer jüdischen Familie unter NS-Herrschaft in Lemberg und Galizien. Aus dem Englischen von Klara Strompf. Konstanz 2016, 263 Seiten, Fotos. ISBN 878-3-86628-553-8

Lesja Ukrainka, Judaica – Babylonische Gefangenschaft und andere Gedichte. Aus dem Ukrainischen von Nadiya Medvedovska. Konstanz 2005, 99 Seiten. ISBN 3-89649-964-5

Emil Wenkert, Czernowitzer Schicksale – Vom Ghetto nach Transnistrien deportiert. Jüdische Schicksale 1941–1944. Konstanz 2001, 36 Seiten. ISBN 3-89649-675-1

Erhard Roy Wiehn (Hg.), Die Schoáh von Babij Jar – Das Massaker deutscher Sonderkommandos an der jüdischen Bevölkerung von Kiew 1941 fünfzig Jahre danach zum Gedenken. Mit einer Dokumentation. (Deutsche, englische, russische Texte) Konstanz 1991, 850 Seiten. ISBN 3-89191-430-X; 2. Auflage 2021.

Erhard Roy Wiehn (Hg.), Babij Jar 1941 – Das Massaker deutscher Exekutionskommandos an der jüdischen Bevölkerung von Kiew 60 Jahre danach zum Gedenken. Konstanz 2001, 189 Seiten. ISBN 3-89649-645-X

Erhard Roy Wiehn, Deutsch-ukrainische Aktivitäten – Universitärer, humanitärer, publizistischer und menschlicher Brückenbau von Europa nach Europa 1989–2009. Konstanz 2009, 148 Seiten. ISBN 978-3-86628-239-1 (Ukrainische Ausgabe c/o Nationale Vadim Hetman Wirtschaftsuniversität Kiew 2009)

Erhard Roy Wiehn, Kiew Babij Jar • Kiev Babi Yar • Бабин Яр у Києві – Ein fast vergessenes Verbrechen • An almost forgotten crime • Майже забутий злочин 1941. (Deutsch, englisch, ukrainisch). Konstanz 2011, 93 Seiten, Fotos. ISBN 978-3-86628-371-8

Erhard Roy Wiehn, Von Europa nach Europa • З Європи в Європу – 25 Jahre Zusammenarbeit der Universität Konstanz und der Nationalen Taras Schewtschenko Universität Kyiv. Erinnerungen • 25 років партнерства між Університетом Констанц та Київським національним університетом імені Тараса Шевченка 1992–2017. Vorworte von Helmut Hengstler, Peter Kroth, Erhard Roy Wiehn (darin auch Schoáh & Judaica). Konstanz 2017.

Erhard Roy Wiehn, Jüdische Schicksale in der Ukraine – Ein Lesebuch der Edition Schoah & Judaica. Konstanz 2021, 177 Seiten. ISBN 978-3-86628-707-5

Die Sowjetunion u. Russland in der Edition Schoáh & Judaica

Herman Konradowitsch Abraham, Unterm rotem Nordlicht – Aus dem rumänischen Gura Humora im sowjetischen Polarkreis-GULag Workuta verbannt und ein aktiver Lebensabend in Israel. Jüdische Schicksale im 20. Jahrhundert. Konstanz 2014, 438 Seiten, Fotos u. Dokumente. ISBN 978-3-86628-491-3

Margit Bartfeld-Feller, Am östlichen Fenster – Gesammelte Geschichten aus Czernowitz und aus der sibirischen Verbannung. Konstanz 2002, 270 Seiten. ISBN 3-89649-672-7

Margit Bartfeld-Feller, Von dort bis heute – Gesammelte Geschichten aus Czernowitz sowie aus der sibirischen Verbannung und danach 1925–2015. Konstanz 2015, 412 Seiten, viele Fotos. ISBN 978-3-86628-529-3 u. 3-86628-529-9

Margit Bartfeld-Feller, Mama Cilly – Geschichten aus Czernowitz und Sibirien. Konstanz 2009. ISBN 3-86628-273-7 u. 978-3-86628-273-5

Margit Bartfeld-Feller, Mein Bruder Othmar (Otti) Bartfeld – Als jüdischer Junge 1941 mit seiner Familie vom sowjetischen NKWD aus Czernowitz nach Sibirien deportiert und in Tomsk für immer verblieben 1932–2016. Mit Beiträgen von Othmar (Otti) Bartfeld und einer Fotodokumentation. Konstanz 2017, 117 Seiten. ISBN 3-86628-589-2 u. 978-3-86628-589-7

Margit Bartfeld-Feller, Selma Meerbaum-Eisinger 1924–1942 – Erinnerungen ihrer Schulfreundin. Vorwort Petro Rychlo. Konstanz 2013, 76 Seiten. ISBN 978-3-86628-479-1

Sassona Dachlika, "Volksfeinde" – Von Czernowitz durch Sibirien nach Israel. Eine Erzählung. Konstanz 2002, 140 Seiten. ISBN 3-89649-802-9

Bronia Davidson-Rosenblatt, Keine Zeit für Abschied – Von Polen durch den Ural nach Samarkand und zurück bis Amsterdam. Jüdische Schicksale 1939–1956. Aus dem Niederländischen von Anneliese Nassuth. Konstanz 2000, 102 Seiten. ISBN 3-89649-528-3

Mark Ettinger, Erinnerungen – Von Warschau durch die Sowjetrepublik Komi nach Astrakhan 1922–1999. Bearbeitet von Hermann Prell. Konstanz 2006, 170 S. ISBN 3-866-059-9

Eduard Goldstücker, Die russische Revolution – Hoffnung und Enttäuschung. Konstanz 2001, 43 Seiten. ISBN 3-89649-698-0

Sidi Kassner, Sibirische Erinnerungen – Von Czernowitz nach Sibirien deportiert und ein neues Leben in Israel. Konstanz 2008, 74 Seiten. ISBN 3-86628-199-4

Richard Moschkowitz, Ich nenn mich einen "deutschen Dichter" – Von Bielitz-Bielsko durch Sibirien nach Buchara. Verse und Zeichnungen. Konstanz 2005, 106 S. ISBN 3-86628-039-4

Marcel Pauker, Ein Lebenslauf – Jüdisches Schicksal in Rumänien 1896–1938. Mit einer Dokumentation zu Ana Pauker. Herausgegeben von William Totok und Erhard Roy Wiehn. Konstanz 1999, 194 Seiten. ISBN 3-89649-371-X

Erhard Roy Wiehn (Hg.), Der Schmerz ist geblieben, Von Warschau durch die Sowjetunion und Amerika nach Deutschland und zurück – Gespräche mit Joseph und Klara Mlawski sowie mit Tochter Marlene Mlawski. Konstanz (November) 2020.

Dazu auch: Matthias Messmer, Sowjetischer und postkommunistischer Antisemitismus – Entwicklungen in Rußland, der Ukraine und Litauen. Mit einem Vorwort von Walter Laqueur. Konstanz 1997, 533 Seiten. ISBN 3-89649-159-8

Erhard Roy Wiehn (Hg.), Jüdische Schicksale in der Sowjetunion – Ein Lesebuch der Edition Schoáh & Judaica. Konstanz 2021, 107 Seiten. ISBN 978-3-86628-714-3 und 3-86628-714-3

Erhard Roy Wiehns sieben biographische Bände

1) Erhard Roy Wiehn, MenschWerden – Dem Leben seinen Sinn geben. Erinnerungen 1937–2012. Konstanz 2012, 750 Seiten, viele Fotos. ISBN 978-3-86628-412-8 u. 3-86628-412-8

2) Erhard Roy Wiehn, NachLese – Aus geschenkter Zeit. Eine Art Tagebuch 2012–2014 mit einem Anhang diverser Texte seit 1954. Konstanz 2015, 800 Seiten, Fotos. ISBN 978-3-86628-500-2 u. 3-86628-500-0

3)Erhard Roy Wiehn, SpätLese – Ein Tagebucharchiv aus geschenkter Zeit 2014–2017. Konstanz 2017, 850 Seiten, Fotos u. Dokumente. ISBN 978-3-86628-585-9 u. 3-86628-585-X

4)Erhard Roy Wiehn, AusLese I – Jahrestagebucharchiv 2018/19. Konstanz 2018, 668 Seiten, viele Fotos. ISBN 978-3-86628-609-0

5) Erhard Roy Wiehn, AusLese II – Jahrestagebucharchiv 2018/19. Mit Rückblicken 1958/92 und Miszellen bis 2019. Konstanz 2019, 773 Seiten. Fotos. ISBN 978-3-86628-632-0:

6) Erhard Roy Wiehn, SchlussPunkte I – Jahrestagebucharchiv 1919/20 – Mit einer Hommage von Anton Markmiller an Winfried Kurrath. Konstanz 2020, 620 Seiten, viele Fotos. ISBN 978-3-86628-667-2

7) Erhard Roy Wiehn, SchlussPunkte II – Jahresarchiv 2020/21. Konstanz 2021, 452 Seiten, Fotos u. Dokumente. ISBN 978-3-86628-734-1 und 3-86628-734-8

Erhard Roy Wiehn, InnenAnsichten der Universität Konstanz – Erinnerungen, Beobachtungen, Einschätzungen und Mitteilungen 1966–2016. (Mit Würdigungen jüdischer Gastprofessoren und der Partnerschaft mit der Tel Aviv University) Konstanz 2016, 315 Seiten, viele Fotos. Softcover ISBN 978-3-86628-547-7; Hardcover ISBN 978-86628-562-0

Edition Schoáh & Judaica/Jewish Studies – seit/since 1984
von/by Prof. (em.) Erhard Roy Wiehn, Universität Konstanz
Hartung-Gorre Verlag/Publishers, Konstanz, Germany
Neue Titel 03/2022 http://www.uni-konstanz.de/soziologie/judaica

<u>2021 In der Reihenfolge ihres Erscheinens:</u>

1) Erhard Roy Wiehn & Christel Wollmann-Fiedler (Hg.), Hedwig Brenner und ihre Künstlerinnen jüdischer Herkunft – Einer Pionierin zum Gedenken. Konstanz (Januar) 2021, 135 Seiten, Fotos, 135 Seiten, Fotos. ISBN 978-3-86628-680-3

2) Erhard Roy Wiehn & Christel Wollmann-Fiedler (Hg.), Zwi Helmut Steinitz – Vom Holocaust-Opfer zum Blumenexport-Pionier und die heilige Pflicht zu berichten. Eine Hommage. Konstanz (Januar) 2021, 125 Seiten, Fotos. ISBN 978-3-86628-691-7

3) Erhard Roy Wiehn (Hg.) Jüdische Mädchen und Frauen in der Schoáh – Ausgewählte Texte der Edition Schoáh & Judaica. Konstanz (Januar) 2021, 294 Seiten. 978-3-86628-684-9

4) Erhard Roy Wiehn (Hg.), Jüdisches Leben und Leiden in deutschsprachigen Landen – Ein Lesebuch der Edition Schoáh & Judaica zum 1700-Jahre-Jubiläum 2021. Konstanz (Februar) 2021, 505 Seiten. ISBN 978-3-86628-695-5

5) Edita Katzová, Schauderhafte Erinnerungen – Von Prag durch Theresienstadt über Auschwitz-Birkenau, Ravensbrück, Beendorf und Wandsbek nach Schweden in die Freiheit. Unter Mitarbeit von Pavel Chabr. Konstanz (Februar) 2021, 88 Seiten, Fotos. ISBN 978-86628-690-0

6) Erhard Roy Wiehn (Hg.), Jüdische Kinder und Jugendliche in der Schoáh – Ein Lesebuch der Edition Schoáh & Judaica. Konstanz (Februar) 2021, 218 Seiten. ISBN 978-86628-696-3

7) Erhard Roy Wiehn (Hg.), Schoáh-Schicksale in Polen – Ein Lesebuch der Edition Schoáh & Judaica. Konstanz (März) 2021, 116 Seiten. ISBN 978-3-86628-699-3

8) Zwi Helmut Steinitz, Verdichtete Vergangenheit – Nach glücklicher Posener Kindheit Leiden unter NS-Terror und die Ermordung der Familie in Bełżec sowie schreckliche deutsche

KZ-Jahre und ein neues Leben in Israel. Ausgewählte Poeme 2016-2019. Erhard Roy Wiehn & Christel Wollmann-Fiedler (Hg.), Konstanz (Februar) 2021, 88 Seiten, Fotos. ISBN 978-3-86628-698-6

9) Erhard Roy Wiehn (Hg.), Schoáh-Schicksale in Czernowitz und der Bukowina – Ein Lesebuch der Edition Schoáh & Judaica. Konstanz (März) 2021, 139 Seiten. ISBN 978-3-86628-700-6

10) Erhard Roy Wiehn (Hg.), Jüdische Schicksale in und aus Rumänien – Ein Lesebuch der Edition Schoáh & Judaica. Konstanz (März) 2021, 162 Seiten. ISBN 978-3-86628-703-7

11) Erhard Roy Wiehn (Hg.), Schoáh-Schicksale in und aus Ungarn – Ein Lesebuch der Edition Schoáh & Judaica. Konstanz (April) 2021, 81 S. ISBN 978-3-86628-701-3

12) Erhard Roy Wiehn (Hg.), Jüdische Schicksale in und aus Tschechien und der Slowakei – Ein Lesebuch der Edition Schoáh & Judaica. Konstanz (April) 2021, 131 Seiten: ISBN 978-3-86628-795-1

13) Erhard Roy Wiehn (Hg.), Jüdische Schicksale in und aus der Ukraine – Ein Lesebuch der Edition Schoáh & Judaica. Konstanz (April) 2021, 178 Seiten. ISBN 978-3-86628-707-5

14) Christine Lipp-Peetz, Wohin die Reise geht – Der Weg des Dillinger Arztes Dr. Hans Wienskowitz durch Demütigungen und Entrechtungen nach Theresienstadt in den Tod 1888-1945. Konstanz (April) 2021, 387 Seiten, viele Fotos und Dokumente. ISBN 978-3-86628-706-8

15) Manfred Berger, Gertrud Feiertag und das Jüdische Landschulheim Caputh – Eine Dokumentation zur Bildungs- und Erziehungsgeschichte in den Jahren 1931 bis 1933. Konstanz (Mai) 2021, 119 Seiten, viele Fotos u. Dokumente. ISBN 978-3-86628-705-1

16) Erhard Roy Wiehn (Hg.), Geschichten der Heimkehr – Lebenswege nach und in Israel. Ein Lesebuch der Edition Schoáh & Judaica. Konstanz (Mai) 2021, 324 Seiten. ISBN 978-3-86628-709-9 und 3-86628-709-7

17) Erhard Roy Wiehn (Hg.), Jüdische Schicksale in und aus Deutschland – Ein Lesebuch der Edition Schoáh & Judaica zum 1700-Jahre-Jubiläum jüdisches Leben in Deutschland. Konstanz (Juni) 2021, 600 Seiten. ISBN 978-3-86628-711-2 und 3-86628-711-9

18) Erhard Roy Wiehn (Hg.), Jüdischen Schicksale in und aus Frankreich – Ein Lesebuch der Edition Schoáh & Judaica. Konstanz (Juni), 2021, 124 Seiten. ISBN 978-3-86628-712-9 und 3-86628-712-7

19) Erhard Roy Wiehn (Hg.), Jüdische Schicksale in und aus Lettland und Litauen – Eine Lesebuch der Edition Schoáh & Judaica. Konstanz (Juli) 2021, 81 Seiten. ISBN 978-3-86628-713-6 und 3-86628-713-5

20) Erhard Roy Wiehn (Hg.), Jüdische Schicksale in der Sowjetunion – Ein Lesebuch der Edition Schoáh & Judaica. Konstanz (Juli) 2021, 107 Seiten. ISBN 978-3-86628-714-3 und 3-86628-714-3

21) Erhard Roy Wiehn (Hg.), Jüdische Pionierarbeit in Erez Israel – Palästina – Ein Lesebuch der Schoáh & Judaica. Konstanz (Juli) 2021, 105 Seiten. ISBN 978-3-86628-715-0 und 3-86628-715-1

22) Erhard Roy Wiehn (Hg.), Jüdische Ärztinnen und Ärzte in der Schoáh - Ein Lesebuch der Edition Schoáh & Judaica. Konstanz (Juli) 2021, 107 Seiten. ISBN 978-3-86628-714-3 und 3-86628-714-3

23) Erhard Roy Wiehn (Hg.), Jüdische Gedenkschriften – Sechs Memorials. Ein Lesebuch der Edition Schoáh & Judaica. Konstanz (Juli) 2021, 167 Seiten. ISBN 978-3-86628-717-4 und 3-86628-717-4

24) Erhard Roy Wiehn (Hg.), Judaica und Israelia - Ein Lesebuch der Edition Schoáh & Judaica. Konstanz (August) 2021, 107 Seiten. ISBN 978-3-86628-722-8 u. 3-86628-722-4

25) Erhard Roy Wiehn (Hg.), Nachschlagewerk für 18 jüdische Lesebücher. Konstanz (August) 2021, 173 Seiten. ISBN 978-3-86628-721-1 und 3-86628-721-6

26) Titus Milech, Tatort Familie – Eine Analyse schriftlicher Dokumente zur Frage wie der Holocaust und andere deutsche Gräueltaten möglich waren. Konstanz. Konstanz (September) 2021, 392 Seiten. ISBN 978-3-86628-724-2 und 3-86628-724-0

27) Erhard Roy Wiehn (Hg.), Jüdische Schicksale von Konstanz – Ein Lesebuch der Edition Schoáh & Judaica. Konstanz (September) 2021, 646 Seiten. ISBN 978-3-86628-728-0 und 3-86628-728-3

28) Erhard Roy Wiehn (Hg.), Gegen Vergessen – Vor- und Nachworte 2020/21. Ein Lesebuch der Edition Schoáh & Judaica. Konstanz (Oktober) 2021, 230 Seiten. ISBN 978-3-86628-729-7 und 3-86628-729-1

29) Erhard Roy Wiehn (Hg.), Jüdische Erinnerungsarbeit – Ein Sammel-Lesebuch über neun Länder mit einem Anhang über Fiction, Roman, Gedichte und Reime. Konstanz (November) 2021, 141 Seiten. ISBN 978-3-86628-732-7 und 3-86628-732-1

30) Erhard Roy Wiehn, SchlussPunkte II – Jahresarchiv 2020/21. Konstanz (November/Dezember) 2021, Fotos u. Dokumente. ISBN 978-3-86628-734-1 und 3-86628-734-8

2022 Erhard Roy Wiehn (Hg.) in der Reihenfolge ihres vorgesehenen Erscheinens (22.02.2022):

1) **Jüdische Schicksale in und aus Baden. Konstanz (Januar) 2022, 186 Seiten. ISBN 978-3-86628-741-9 und 3-86628-741-0**[*]

2) **Die Schweiz in der Edition Schoáh & Judaica. Konstanz (Februar) 2022, 224 Seiten. ISBN 978-3-86628-747-1 und 3-86628-747-X**

Josef Schoppig, Israel im Spiegel der Schweizer Presse – Der Bund, Neue Zürcher Zeitung, Tages-Anzeiger, Vaterland 1967-1977. Konstanz (März) 2022, 251 Seiten. ISBN 978-3-86628-751-8 und 3-86628751-8

Anita Hajut, Meine Mama Margit Bartfeld-Feller – Eine Hommage posthum zum 99. Geburtstag am 31. März 2022. Konstanz (März) 2022, 123 Seiten, Fotos und Dokumente. ISBN 978-3-86628-752-5 und 3-86628-752-6

3) **Zur jüdischen Geschichte der Pfalz und Kaiserslauterns. Ein Lesebuch der Edition Schoáh und Judaica. Konstanz (März) 188 Seiten. ISBN 978-3-89649-753-2**

4) Berlin in der Edition Schoáh und Judaica. Konstanz 2022, 68 Seiten.
5) In Schanghai die Schoáh überlebt – Jüdische Flüchtlinge aus Deutschland und Österreich. Konstanz 2022, 46 Seiten.
6) Jüdisches Leben im Dorf und Schtetl. - Rückblicke auf vernichtete Welten. Konstanz 2022, 90 Seiten.
7) Gurs und Rivesaltes in der Edition Schoáh & Judaica. Konstanz 2022, 106 Seiten.
8) Theresienstadt in der Edition Schoáh & Judaica. Konstanz 2022, 88 Seiten.
9) Auschwitz-Birkenau in der Edition Schoáh & Judaica. Konstanz 2022, 135 Seiten.
10) Konzentrations- und Vernichtungslager in der Edition Schoáh & Judaica. Konstanz 2022,

---

[*] **Gefettete Titel sind in den genannten Monaten 2022 erschienen,** alle anderen sind entweder in Arbeit oder geplant; bezifferte Titel stammen von Erhard Roy Wiehn. (22.02.2022)

S. 108 Seiten.
11) Extreme jüdische ÜberlebensSchicksale. Konstanz 2022; 127 Seiten. ISBN 978-3-86628-736-5 und 3-86628-736-4
12) Zufall im Holocaust – Erinnerungen Überlebender in der Edition Schoáh & Judaica. Konstanz 2022, 67 Seiten.
13) Tagebücher während der Schoáh und danach – Acht Einführungen. Konstanz 2022, 82 Seiten. ISBN 978-3-86628-737-2 und 3-86628-737-2
14) Jüdische ÜberlebensGeschichten literarisiert. Konstanz 2022, 94 Seiten. ISBN 978-3-86628-735-8 und 3-86628-735-6
15) Verdichtungen – Gedichte, Reime und Verse in der Edition Schoáh & Judaica. Konstanz 2022, 71 Seiten.
16) Gretel Baum Merom – Hommage an eine zionistische Pionierin 1913-2019. Konstanz 2022, 112 Seiten, Fotos.
17) Schlomo Marcus 1910-2014 – Hommage an einen hebräischen Humanisten. Konstanz 2022, 92 Seiten, Fotos.
18) Erinnerungsarbeit für die Zukunft – Frühe, jüngere und jüngste Vorworte als Lesebuch der Edition Schoáh & Judaica. Konstanz 2022, 155 Seiten.
19) Erinnert und gewarnt – Eine vorläufige Bilanz. Konstanz 2022, S. 112 Seiten.
20) Gegen Vergessen II – Vor- und Nachworte 2021/22. Konstanz. (November/Dez.) 2022

Hommagen der Edition Schoáh & Judaica 2021/22

in der Reihenfolge ihres Erscheinens:

1) Erhard Roy Wiehn & Christel Wollmann-Fiedler (Hg.), Hedwig Brenner und ihre Künstlerinnen jüdischer Herkunft – Einer Pionierin zum Gedenken. Konstanz (Januar) 2021, 135 Seiten, Fotos, 135 Seiten, Fotos. ISBN 978-3-86628-680-3

2) Erhard Roy Wiehn & Christel Wollmann-Fiedler (Hg.), Zwi Helmut Steinitz – Vom Holocaust-Opfer zum Blumenexport-Pionier und die heilige Pflicht zu berichten. Eine Hommage. Konstanz (Januar) 2021, 125 Seiten, Fotos. ISBN 978-3-86628-691-7

3) Anita Hajut, Meine Mama Margit Bartfeld-Feller – Eine Hommage posthum zum 99. Geburtstag am 31. März 2022. Konstanz (März) 2022, 123 Seiten, Fotos und Dokumente. ISBN 978-3-86628-752-5 und 3-86628-752-6

4) Erhard Roy Wiehn (Hg.), Zur jüdischen Geschichte der Pfalz und Kaiserslauterns. Eine Hommage an Stadt und Region. Konstanz (März) 2022, 188 Seiten. ISBN 978-3-89649-753-2

Zweite Auflagen 2019/21

1) Inge Auerbacher, Jenseits des gelben Sterns - Nach Theresienstadt ein neues Leben in Amerika für Versöhnung. Konstanz 2005. korr. Auflage 2019, 144 Seiten. Fotos. ISBN 978-3-89649-969-1

2) Felix Hermann Oestreicher, Ein jüdischer Arzt-Kalender – Durch Westerbork und Bergen-Belsen nach Tröbitz. Konzentrationslager-Tagebuch 1943-1946 Konstanz 2000, 2. Auflage (November) 2020, 287 Seiten, Fotos und Dokumente. ISBN 978-3-89649-411-5

3) Erhard Roy Wiehn, Ghetto Warschau – Aufstand und Vernichtung 1943 fünfzig Jahre danach zum Gedenken. Konstanz 1993, 2. Auflage (Januar) 2021, 302 Seiten, Fotos und Dokumente. ISBN 978-3-89191-626-1

4) Friedel Bohny-Reiter, Camp de Rivesaltes – Tagebuch einer Schweizer Schwester in einem französischen Internierungslager 1941-1942. Konstanz 2017, 217 Seiten, Fotos und Dokumente; 2. Auflage Konstanz (Februar) 2021, 218 Seiten, viele Fotos u. Dokumente. ISBN 978-3-86628-291-9

5) Arkadius Scheinker, Schoáh in Riga – Nach der Kindheit in Riga durch das Ghetto Riga im Arbeitskommando BdO, dann im TWL Riga-Mühlgraben und durch die KZs Stutthof bei Danzig und Danzig-Burggraben im KZ Gottenhof/Pommern befreit. Konstanz 2009, Konstanz (Juni) 2021, 119 Seiten, Fotos. ISBN 3-86628-264-8 u. 978-3-86628-264-3

6) Leo Picard, Vom Bodensee nach Erez Israel – Pionierarbeit für Geologie und Grundwasser seit 1924. Konstanz , 1. Auflage 1996, 2. Auflage Konstanz (August) 2021, 288 Seiten, viele Fotos und Dokumente. ISBN 978-3-89191-799-2 u. 3-89191-799-6

7) Jakob Honigsman, Juden in der Westukraine – Jüdisches Leben und Leiden in Ostgalizien, Wolhynien, der Bukowina und Transkarpatien 1933–1945. Aus dem Russischen von Juri Schatton, herausgegeben von Raymond M. Guggenheim u. Erhard Roy Wiehn. Konstanz 2001, 2. Auflage (August) 2021, zahlreiche Daten u. Dokumente 380 Seiten. ISBN 978-3-89649-647-8 u. 3-89649-647-6

8) Grigorijus Smoliakovas, Die Nacht die Jahre dauerte – Ein jüdisches Überlebensschicksal in Litauen 1941–1945. Mit einer Dokumentation. Konstanz 1992; 2. Auflage Konstanz (August) 2021, 223 Seiten. ISBN 978-3-89191-557-8 u. 3-89191-557-8

9) Erhard Roy Wiehn (Hg.), Babij Jar 1941 – Das Massaker deutscher Exekutionskommandos an der jüdischen Bevölkerung von Kiew 60 Jahre danach zum Gedenken. Konstanz 2001, 189 Seiten. ISBN 3-89649-645-X – 2. Auflage, Konstanz (September) 2021. ISBN 978-3-89649-645-4

Prof. u. Hon.Prof. Dr. Drs. h.c. Erhard Roy Wiehn, M.A.

Prof. (em.) Fachbereich Geschichte u. Soziologie der Universität Konstanz;
Veröffentlichungen vor allem zur Schoáh & Judaica:
https://de.wikipedia.org/wiki/Erhard_Roy_Wiehn
www.uni-konstanz.de/soziologie/judaica

197

Erhard Roy Wiehn (Hg.)

Jüdische Schicksale in der Sowjetunion

Ein Lesebuch der Edition Schoáh & Judaica

Hartung-Gorre Verlag Konstanz

2021

198

Erhard Roy Wiehn (Hg.)

Jüdisches Leben und Leiden in der Ukraine

Ein Lesebuch der Edition Schoáh & Judaica

Hartung-Gorre Verlag Konstanz

2021